Steine, die dem Menschen helfen

Michael Mastny

Steine, die dem Menschen helfen

Die Kraft der Steine erkennen und richtig deuten

Orac WIEN • MÜNCHEN • ZÜRICH

ISBN 3-7015-0336-2
Copyright © 1996 by Verlag Orac im Verlag Kremayr & Scheriau, Wien
Alle Rechte vorbehalten
Gestaltung des Schutzumschlags: Katharina Uschan
Fotos und Grafiken im Buch: Michael Mastny
Repros: Repro Wohlmuth Ges. m. b. H., Wien
Satz und Strichrepros: Zehetner Ges. m. b. H., A-2105 Oberrohrbach
Druck und Bindung: Tlaciarne, Slowakei

Widmung

Ich widme dieses Buch in großer Dankbarkeit meinen beiden Lehrern Tom Ehrlich und Daya Sarai Chocron, die es in wunderbarer Weise verstanden haben, mir die Augen für die Welt hinter der Welt zu öffnen und mich darüber hinaus lehrten, trotzdem mit beiden Beinen fest in der Realität stehen zu bleiben.

Inhalt

Vorwort

Hier stehe ich nun vor der für mich als Mediziner und Wissenschaftler nicht ganz leichten Aufgabe, ein Vorwort verfassen zu müssen – zu einem Buch über Steine, allerdings nicht im mineralogischen und auch nicht im geologischen Sinn. Wie kam es dazu?
Irgendwann im Sommerurlaub 1993 schlugen mir Bekannte vor, einen Vortrag über „Edelsteine" im naheliegenden Gesundheitshotel und Heubad in Prigglitz zu besuchen. Als meine Frau und ich am Veranstaltungsort eintrafen, machte uns der Wirt gleich mit einer auf Anhieb sympathischen Familie bekannt: Michael Mastny, seine Frau Eva und die beiden heranwachsenden Söhne Wolfgang und Werner. Beim anschließenden Seminarvortrag von Michael war ich gefesselt und fasziniert, nicht nur von der angenehmen und einnehmenden Vortragsweise des Referenten, sondern auch vom Inhalt und Thema. Im Anschluß an den Vortrag entwickelten sich in einer gemütlichen Runde noch sehr angeregte Diskussionen über die Medizin und deren Grenzgebiete, die Psychologie und letztlich philosophische Fragen, also – wie es so schön heißt – über „Gott und die Welt".
Diese anregenden Gespräche ergaben sich auch bei weiteren Zusammentreffen immer wieder, und es entwickelte sich sehr rasch eine Freundschaft, die uns heute das Gefühl vermittelt, als hätten wir einander schon ewig gekannt.
Schließlich habe ich Michael dazu überredet (allzuviel Überredung bedurfte es dabei aber nicht), sein Seminar über Steine in Buchform zu publizieren und damit einer breiteren Öffentlichkeit zugänglich zu machen.
Aber ich muß zugeben, so zufällig war mein Ausflug zum Steinvortrag von Michael Mastny nicht: Denn schon seit längerer Zeit habe ich mich – vor allem im Rahmen meines Fachgebietes als Frauenarzt – mit der Psychosomatik beschäftigt sowie mit medizinischen Grenzgebieten auseinandergesetzt und habe feststellen müssen, daß es über die Schulmedizin hinaus anwendbare Methoden zur Diagnose und Heilung seelischer und körperlicher Beschwerden gibt. Denn alleine die Tatsache, daß die Natur imstande ist, den Menschen als Kreatur aus vielen Billionen Zellen so zu organisieren, daß in jeder Zelle in jeder Sekunde einige tausend biochemische Reaktionen geordnet ablaufen, deutet darauf hin, daß eine ungeheuer große Zahl von Steuermechanismen vorhanden sein muß, um das biologische Gleichgewicht in diesem Körper aufrecht zu erhalten. Seit Urzeiten wußten die Menschen um die Einflüsse der Psyche auf körperliche Abläufe. Schamanen, Priester, Heiler und Hypnotiseure haben seit jeher mit den vorhandenen Instrumenten des Nervensystems ihrer Patienten Wunder vollbracht. In der heutigen Zeit des Umbruchs und der Auflösung festgefahrener Strukturen nimmt die Neigung der Menschen wieder zu, sich mythisch-okkulten Bereichen zuzuwenden. Diese Tatsache kann auch an der modernen Medizin nicht spurlos vorübergehen. Hinzu

kommt, daß viele Krankheiten trotz aller Bemühungen von Millionen Forschern und Klinikern ursächlich nicht heilbar, höchstens symptomatisch linderbar sind.

Was ist also falsch, wenn wir uns mit dem mystischen Bereich unseres Fühl- und Denksystems intensiver auseinandersetzen und dabei intuitiv auf längst vergessene, von unserer westlichen Medizin nicht anerkannte Weisheiten und Begriffe der traditionellen fernöstlichen Medizin wie zum Beispiel die sogenannten „Chakras" zurückkommen? Es ist für jedermann sinnvoll, sich mit einer solchen erweiterten Denkungsweise auseinanderzusetzen. Schon das allein könnte durch ein gesteigertes seelisches und körperliches Wohlbefinden (= „Gesundheit") belohnt werden.

In diesem Sinne wünsche ich allen Lesern viel Anregung beim Lesen und Glück auf der Suche nach dem Stein der Weisen.

Wien, im Januar 1995   *Univ.-Prof. Dr. Wilfried Feichtinger*

Steine – einmal anders gesehen

Der erste Schritt

Wie oft haben Sie schon vom Stein der Weisen gesprochen? Auf diese Frage sind alle Antworten möglich, bis auf eine: „nie". Haben Sie sich aber auch je gefragt, ob es ihn gibt? Und wenn ja, wo man ihn finden könnte? Auf diese Frage ist ein „nie" als Antwort schon eher möglich.

„Der glaubt auch, den Stein der Weisen gefunden zu haben!" Meistens kommt uns dieses Zitat über die Lippen, wenn jemand vorgibt, etwas – oder vieles – besser zu wissen. Auch wenn „gescheite Leute" anscheinend auf jede Frage eine Antwort wissen – und sei sie noch so vordergründig –, verwenden wir es gerne.

Und schon sind wir mitten im Thema. Wenn es einen Stein der Weisen gibt, so heißt das, daß es unzählig viele andere auch geben muß. Wenn wir also unter dieser Vielzahl den einen finden wollen, müssen wir beginnen, uns mit Steinen auseinanderzusetzen. Wie allgemein bekannt, muß man viele Frösche küssen, ehe ein Prinz darunter ist.

Schon nach wenigen Augenblicken haben wir zwei grundlegende Dinge erfahren, die uns bei der Suche ungemein helfen werden:

- Es ist unerläßlich, etwas zu tun, selbst zu handeln. Schon Erich Kästner sagte: „Es gibt nichts Gutes, außer man tut es."
- Nur weil etwas scheinbar noch niemandem oder nur sehr wenigen geglückt ist, sollte man doch nicht mit Bestimmtheit annehmen, daß es einem selbst auch nicht gelingen wird. Man muß sich immer eines vor Augen halten: „Auch der längste Weg beginnt mit dem ersten Schritt."

Es ergeben sich viele Fragen: Warum „Stein der Weisen"? Es könnte ja genauso Baum der Weisen oder Blume der Weisen heißen. Die interessanteste Frage aber ist: Was macht ihn so geheimnisvoll, so unerreichbar, und doch im innersten unseres Herzens so erstrebenswert? Setzen wir uns also mit dem Reich der Steine auseinander, und achten wir dabei auch darauf, in welcher Weise dies geschieht. Um dies zu veranschaulichen, gehen wir einmal folgender Frage nach:

Was haben ein Stein und eine Versicherungspolizze gemeinsam?

Auf den ersten Blick sicherlich nichts. Aber nur auf den ersten Blick. Da wir uns aber auf der Suche nach dem Stein der Weisen befinden, werden wir weit mehr als nur einen zweiten Blick benötigen …

Eine Versicherungspolizze ist ein Stück Papier. Auf diesem Papier stehen Worte, Zahlen, Satzzeichen, vielleicht noch eine Grafik und ein Firmenlogo. Bekäme ein Analphabet diese Polizze in die Hände, er würde nichts, aber auch gar nichts identifizieren können. Für ihn wäre dieses bedruckte Stück Papier vielleicht eine Zeichnung mit eigenartigen Motiven. Für ihn wäre es völlig wertlos, da er keine Ahnung hat, was *dahinterstecken* könnte, also welchen *Inhalt die Zeichen verkörpern.*

Er hätte mit Sicherheit das gleiche Gefühl wie jene Archäologen, die erstmals eine Tontafel der Sumerer in Händen hielten. Sie hielten die darauf eingravierte Keilschrift zunächst für Ornamente, die zur Verzierung von Gegenständen dienten. Erst viel später entschlüsselte man die Informationen, die auf diesen Tafeln schriftlich weitergegeben wurden.

Zurück zu unserer Versicherungspolizze. Sie können lesen und erkennen, worum es sich bei diesem Papier handelt. Lesen haben Sie sicher nicht gelernt, um eine Versicherungspolizze lesen zu können, aber diese Fähigkeit nutzt ihnen hier ungemein.

Nachdem Sie aber kein Fachmann sind, werden Ihnen verschiedene Worte, die auf dieser Polizze stehen, chinesisch vorkommen. Die wenigen Worte, die Sie aber nicht nur lesen können, sondern die Sie auch verstehen, machen Ihnen klar, daß es sich hier nicht um ein wertloses Stück Papier handelt, sondern daß hier mehr dahintersteckt, als man auf den ersten Blick geneigt ist anzunehmen.

Wie kann man erfahren, *was* dahintersteckt? Man muß etwas tun, es gilt, sich näher damit auseinanderzusetzen – so, wie den Gelehrten die Entzifferung der Keilschrift über den Umweg der Beschäftigung mit der Kultur gelang.

Wenden wir uns also den größeren Zusammenhängen zu, dem Inhalt, von dem dieses Stück Papier handelt. Natürlich wollen wir dieses Spiel nicht auf die Spitze treiben, sondern uns auf das Wesentliche beschränken.

Hinter diesem Papier steckt eine Versicherungsunternehmung, und diese beschäftigt in der Regel sehr viele Menschen. Natürlich verfügt ein großes Versicherungsunternehmen über sehr viel Kapital, denn im Fall der Fälle müssen die Millionen für den Wiederaufbau einer abgebrannten Fabrik (vielleicht jener, in der Sie arbeiten oder ein Bekannter von Ihnen arbeitet oder für die ein anderer Bekannter zuliefert …) zur Verfügung stehen. Dieses Kapital wiederum liegt aber nicht auf einem Bankkonto, sondern wird einerseits der Wirtschaft (vielleicht arbeiten Sie gerade in dieser Firma …) andererseits aber auch dem Staat durch den Ankauf von Wertpapieren zur Verfügung gestellt (und damit wird vielleicht gerade der Kindergartenplatz Ihres Kindes subventioniert).

Ein paar kleine Schritte – und es fällt Ihnen wie Schuppen von den Augen. Nicht nur diese, sondern viele andere Versicherungspolizzen haben mit Ihnen zu tun.

Nun zum Stein. Sie ahnen es schon? Wenn man über einen Stein nichts weiß, ihn vielleicht gar nicht „lesen" kann, ist er natürlich ein wertloses Ding. Macht man sich jedoch die Mühe und schaut dahinter, deckt man die auf den ersten Blick nicht ersichtlichen Zusammenhänge auf. Mit einem Male sehen Sie: Auch der Stein hat etwas mit Ihnen zu tun.

Und so wollen wir – wie schon die Gelehrten bei der Entzifferung der Keilschrift – den einzig erfolgversprechenden Weg auf der Suche nach dem Stein der Weisen beschreiten, nämlich den der Auseinandersetzung mit dem gesamten Reich der Steine und der Art und Weise, wie wir die Dinge dieser Welt überhaupt wahrnehmen.

Denn nur dadurch, daß sich die Wissenschaftler der Kultur der Sumerer zuwandten, konnten sie die Zusammenhänge aufdecken. Nur so war die Entzifferung der „Verzierungen" als inhalttragende Zeichen möglich.

Die Wahrnehmung der sichtbaren und der unsichtbaren Welt

Wir nehmen die Welt um uns wahr, wahr wie Wahrheit. Das, was durch unsere fünf Sinne erfaßbar ist, stellt unsere persönliche Wahrheit der Welt dar: unsere Realität. Sie ist nicht zuletzt deshalb *wahr,* weil sie sich mit der Realität vieler anderer Menschen deckt. Wir sind geneigt anzunehmen, daß sich einige Menschen irren können, aber sicherlich nicht so viele.

Somit ziehen wir, bestätigt durch einen Großteil unserer Zeitgenossen, guten Gewissens einen dicken Strich zwischen der sogenannten Realität und jenen Dingen, die irreal sind. Ein klein wenig schwingt hier schon die Unterscheidung zwischen richtig und falsch mit. So gilt heute noch, daß die Realität das ist, was die Mehrzahl der Menschen als solche erkennt (*wahr*nimmt).

Nun will ich mit ein paar Gedanken versuchen, dieses Credo ein wenig zu erschüttern. Nicht, weil ich angetreten bin, die Welt zu verbessern, sondern einfach deshalb, weil ich die Erkenntnis gewonnen habe, daß das Zusammenleben der Menschen ungleich schöner und bereichernder ist, wenn sich jeder als Individuum erlebt. Erst die Individualisierung bringt echte Bereicherung in das Zusammenleben von Menschen, sonst entsteht eine Hierarchie, in der jeder seinen Platz einnimmt und in der mit der Zeit jede Bewegung erstarrt.

Skeptiker sollten sich die Frage stellen, warum in einem Zoo immer viele Menschen vor den Käfigen von sich individuell verhaltenden Tieren, wie Affen, Löwen, Seehunden usw., stehen. Bei den Herdentieren finden wir meistens jene Leute, die ihre Kinder füttern und wickeln oder sich die Schuhbänder binden. Wenn Sie darauf keine Antwort wissen, dann stellen Sie sich einmal ein halbe Stunde vor eine Schafherde – dann wissen Sie sie bestimmt.

Sie alle wissen noch aus Ihrer Schulzeit, daß es einen Mann namens Galileo Galilei gegeben hat, der allen anderen zum Trotz gemeint hat: „Und sie bewegt sich doch." Man hat ihn für diese „Unwahrheit" im 17. Jahrhundert vor Gericht gestellt, verurteilt und eingesperrt.

Heute, Ende des 20. Jahrhunderts, hat sich das Oberhaupt der katholischen Kirche bemüßigt gefühlt, sich zu entschuldigen und das Urteil zu revidieren. Gottes Mühlen mahlen langsam, aber sicher.

Halten wir fest, daß Realität sehr viel mit individueller Sichtweise zu tun hat.

Die fünf Sinne

Die Natur hat uns fünf Sinne gegeben: Wir hören, schmecken, riechen, tasten, sehen. Mit diesen fünf Sinnen können wir unsere Realität wahrnehmen.

Gedanken zum Hören

Wir hören die verschiedensten Arten von Tönen und unterscheiden zwischen hoch und tief, laut und leise. Auch Stille ist der Mensch in der Lage zu hören – aber Versuche haben gezeigt, daß Menschen absolut stille, schalldichte Räume nach einiger Zeit verlassen müssen, weil sie die totale Stille nicht ertragen können.
Die Technik hat es ermöglicht, Töne sichtbar zu machen. Man kann auf einem Oszillographen einen Ton, also eine bestimmte Frequenz, sichtbar machen. So konnte man beweisen, daß das menschliche Ohr nur eine gewisse Bandbreite von Tönen wahrnehmen kann. Auch hier muß man schon eine Einschränkung anbringen, denn es ist heute bekannt, daß musikbegabte Menschen Töne noch hören, die das durchschnittliche menschliche Ohr nicht mehr wahrnehmen kann. Es sind somit Töne vorhanden, die technisch nachweisbar sind, also real (wahr) sind, die wir aber nicht mehr hören können. Viele dieser Töne werden jedoch noch von Tieren gehört.
Was ist Ihre *Wahr*nehmung?

Gedanken zum Riechen

Die Wahrnehmung der Düfte erfolgt über die Riechschleimhaut, die Gerüche gelangen von dort über den Riechkolben in den Stammhirnbereich. Das bedeutet, daß wir die Wirkung der Gerüche in keiner Weise durch unsere Logik (die über das Großhirn funktioniert) beeinflussen können, denn ehe wir überhaupt begreifen, was hier passiert, haben die Duftreize schon eine Kettenreaktion chemischer Vorgänge in uns ausgelöst.
Der Geruchssinn ist daher auch der stärkste Sinn in uns. Denn man bedenke, daß alle anderen Sinne willentlich beeinflußt werden können:

- man kann die Augen schließen,
- man kann einfach nicht zuhören,
- man kann den Mund schließen,
- man kann einfach nicht hingreifen.

Atmen jedoch muß man, und damit gelangen die Duftmoleküle an die Riechschleimhaut – und schon ist es passiert.
Jeder weiß, daß Duft nicht gleich Duft ist. Da gibt es im wahrsten Sinne des Wortes Duft und Gestank. Bei vielen Gerüchen sind sich die meisten Menschen einig, was als Duft und was als Gestank zu bezeichnen ist. Es gibt aber einen Bereich, da klaffen die Meinungen weit auseinander, nämlich beim Geruch von Menschen.

Was hier angesprochen werden soll, ist die normale Körperausdünstung, die jeder Mensch auch bei sorgfältigster Pflege sein eigen nennt, und nicht etwa jene, die entsteht, wenn man auf der Suche nach alternativen Wegen auch gleich Alternativen zum Badezimmer sucht. Doch gibt es Menschen, die kann man nicht riechen. Oft ist es nicht zu verstehen: Er (sie) sieht adrett aus, ist hübsch angezogen, wirkt bei Gott nicht ungepflegt, aber wenn ich ihm (ihr) zu nahe komme, stößt mich der Geruch ab. Wie hält das nur der Partner dieses Menschen aus? Ganz einfach, für ihn (sie) ist dieser Geruch nicht unangenehm. Er (sie) nimmt ihn einfach anders wahr.

Hier berühren wir einen entscheidenden Punkt. Gerade am Geruchssinn ist zu erkennen, daß es immer Dinge geben wird, die nicht logisch erklärbar sind und auch nicht wissenschaftlich bewiesen und untermauert werden können.

Weil wir den Geruchssinn nicht bewußt steuern und daher nicht unterdrücken können, ist er mit jedem unserer Erlebnisse verbunden. Er beeinflußt unser Leben in einem Maße, worüber es sich lohnt, in einer ruhigen Stunde nachzudenken. Es ist bekannt, daß Gerüche in das tiefste Erinnerungsvermögen eindringen (sie werden daher heute auch in der Psychotherapie sehr erfolgreich eingesetzt). Man riecht Zimt und wird glücklich und verklärt, denn das wohlige Gefühl, als Mutter die Weihnachtsbäckerei vorbereitete und Vater beim knisternden Ofen aus einem Bilderbuch vorlas, ist sofort wieder präsent. Wie aber wird ein Arbeiter eines Gewürzgroßhandels, der vom Chef übervorteilt und dann noch gekündigt wurde, auf diesen Geruch reagieren?

Gerüche steuern unser gesamtes Sexualverhalten. Nie könnten wir mit jemandem intim werden, den wir nicht riechen können. Wenn Sie meinen, daß das nicht stimme, weil ein ganzer Berufsstand davon lebt, mit jedem ins Bett zu gehen, egal wie er riecht, dann haben Sie den Unterschied zwischen Intimität und einer hormonellen Geschäftsbeziehung noch nicht hinterfragt. Es soll auch nicht bestritten werden, daß solche „Geschäftsbeziehungen" auch außerhalb von Freudenhäusern existieren, obwohl der Kapitalfluß nicht immer Zug um Zug erfolgt oder vielleicht überhaupt in einer anderen Währung stattfindet.

Aber – was ist Ihre *Wahr*nehmung?

Gedanken zum Schmecken

Der Geschmackssinn ist mit dem Geruchssinn sehr eng verbunden und ist daher ähnlich zu werten. Süß/sauer/bitter/salzig sind hier die großen Themen.

Ist es nicht toll? Jedes Kind weiß, Medizin schmeckt bitter. Denken Sie nur an die Vielzahl der Heilkräuter, deren Geschmack in den seltensten Fällen Begeisterungsstürme hervorruft. Vor noch nicht allzulanger Zeit hat die Pharma-Industrie ein Medikament entwickelt, daß hervorragend schmeckte. Man mußte diesem Medikament Bitterstoffe beimengen, da es von den Patienten nicht als Medizin, als Heilmittel, angenommen wurde.

Wie ist Ihre *Wahr*nehmung?

16

Gedanken zum Sehen

Interessanterweise ist für viele Menschen das Sehen der wichtigste der fünf Sinne. Wenn man mit ihnen spricht, so meinen sie, daß dies derjenige Sinn wäre, den sie am meisten missen würden. Wie geht das Sehen aber vor sich? Man sieht, indem man seinen Blick auf etwas richtet, auf einen Gegenstand, auf eine Landschaft, einen Menschen. Warum sehen aber so viele Menschen dann die gleichen Dinge anders als andere?
Lassen Sie uns dazu ein paar kleine Versuche machen.
Sie sehen hier einen schwarzen Punkt:

Suchen Sie sich vorerst eine weiße beziehungsweise sehr helle Fläche in dem Raum, in dem Sie sich befinden. Das kann eine Schranktür, die Wand oder die Zimmerdecke sein. Setzen Sie sich so hin, daß Ihre Augen etwa 30 cm von diesem schwarzen Punkt entfernt sind. Fixieren Sie nun diesen schwarzen Punkt ca. 30 bis 45 Sekunden lang. Nun lenken Sie Ihren Blick von diesem Punkt ab und richten ihn direkt auf die weiße Fläche. Sie werden bemerken, daß nach einigen Augenblicken auf dieser hellen Fläche ein Punkt entsteht, und zwar in der gleichen Größe wie der in diesem Buch, jedoch – *weiß*. Sie sehen auf dieser weißen Fläche einen weißen Punkt.
Das Geheimnis liegt darin, daß das Sehen eigentlich ein Reiz an der Regenbogenhaut ist. Durch die schwarze Farbe werden die Rezeptoren gereizt – und reagieren. Was Sie auf der hellen Fläche nunmehr sehen, ist die Reaktion Ihrer Rezeptoren, denn auf der weißen Wand ist sicher kein weißer Fleck entstanden. Sie nehmen ihn aber *wahr*.
Nun stellen Sie sich vor, es komme gerade jemand in das Zimmer, der natürlich von Ihrem Experiment keine Ahnung hat, und Sie würden ihn bitten, die weiße Wand zu betrachten. Selbstverständlich wird er dort nichts sehen, Sie aber schon. Der eine wird nichts und der andere einen Punkt *wahr*nehmen.
Gehen wir noch einen Schritt weiter. Das erscheint mir sehr wichtig, weil gerade das Sehen absolut gesetzt wird, weil das Sehen die Wahrnehmung schlechthin ist und zu so vielen Mißverständnissen führt.
Machen Sie sich die Mühe und schneiden Sie aus einem Stück roten Karton oder Stoff ein Dreieck aus. Legen sie es auf einen hellen Untergrund, und verfahren Sie in der gleichen Weise wie mit dem schwarzen Punkt. Wenn Sie nun wiederum Ihren Blick auf die helle Fläche richten, dann sehen Sie nach einiger Zeit wiederum ein Dreieck, aber

17

erstaunlicherweise ein grünes. Es ist phänomenal, wir erzeugen in uns die Komplementärfarbe zu der, die wir wahrnehmen.

Wenn Sie dann jemandem erzählen, Sie sehen weiße Punkte und grüne Dreiecke, obwohl diese nicht vorhanden sind, können Sie sich vorstellen, was man über Sie denken wird …

Wenn Sie ein besonderes Erlebnis haben wollen, dann streuen Sie bunte Konfetti auf ein Blatt weißes Papier, und spielen Sie obenerwähntes Spiel durch. Sie werden an der Decke alle Konfetti in den Komplementärfarben wiederfinden.

Das bedeutet, daß unserem Auge kein Konfetti entgangen ist, sehr wohl aber haben wir uns nicht jedes einzelne gemerkt, das wir wahrgenommen haben. Wie Sie nun leicht erkennen können, ist ein Photoapparat eigentlich nichts anderes als eine technische Nachbildung unseres Auges:

- das Bild steht auf dem Kopf,
- aus Schwarz wird Weiß (Schwarz-weiß-Negativ),
- aus Rot wird Grün (Farbnegativ).

Und es entgeht ihm nichts. Sehr oft kommt es vor, daß wir beim Betrachten eines Fotos Details erkennen, die uns überhaupt nicht mehr in Erinnerung sind, obwohl wir sie mit Sicherheit wahrgenommen haben.

Um ein brauchbares, also die Realität widerspiegelndes Bild zu bekommen, müssen wir es entwickeln. Dieser Prozeß bleibt uns auch beim Sehen nicht erspart. Auch hier müssen wir das, was wir optisch wahrgenommen haben, entwickeln – und einem Denkprozeß unterziehen. Hier liegt das eigentliche Problem beim Sehen: Gesehen wird alles, was das Auge optisch erfaßt, jedoch findet in unserem Kopf sofort ein Ausleseprozeß statt, der sortiert, was wichtig ist und was nicht.

Ganz anders als beim Riechen, werden beim Sehen nur Aktionen oder Reaktionen ausgelöst, wenn ein Denkprozeß stattgefunden hat.

Abschließend will ich Sie noch mit drei kleinen Beispielen auf ein weiteres Problem hinweisen, das uns beim Sehen immer wieder einen Streich spielt.

Ich zeige Ihnen drei Zeichnungen und stelle Ihnen dazu Fragen.

Ist das Blatt nach vorne oder nach hinten gefaltet?

Gleitet der Blick vom Mittelfalz zu den Seiten, erscheint der Falz vorne. Blickt man von den Kanten zur Mitte, so steht der Falz hinten.

Sieht man die Außenflächen oder ins Innere dieser Dreieckspyramide?

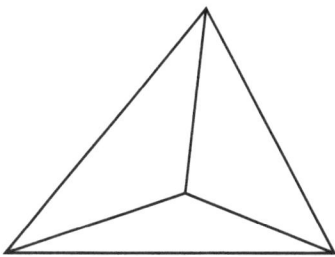

Fixiert man die vordere Grundkante, so sieht man ins Innere der Dreieckspyramide. Gleitet der Blick von der Spitze entlang der mittleren Kante zum Schnittpunkt der drei Linien, so sieht man die Dreieckspyramide von außen.

Steht das kleinere Quadrat vor oder hinter dem großen?

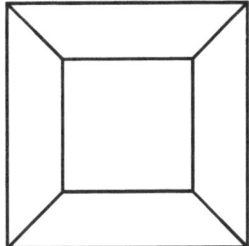

Wandert der Blick vom kleinen zum großen Quadrat, so erscheint das kleine vorne. Gleitet der Blick vom großen zum kleinen Quadrat, so steht das große vorne.

Ähnlich ist es mit den Vexierbildern. Zur Veranschaulichung sei hier eines angeführt: Sehen Sie eine Vase oder ein Gesicht?

Wie Sie sehen, sehen ist nicht gleich sehen.

Standpunkt und Überzeugung

Wie wir wissen, ist auch unser Gesichtskreis beschränkt, was zu vielen Mißverständnissen, ja zu Streit und Hader führen kann.
Versetzen Sie sich in folgende schematisch dargestellte Situation:

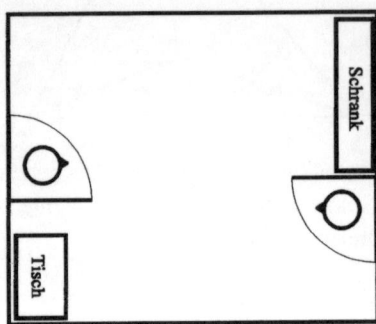

Zwei Personen stehen einander gegenüber. Sie sind durch jeweils eine Türe in einen Raum gekommen. An der einen Wand steht ein Schrank, an der anderen ein Tisch. Nun behauptet eine Person, daß in diesem Raum nur ein Tisch stehe. Die andere nimmt diesen aber nicht wahr, sondern behauptet ihrerseits, in diesem Raum befinde sich nur ein Schrank. Dieser Streit geht bis ans Ende der Tage, wenn nicht eine der beiden Personen sich dazu entschließen kann, ihren Standpunkt zu verlassen. Dann kann sie nämlich sehen, daß beide recht hatten. Nun wird der andere auch dazu bereit sein, seinen Standpunkt zu verändern, und plötzlich haben beide kein Problem mehr miteinander.
So einfach das auf den ersten Blick auch aussieht, so schwierig ist es, weil leider immer wieder die Veränderung des Standpunktes mit der Aufgabe der Überzeugung verwechselt beziehungsweise gleichgesetzt wird.
Wenn ich meinen Standpunkt aufgebe, heißt das noch lange nicht, daß ich meine Überzeugung aufgeben muß – im Gegenteil. Das Aufgeben meines Standpunktes kann meine Überzeugung oft noch untermauern.

Gedanken zum Tasten

Es ist ein eingelernter Reflex, mit den Händen zu „sehen". Dieser Reflex rührt aus unserer Kindheit her, als wir nichts verstanden, was wir nicht „begriffen" hatten. Über den Tastsinn nehmen wir als erstes die Formen unserer Umwelt wahr. Darüber hinaus ertasten wir die Beschaffenheit des egnstandes, ob er hart oder weich, spitz oder stumpf ist.
Wenn Menschen einander näherkommen, ist der Tastsinn immer ein entscheidender Faktor: der Händedruck, der viel über einen Menschen aussagen kann, die Umarmung, die Intimität. Je näher man einander kommt, desto mehr sprechen die Hände.

20

Aus diesem Begreifen entsteht letztlich der Begriff. Was wir begriffen haben, wird als Bild im Kopf abgespeichert. Wenn wir einem Bild begegnen, das wir kennen, bedarf es des Begreifens nicht mehr. So manche große Enttäuschung kann die Folge sein.

Wichtig für die Wahrnehmung über den Tastsinn ist, daß man relativ entspannt ist. Es ist ein himmelhoher Unterschied, ob man über einen Stoff mit entspannter Hand oder mit verkrampfter Hand streicht. Mit der verkrampften Hand kann man seine Beschaffenheit kaum wahrnehmen. So kommt es auch zu unterschiedlichen Wahrnehmungen ein und derselben Sache.

Wie ist Ihre *Wahr*nehmung?

Schwingung und Energie

War Energie bis vor noch nicht allzulanger Zeit lediglich mit Erdöl und Strom in Verbindung gebracht worden, wissen heute sehr viele Menschen, daß es auch im Körper Energie gibt. Jeder Masseur erzählt Ihnen heute schon, wo „Ihre Energie" nicht fließt. Fast jeder spricht schon davon – aber wenige wissen, was Energie ist und, vor allem, was sie bewirkt. Der eindrucksvollste Energiespender, den jeder kennt, ist die Sonne, ohne deren Energie auf unserem Planeten kein Leben bestehen könnte. Sie sendet ihre Strahlen auf die Erde, und wir nehmen diese vordergründig auf zwei Arten wahr: als Licht und als Wärme.

Nun bringen diese Wellen nicht nur Licht und Wärme, sondern lösen auch noch viele andere Reaktionen aus. Bei Pflanzen beeinflußt das Sonnenlicht nicht nur das Wachstum, sondern auch die Photosynthese, die zur Erzeugung des für uns lebensnotwendigen Sauerstoffes führt. Nun könnte man meinen, das ginge mit künstlichem Licht auch. Diese Vermutung läßt sich aber leicht ad absurdum führen, da die Tatsache, daß die Sonnenenergie noch andere Komponenten enthalten muß, im wahrsten Sinne des Wortes spürbar ist.

Denken Sie zum Beispiel an die Wintermonate in unserer kontinentalen Klimazone, wo es mitunter durch den hängenden Nebel oft wochenlang kein direktes Sonnenlicht gibt. Dieser Mangel führt – wie viele zu berichten wissen – sehr oft zu einem Gefühl des Unbehagens. In den nördlichen Ländern weiß man über diese Problematik nur zu gut Bescheid. Durch das monatelange Fehlen der direkten Sonneneinstrahlung sind dort Depressionen viel häufiger als in südlicheren Gefilden.

Das heißt also, daß die Sonnenstrahlen etwas enthalten müssen, was wir zwar nicht bewußt wahrnehmen können, das aber sehr wohl mitunter Entscheidendes bewirken kann. Ich habe diesen Vergleich gewählt, um ein wenig bewußt zu machen, daß natürlich auch von Steinen „etwas" (nennen wir es vorerst einmal so) ausgeht, das wir zwar nicht bewußt wahrnehmen können, das aber sehr wohl etwas auslösen kann. Versuchen wir also, diesem Etwas auf die Spur zu kommen. Aus dem Physikunterricht ist bekannt, daß die Boten der Sonne nicht „Strahlen" sind, sondern Wellen.

Sehen wir uns einmal ein Modell einer Welle an:

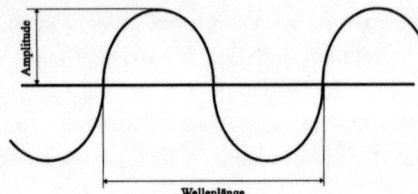

Sie sehen, daß eine Welle im Prinzip zwei veränderbare Größen hat, die Wellenlänge und die Amplitude. Die Welle kann sich also zum Beispiel so verändern:

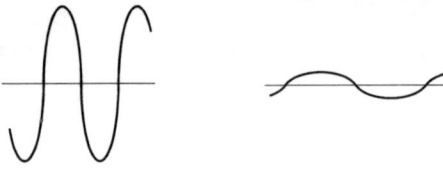

Jede Welle geht auf und ab. Die eine mehr, die andere weniger, doch es ist ein gleichmäßiges Auf und Nieder, sie schwingt wie der Flügel eines Vogels. Und wenn Sie diesen Flügel (den man auch *Schwinge* nennt) verfolgen, dann sehen Sie das Abbild der Welle vor sich – und somit ist auch verständlich, warum man von *Schwingung* spricht. Je nachdem, wie oft nun etwas in einer bestimmten Zeiteinheit schwingt, spricht man auch von hoher oder niedriger Frequenz.

Machen wir auf unserer Entdeckungsreise durch die kleinen Wunder unseres Alltags den nächsten Schritt und suchen wir uns eine Welle, die nicht nur jeder kennt, sondern auch wirklich jeder spüren kann.

Wenn wir die Wellenlänge und die Amplitude ein bißchen modifizieren, erhalten wir folgendes Bild:

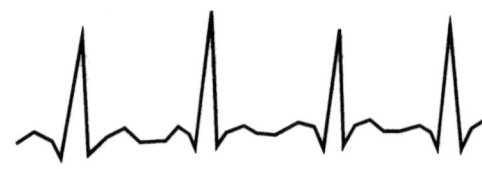

Es ist die Welle des Herzens, die sein Schlagen auf dem EKG sichtbar werden läßt.

Es ist sehr leicht zu erkennen, daß diese Welle oder Schwingung, bezogen auf eine gleichbleibende Ebene, eine aufwärts- und eine abwärtsgerichtete Kurve aufweist.

Ist sie nicht ein wunderbares Abbild des Lebens?

Solange es bergauf geht, fühlen wir uns wohl. Wir sehen uns vielleicht nur genötigt, die Bergfahrt ein wenig zu beschleunigen, um schneller am Gipfel zu sein. Unweit des höchsten Punktes umfängt uns dann die düstere Ahnung, daß es auf der anderen Seite wieder hinunter geht. Krampfhaft halten wir uns so lange wie möglich fest und wehren uns gegen die Talfahrt. Vergebens versuchen wir, auf dem Weg zur Talsohle mit aller Gewalt zu bremsen. Wenn die Fersen rauchen und wir erkennen müssen, daß wir den Lauf der Dinge nicht so beeinflussen können, wie wir gerne wollten, dann lassen wir los, kühlen unsere Füße und hoffen auf Hilfe – von irgendwoher.

Wenn das Tief durchschritten ist, geht es wieder bergauf. Statt aus den rauchenden Fersen die entsprechende Lehre zu ziehen, drängt es uns nun, zu beschleunigen. Aus den rauchenden Fersen werden rauchende Zehen. Irgendwann sind wir wieder an dem schon erwähnten Punkt, wo uns die Ahnung der nächsten Talfahrt überfällt.

Wenn man nun einige solcher Berg- und Talfahrten hinter sich gebracht hat, sehnt man sich danach, die wunden Füße zu kurieren und wünscht sich ein gleichmäßiges Leben. Es muß doch eine Möglichkeit geben, dieses Auf und Ab auszugleichen – Harmonie heißt dann das große Schlagwort.

Sehen Sie sich jetzt nochmals die Abbildung mit der Herzfrequenz an! Dort geht es recht kräftig und munter auf und ab. Ich kenne niemanden, der darüber nicht glücklich ist. Was würde denn geschehen, wenn wir diese Welle ausglichen, so daß sie nur mehr ein waagrechter Strich wäre? Genau, dann hätten wir absolute Ruhe – zu viel Ruhe!

Wir tragen den größten Lehrmeister des Lebens in unserer Brust. Der Schlag des Herzens, Ursymbol des Lebens, zeigt uns, worauf es ankommt. Es gibt kein Leben ohne Auf und Ab. Aber dessen nicht genug! Das Herz lehrt uns noch eine viel größere Weisheit. Es schlägt bis ans Ende unserer Tage, täglich 24 Stunden. Kein anderer Muskel unseres Körpers würde diese Leistung erbringen können. Wissen Sie, warum es das zuwege bringt?

Weil das Herz die meiste Zeit Pause macht.

Hören Sie Ihrem Herzen einmal zu; zwischen den Schlägen ist – gemessen am Arbeitstakt – eine unverhältnismäßig lange Pause. Sie sehen, wie uns die kleinen und großen Wunder der Natur zeigen, wie das Leben lebenswert sein kann – wir müssen diese Wunder nur *wahr*nehmen.

So sind wir bei einem weiteren wichtigen Punkt angelangt, den uns diesmal die Wellen des Meeres erklären sollen. Blicken Sie doch einmal im Geiste auf das Meer hinaus, auf das Auf und Ab der Wellen. Ein herrliches Bild, nicht wahr?

Die Wellen des Meeres zeigen uns das große Geheimnis der Harmonie. Das Gleiten über die Wellen, ohne dagegen zu kämpfen, ohne zu beschleunigen und ohne zu bremsen, ist wahre Harmonie.

Niemandem würde es einfallen, sich auf einem Wellenkamm festhalten zu wollen, weil er es einfach nicht schaffen würde. Die einzigen, die es versuchen, sind die Wellenreiter – und die stranden.

Die unsichtbaren Wellen

Wir haben nun ein bißchen ein Gefühl für Schwingungen und Wellen bekommen. Seitdem in jedem Haushalt ein Radioapparat steht, bringt jeder mit dem Begriff der Radiowelle auch gleich die Vielzahl der Sender in Verbindung. Sehr oft verwenden die Moderatoren auch die Formulierung „hören Sie uns wieder auf dieser Welle". Das heißt, Sie müssen Ihr Radiogerät auf eine bestimmte Wellenlänge einstellen, um einen bestimmten Sender zu hören, ein Handgriff, den Sie wahrscheinlich schon Tausende Male gemacht haben. Aber wer hat schon wirklich einmal hinterfragt, warum so ein kleines, tragbares Radio in einem Raum wirklich spielt?

Ich bin selbst kein Techniker und habe nicht vor, Sie mit technischen Details zu quälen. Was ich aber will, ist Ihnen die Augen für die kleinen Wunder des Lebens zu öffnen, die man mit dem gesunden Hausverstand alle nachvollziehen und sehen kann.

Was das mit Steinen zu tun hat? Ganz einfach, wenn Sie die kleinen Wunder im täglichen Leben bewußter wahrnehmen, werden Sie auch die kleinen und großen Wunder entdecken, die in Steinen stecken.

Nun, der Radioempfang funktioniert deshalb, weil die Welle, die die Rundfunkanstalt aussendet, permanent im Raum ist, egal, ob Ihr Gerät eingeschaltet ist oder nicht.

Sie ist da.

- Man hört sie nicht,
- man sieht sie nicht,
- man riecht sie nicht,
- man kann sie nicht ertasten,
- man schmeckt sie nicht,

aber niemand wird bestreiten, daß sie vorhanden ist – und nicht nur eine, sondern es sind viele. Und jede steht für ein völlig anderes Programm. Dabei haben wir noch gar nicht von TV, Radar, Satelliten gesprochen! Wenn diese Wellen alle sichtbar wären, wären unsere Zimmer mit Nebel erfüllt, so daß wir die gegenüberliegende Wand nicht mehr sehen könnten.

Diese Wellen sind etwas, das wir nicht wahrnehmen können, was aber unbestritten vorhanden ist (wenn nicht gerade ein Senderausfall ist). Es lohnt sich, dieses Spiel ein bißchen weiterzutreiben. Dabei entdecken wir, daß es Wellen gibt, die wir zwar nicht sehen, aber hören können. Natürlich ist das nichts Neues, denn nichts anderes ist Musik.

Mit diesem Vergleich kommen wir aber einem anderen Phänomen auf die Spur, das für unseren Weg ins Reich der Steine sehr wichtig sein wird. Nämlich jenen Wellen, die wir (auch) spüren. Denken Sie an ein Orchester im furioso – da vibriert der Konzertsaal und mit ihm der Zuschauer.

Ist es nicht faszinierend, wie wenig von dieser Welt wir sehen! Betrachten Sie die folgende Tabelle[1] einmal aus dem Blickwinkel, welch große Anzahl von heute wissenschaftlich nachgewiesenen Wellen und Schwingungen es gibt.

---

1   Aus *Wissen Kompakt,* 1991 by Naumann und Göbel VerlagsgesmbH, Köln

DAS ELEKTROMAGNETISCHE SPEKTRUM

Wellenlänge (m)

10^6	Technische Wechselströme
10^5	Wechselströme in Tonfrequenzen
10^4	
10^3	Langwellen (LW)
10^2	Mittelwellen (MW)
10^1	Kurzwellen (KW)
$10^0 = 1\,m$	Ultrakurzwellen (UKW)
10^{-1}	Dezimeterwellen (VHF und UHF)
10^{-2}	Mikrowellen (Radarbereich)
$10^{-3} = 1\,mm$	
10^{-4}	
10^{-5}	Infrarot
10^{-6}	
10^{-7}	sichtbares Licht
10^{-8}	Ultraviolett (UV)
$10^{-9} = 1\,nm$	
10^{-10}	Röntgenstrahlen
10^{-11}	
10^{-12}	Gamma-Strahlen
10^{-13}	

Die moderne Technik hat es ermöglicht, viele dieser unsichtbaren Wellen sichtbar zu machen. Vor hundert Jahren hätte der Großteil der Wissenschaftler die Existenz dieser Wellen noch guten Gewissens geleugnet. Seien wir uns also bewußt, daß es mit Sicherheit außerhalb der Grenzen dieser Tabelle vieles gibt, was wir (noch) nicht wahrnehmen können. Es ist aber vorhanden und tut seine Wirkung.

Ein Wissenschaftler, dem wir in diesem Zusammenhang unendlich viel verdanken, ist Albert Einstein. Seine Relativitätstheorie fordert die Gleichsetzung von Masse und Energie (welch aufregender Gedanke bei der Betrachtung eines Steines).

Jedes Schulkind kennt heute den Begriff des Atoms und kennt auch, zumindest ansatzweise, dessen Aufbau. Ein Atomkern wird von Elektronen umkreist. Um sich das anhand eines Vergleiches zu veranschaulichen[2]: Ein kirschkerngroßer Atomkern wird in einem Abstand von fünf Kilometern von einem Elektron umkreist. Mit einem Wort, in

---

2 Aus *Wissen Kompakt,* 1991 by Naumann und Göbel VerlagsgesmbH, Köln

einem Atom herrscht Bewegung, und wo immer so etwas wie Bewegung ist, ist eine Welle. Natürlich verändert sich die Welle mit der Anzahl der Elektronen, die einen Atomkern umkreisen. Die Veränderung der Anzahl der Elektronen führt aber geradewegs zu den unterschiedlichen chemischen Elementen. Wenn wir das Modell mit dem Kirschkern betrachten, besteht eigentlich ein Stein aus lauter Zwischenräumen.

Es erschien mir sehr wichtig, diesen Exkurs in Wissenschaft und Technik zu unternehmen, da uns dies klarmacht, warum ein Stein eine Schwingung hat, ja warum überhaupt jede Materie „schwingt".

Auch wird dadurch verständlich, wie sinnlos der Streit zwischen Wissenschaft und Esoterik ist, denn beide sprechen von denselben Dingen, nur sieht sie jeder aus einer anderen Perspektive. Gerade weil es so wichtig ist, hinter die Dinge zu blicken, ist die Wissenschaft so wertvoll. Sie liefert letztlich, ohne es zu wollen, die Beweise für viele unsichtbare Dinge – und dafür gilt es ihr dankbar zu sein.

Halten wir also fest: Überall wo Bewegung ist, ist eine Welle. Mit jeder Welle verbinden wir aber sofort auch das Wort Energie. Was hat es nun mit diesem Begriff auf sich? Energie bewegt etwas; sie setzt etwas in Bewegung, sie hält etwas in Bewegung. Woher kommt diese Energie? Nirgendwoher, sie ist einfach da. Was wir auch aus der Physik wissen, ist, daß Energie nicht vernichtet werden kann. Einen schöneren Beweis der Wissenschaft, daß Energie da ist, kann es gar nicht geben!

Es kann sich also nur die Form der Energie verändern! Denken Sie an den uralten Schülerwitz, wo der Lehrer den Schüler auffordert, seine Hände aneinander zu reiben, um die Umwandlung der Bewegungsenergie in Wärmeenergie zu spüren. Auf die Frage des Lehrers, was er nunmehr in seiner Hand bemerke, antwortet der hoffnungsvolle Sprößling: „Dreckwuzeln, Herr Lehrer!"

Bei diesem Beispiel stellt sich die Frage, woher die Bewegungsenergie gekommen ist, die dann in Wärmeenergie umgewandelt wurde. Es muß im Körper Energie geben, die mithilft, die Hände aneinander zu reiben. Man könnte meinen, es sei die Muskelkraft. Woher aber kommt die? Jeder hat doch schon einmal gesagt: „Heute habe ich überhaupt keine Energie!" An solchen Tagen sind zwar alle Muskeln physisch in Ordnung, aber irgendeine Komponente fehlt, um sie in gleicher Weise in Bewegung zu setzen wie an jenen Tagen, an denen man „Bäume ausreißen könnte".

Gehen wir dem Phänomen Energie im Körper auf die Spur.

Chakras und Meridiane

Die Meridianlehre der chinesischen Medizin geht davon aus, daß es eine universelle Energie gibt, nämlich das Chi (sprich Tschi). Dieses Chi pulsiert ständig zwischen den beiden Polen Yin und Yang. Das bekannte Symbol für Yin und Yang verdeutlicht wunderschön, wie im hellen Yang schon ein dunkles Yin geboren wird und im dunklen Yin ein helles Yang. So werden Yin und Yang umgekehrt – was bleibt, sind immer zwei entgegengesetzte Pole. Wenn Sie sich das Symbol genau ansehen, dann sehen Sie in der Mitte dieses Symbols etwas bereits Bekanntes: die Welle.

Wir nehmen dieses Chi in unseren Körper auf, und der freie Fluß dieser Energie hält unser Leben aufrecht (rufen wir uns die wissenschaftliche Erkenntnis in Erinnerung: Energie ist vorhanden – sie kann nicht vernichtet werden). Nehmen wir wieder die Sonnenenergie zu Hilfe. Wenn die Sonnenstrahlen auf unsere Haut treffen, so wissen wir, daß wir nicht nur braun werden, sondern daß auch im Inneren unseres Körpers Reaktionen ausgelöst werden. Wie wir schon früher erwähnt haben, muß es Komponenten dieser Energie geben, die wir zwar nicht sehen und auch nicht spüren können, die aber sehr wohl etwas bewirken. Diese Strahlen (Wellen) gelangen in unseren Körper und werden dort zum Teil in andere Energieformen umgewandelt. Die Öffnungen, durch die wir diese Wellen in unseren Körper aufnehmen, nennt man Chakras.

Die Chakras

Chakras sind trichterförmige Gebilde, durch die der Energiefluß stattfindet. Selbstverständlich ist der Energiefluß keine Einbahnstraße. Wie schon erwähnt, schwingt das Chi zwischen den beiden Polen Yin und Yang hin und her. Wir nehmen nicht nur Energie auf, sondern geben auch Energie ab! Diese abgegebene Energie macht zum Beispiel die gute Ausstrahlung eines Menschen aus (das wußten wir alles schon, noch bevor die Esoterik von der guten Schwingung sprach).
Der Mensch hat sieben Haupt-Chakras:

Das Wurzelchakra	*(Basischakra, erstes Chakra)*
Das Nabelchakra	*(Milzchakra, zweites Chakra)*
Das Sonnengeflecht	*(Solarplexus, drittes Chakra)*
Das Herzchakra	*(viertes Chakra)*
Das Kehlchakra	*(fünftes Chakra)*
Das Stirnchakra	*(Drittes Auge, sechstes Chakra)*
Das Kronenchakra	*(Scheitelchakra, siebentes Chakra)*

Es gibt viele Nebenchakras, von denen die Hand- und Fußchakras für die Arbeit mit Edelsteinen von größerer Bedeutung sind. Wir wollen uns aber im Rahmen dieses Buches in erster Linie auf die oben erwähnten sieben Hauptchakras konzentrieren.

Um die Funktion eines Chakras zu erklären, wählen wir ein triviales Beispiel:
Jeder kennt bestimmt eine Gaststätte, in der zwischen Küche und Gastraum eine Schwingtüre angebracht ist. Diese Schwingtüre – speziell, wenn sie quietscht, und das tun die meisten – läßt uns den Fluß der Energie des Bedienungspersonals mitverfolgen. Sie gehen hinein und kommen heraus, und die Türe muß im gleichen Rhythmus mitschwingen – dann ist alles harmonisch. Je schneller sie sich auf und zu bewegt, desto öfter kann man durchgehen beziehungsweise desto mehr kann man durchtransportieren. Wenn diese Türe klemmt, dann hemmt sie den Energiefluß. Der Kellner muß sich viel mehr anstrengen, und meist wagt er es dann gar nicht, das Tablett wirklich vollzuladen. Er nimmt also jedesmal weniger mit. Das gleiche geschieht mit unserer Energie. Wenn ein Chakra nicht frei schwingen kann, dann geht immer weniger Energie hinein und hinaus. Gar nicht daran zu denken, wenn jemand diese Schwingtüre zugesperrt hat. Wir wissen, daß Energie nicht vernichtet werden kann: Welcher Ausweg bleibt dem Kellner mit dem vollen Tablett? Entweder muß er nun einen Umweg machen und die Speisen über den Gang durch die Eingangstüre bringen, oder er läuft in der Küche auf und ab, bis jemand mit dem Schlüssel kommt und die Schwingtüre wieder aufsperrt.
Im ersten Fall wird er mit den Gästen, die in dem Restaurant aus und ein gehen, ins Gedränge kommen, und es sind alle behindert. Die Parallele zu den Chakras: ein verschlossenes Chakra verursacht zwangsläufig ein Ungleichgewicht in einem anderen Chakra.
Im zweiten Fall wird im Inneren so viel Energie gestaut, daß es zunächst in der Küche zu einem Chaos kommt. Nach einer gewissen Zeit aber wird jener, der das Gedränge in der Küche am wenigsten aushält, hinausstürzen. Mitunter ist das der Koch und nicht der Kellner, denn der Koch kennt den Hinterausgang besser, da er nie durch die Schwingtüre gehen muß.
Wenn die Energie im Inneren zu stauen beginnt, kommt es irgendwann zu einem eruptiven Energieausbruch, wobei es aber unter Umständen an einer Front, die mit der eigentlichen Blockade nicht in direktem Zusammenhang steht, kracht.
Nun wissen wir, wo und wie die Energie in unseren Körper gelangt. Es erhebt sich nun die Frage, wer für die Verteilung der Energie im Körper zuständig ist. Die Antwort lautet: die Meridiane sind es.

Die Meridiane

Was sind Meridiane? Um das Meridiansystem im Körper zu veranschaulichen, nehmen wir als Beispiel den Blutkreislauf. Das Blut fließt nicht irgendwie durch den Körper, sondern ist an ein System von Blutgefäßen, Arterien und Venen, gebunden.

Sehr ähnlich ist das System der Meridiane aufgebaut. Wir können uns Meridiane wie Kanäle vorstellen, die den gesamten Körper durchziehen. Und wie bei den Arterien und Venen gibt es auch hier Haupt- und Nebenmeridiane.

Wir wollen uns jetzt ein wenig mit den Hauptmeridianen auseinandersetzen. Es ist nicht meine Absicht, hier Meridianlehre zu betreiben, aber ich will anhand der Meridiane zwei Dinge erreichen:

1. Wenn Sie ein bißchen etwas von den Meridianen wissen, dann werden Sie die Steine um vieles besser verstehen können.

2. Sie werden sehen, daß Sie ungemein vieles über die Meridiane wissen – ohne es wahrgenommen zu haben.

Meridiane sind kleine Kanäle, die sich durch den Körper ziehen. Auf ihnen sitzen kleine Erhebungen – das sind die Akupunkturpunkte.

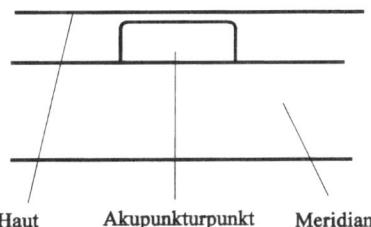

Haut   Akupunkturpunkt   Meridian

Am bekanntesten sind die zwölf Hauptmeridiane, deren Namen sich von den Lebensfunktionen ableiten, mit denen sie zusammenhängen. In den meisten Fällen ist es der Name eines Organs[3].

Die zwölf Meridiane sind im Körper symmetrisch angeordnet. Jeder ist sowohl in der linken wie in der rechten Körperhälfte vertreten. Die Meridiane sind miteinander verbunden, und zwar so, daß dort, wo ein Meridian aufhört, ein anderer beginnt. Manche Meridiane beginnen beziehungsweise enden an den Fingerspitzen, andere beginnen beziehungsweise enden an den Zehenspitzen. Anhand dieses Kreislaufes können wir erkennen, daß Energie nie eine Einbahnstraße ist, sondern ein Wechselspiel. Man kann sich das Zusammenspiel der Meridiane wie Stromleitungen in einem Haus vorstellen. Über die Hauptzuleitung gelangt dieser Strom über Sicherungen mittels vieler Leitungen in die einzelnen Räume. Je nach Bedarf wird er mittels Schaltern dorthin geleitet, wo er zum gegebenen Zeitpunkt benötigt wird.

Das Ein- und Ausschalten der Meridiane geschieht weitgehend unbewußt. So kann es sein, daß manche Leitungen über längere Zeiträume nicht eingeschaltet, andere wieder überbrückt werden.

Sehen wir uns ein Beispiel an, das wieder veranschaulichen soll, wie viele Dinge wir „wissen“, ohne daß sie uns wirklich bewußt sind. Sie kennen doch sicher dieses Zeichen:

3 Nach John F. Thie, *Gesund durch Berühren*, 1983 Sphinx Medien Verlag, Basel

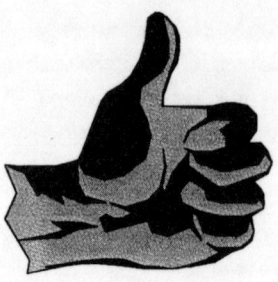

Es ist ein Zeichen, das Positives ausdrückt. Wir verwenden es, um jemandem zum Beispiel „alles Gute" oder „mach's gut" zu signalisieren. Ganz etwas anderes jedoch bedeutet es, wenn wir folgendes Zeichen verwenden:

Beide Zeichen stammen aus der Zeit der alten Römer. Dort signalisierten diese Zeichen, ob der Gladiator in der Arena überleben durfte oder nicht; Daumen nach unten bedeutete: Er wurde zum Tode verurteilt. „Rein zufällig" liegt am Ende des Daumens der Endpunkt des Lungenmeridians. Wir wissen, daß der Mensch ohne Sauerstoff nur kurz überleben kann. Kein Finger symbolisiert Leben und Tod so stark wie der Daumen.

Ein weiteres Beispiel will ich aus dem täglichen (Autofahrer-)Leben bringen. Wer kennt ihn nicht, den berühmten „Autofahrergruß", wo sich erregte Autolenker an die Stirn tippen. Man nennt dies auch „dem anderen den Vogel zeigen". „Rein zufällig" tippt man sich intuitiv auf den sogenannten Streßpunkt, der, wenn man ihn hält beziehungsweise aktiviert, zur Beruhigung von emotionalem Streß dient. Versuchen Sie es einmal, Sie treffen ihn mit Sicherheit.

Es gibt noch eine andere Geste, bei der man die beiden Streßpunkte (Meridiane sind immer beidseitig) mit absoluter Sicherheit trifft: Vollziehen Sie jene Handbewegung nach, die Sie üblicherweise machen, wenn Sie sich anläßlich einer „unbegreiflichen" Situation an den Kopf greifen (so nach dem Motto: „Wie konnte ich das vergessen!"). Dann kommt die Hand so auf der Stirn zu liegen, daß die Finger den Streßpunkt der einen Seite, der Handballen den Streßpunkt der anderen Seite berühren.

Es gäbe noch viele solcher Beispiele. Sie haben aber jetzt schon erkannt, daß, auch wenn es Ihnen vielleicht bis heute nicht wirklich bewußt war, Sie sehr wohl mit Ihrer Energie und Ihren Meridianen arbeiten.

30

An dieser Stelle sei auch noch ganz kurz auf das Zusammenspiel Meridian/Muskel hingewiesen[4]. Muskeln arbeiten – vereinfacht gesprochen –, indem sich Muskelfasern zusammenziehen. Alle Muskeln haben Gegenspieler, das heißt, wenn sich ein Muskel zusammenzieht, müssen sich andere entspannen. Bei der Gegenbewegung ist es normalerweise umgekehrt. So gesehen ist der Körper in einer Art ständiger Spannung, die aber immer wieder wechselt. Das funktioniert aber nur so lange, solange die Energie im Körper ungehindert fließen kann.

Ist der Energiefluß an einer oder mehreren Stellen blockiert, führt dies zu den berühmten Verspannungen. Viele sagen, sie könnten doch bei der Arbeit nicht entspannt sein. Des Rätsels Lösung lautet: Je entspannter jemand ist, desto leistungsfähiger ist er. Somit ist auch verständlich, warum es so wichtig ist, bei der Meditation entspannt zu sein, denn nur dann kann die Energie ungehindert durch unseren Körper fließen.

Energieblockaden

Wie kann es nun geschehen, daß Energie in einem Meridian schlecht oder gar nicht fließt? Die Ursachen hierfür können vielfältig sein. Es kann der Energiefluß in einem Meridian zum Beispiel durch mangelhafte Ernährung und dergleichen gestört sein.

Man kann sich einen Meridian wie einen Bach vorstellen, in dem normalerweise glasklares Wasser fließt. Dieses Wasser wird nun trüb, das heißt, es fließen (schwingen) Dinge mit, die in dem Bach eigentlich nichts verloren haben. Dieses Wasser kann gereinigt werden, indem ihm aus einer anderen Quelle klares Wasser zugeführt wird. Oder man macht sich – wie wir später sehen werden – die wunderbare Energie (Schwingung) eines Kristalls zunutze. Mit der Zeit wird der Schmutz ausgeschwemmt, und die Energie kann wieder ungehindert fließen.

Häufig kommt es vor, daß man die Energie in einem Meridian selbst abschaltet! Wenn jemand etwas Interessantes erzählt, hört man aufmerksam zu. Aber wie oft geschieht es, daß man sich ein und dieselbe Geschichte – aus Höflichkeit – zum x-ten Male anhören muß. Man macht einfach die Ohren zu und hängt eigenen Gedanken nach. In diesem Augenblick ist man sicherlich nicht taub geworden; es genügt, im Inneren einen kleinen Schalter umzulegen (sind Sie nicht fasziniert, wie gut Sie über Meridiane und deren Benützung Bescheid wissen?), und schon hört man den anderen nicht mehr.

Das funktioniert auch mit den Augen bestens. Man sieht in das sogenannte Narrenkästchen, und der Blick geht durch das Gegenüber hindurch. Ohne blind geworden zu sein, sieht man plötzlich nichts mehr. Es genügt, die Energie im Inneren einfach abzuschalten. Beim Hören und beim Sehen bemerken wir relativ schnell, daß wir abgeschaltet oder den Energiefluß mehr oder weniger gehemmt haben. Bei vielen anderen, subtileren Dingen – über die wir uns noch bei unserer Reise durch die Chakras unterhalten werden – braucht es schon länger, bis man dies erkennt.

---

4 Nach John F. Thie, *Gesund durch Berühren,* 1983 Sphinx Medien Verlag, Basel

Denken und Fühlen

Nun haben wir uns sehr viele Gedanken über die fünf Sinne gemacht. Somit scheint es an der Zeit, auch das genauer zu betrachten, was in uns abläuft, wenn wir denken und fühlen. Unglaublicherweise findet nämlich beides im Kopf statt. Ja, Sie haben richtig gelesen, auch das Fühlen findet im Kopf statt.

Wir haben zwei Gehirnhälften, die jede für sich autonom funktioniert. Diese beiden Gehirnhälften sind jedoch so konzipiert, daß wir für die Wahrnehmung unserer Welt zwingend beide brauchen, einmal die eine und dann wieder die andere, je nachdem, worum es geht. Aber im Prinzip kann jede der beiden allein Ergebnisse liefern.

Die nachfolgende Tabelle soll die Funktion der beiden Gehirnhälften veranschaulichen helfen:

DAS GEHIRN	
Linke Gehirnhälfte (Yang)	*Rechte Gehirnhälfte (Yin)*
Analyse	Synthese
Logik	Gestalt
Sprache	Musik
Zeit	Raum
Mental	Intuitiv
Rational	Emotional
Intellekt	Gefühl

Die linke Gehirnhälfte arbeitet wie ein Computer. Sie nimmt Daten methodisch, Schritt für Schritt, nacheinander auf und speichert sie. Wenn etwas aus der linken Gehirnhälfte wieder ausgegeben wird, zum Beispiel durch Sprache, dann hört sich das monoton wie die Stimme eines Nachrichtensprechers an. Dies ist nur möglich, weil die linke Gehirnhälfte keine Emotionen kennt. Für sie ist es nur wichtig, keinen Fehler zu machen und, wenn möglich, sich nicht zu versprechen. Was logisch nachvollziehbar ist, wird als richtig erkannt. Für die linke Gehirnhälfte ist es undenkbar, einer Intuition Folge zu leisten. Mathematische Folgerichtigkeit ist ihre Devise. Sie vermeidet auch Bewegung, denn dabei kann man so schwer denken. Ruhig sitzen und analysieren ist ihr Motto.

Im Gegensatz dazu lädt die rechte Gehirnhälfte den Körper ein, sich zu bewegen, am liebsten harmonisch zu tanzen, weil sie die Musik nicht nur wahrnehmen, sondern sich auch in sie hineinfühlen kann. Sie speichert Bilder und Melodien – und wenn sie etwas von sich gibt, würde sie es am liebsten immer singen. Sie kann Gesichter erkennen, aber nicht Worte. Was sie sofort erkennt, sind Symbole. Anders als die linke kann die rechte Gehirnhälfte mehrere Dinge gleichzeitig wahrnehmen.

Die rechte Gehirnhälfte erkennt die Welt in ihrer Ganzheit. Es interessiert sie nicht, die

Einzelteile zu analysieren, denn sie hat längst erkannt, daß das Ganze immer mehr ist als die Summe aller Einzelteile.

Das Ganze ist mehr   als   die Summe seiner Teile

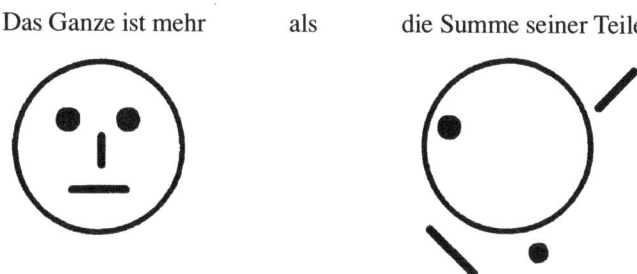

Es ist deutlich zu erkennen, daß es die Natur weise eingerichtet hat, daß wir beide Gehirnhälften brauchen, um die Welt wirklich wahrnehmen zu können. Die beiden sind durch einen Strang von Nerven verbunden. Auch wenn sie scheinbar manchmal wollten, sie können ohne einander nicht auskommen.

Was passiert, wenn sie wirklich getrennt agieren, zeigt eine neuartige Operationstechnik, die in den USA angewandt wurde. Um eine bestimmte Art von Geisteskrankheit zu heilen, trennte man den Hirnstamm chirurgisch durch und erzielte damit gute Erfolge.

Im Zuge der Nachbehandlung führte man mit den Patienten, an denen diese Operation vorgenommen worden war, einen Versuch durch. Man verband ihnen die Augen und gab ihnen einen Korkenzieher in die rechte Hand, die von der linken, also der analytischen Gehirnhälfte gesteuert wird. Die Patienten konnten genau beschreiben, was man mit diesem Ding tun kann. Auf die Frage, was das für ein Ding sei, wußten sie keine Antwort. Gab man ihnen den Korkenzieher in die linke Hand, die von der rechten Gehirnhälfte (Ganzheitsbegriffe) gesteuert wird, stellten sie fest, daß sie einen Korkenzieher in der Hand hielten, wußten aber auf die Frage, was man mit diesem tun könne, keine Antwort.

Empfinden und Fühlen

Empfinden und Fühlen sind nicht dasselbe.

Empfindungen werden mit unseren Sinnen wahrgenommen. Wenn jemand zum Beispiel auf eine heiße Herdplatte greift, dann empfinden das alle gleich, nämlich heiß. Auch das Schwimmen im kalten Wasser ist für die Rezeptoren der Haut aller Menschen eine gleiche Empfindung.

Was jedoch von Mensch zu Mensch völlig unterschiedlich sein kann, das ist das Gefühl, das der einzelne hat, wenn er im kalten Wasser schwimmt.

Der eine fühlt sich pudelwohl, der andere fühlt dieses kalte Naß abstoßend.

Der analytisch denkende Mensch würde das kalte Wasser ablehnen, da es kälter als die Körpertemperatur ist und daher gefährlich, weil es zu Unterkühlung führen kann usw. Aber das herrliche Gefühl, das manche Menschen im kalten Wasser haben, läßt sich logisch nicht erklären. Es ist eine individuelle Emotion, die sich analytisch nicht nachvollziehen läßt.

Zwei Menschen lieben einander, die Gefühle sind da; es ist unmöglich, sie logisch zu erklären. Dem einen schmecken Pilze gut, dem anderen wird übel davon. So manchen versetzt Zwölftonmusik in Entzücken, während andere nicht wissen, wie sie sich noch die Ohren zuhalten sollen.

Gerade in einer von Computern dominierten und von der Wissenschaft übermäßig durchdrungenen Welt sollten wir dem Gefühl wieder mehr Raum zugestehen. Nicht etwa, weil die Analytik schlecht wäre, sondern einfach, weil die beiden nur miteinander erfolgreich sind. Wenn ich einen blockiere, ist der andere nichts mehr wert, weil eben das Ganze mehr ist als die Summe der Teile.

Wir wissen, daß wir Energie nicht vernichten können. Wenn ich also die emotionale Energie, die Energie, die das Irrationale erfassen kann, blockiere, wird sie sich schlicht und einfach einen anderen Kanal suchen – und wird mich dort blockieren.

Die Bilder des Denkens

Wenn wir vom Denken reden, meinen wir stets nur die eine Hälfte, nämlich das logische, analytische Denken. Wie wir aber feststellen mußten, kann es – Gott sei Dank – allein nicht existieren. Aber nicht nur, daß das logische Denken allein nicht existieren kann, ist der Mensch überhaupt nur fähig, in Bildern zu denken. Jeder Begriff wird sofort mit einem Bild assoziiert, und nur wenn dies gelingt, ist ein Verstehen möglich. Sehen wir uns doch die geistige Entwicklung eines Babys an. Das erste, was ein Embryo schon im Mutterleib wahrnehmen kann, sind Geräusche. Wenn das Baby dann das Licht der Welt erblickt hat, nimmt es zusätzlich Gerüche wahr. Es ist bekannt, daß Babys ihre Mutter am Geruch erkennen. Mit der Entwicklung der Sehfähigkeit nimmt das Kind die „Bilder" seiner Umgebung wahr. Das erste, was ein Kind später liest, sind Bilderbücher – und zwar solche ohne Text. Dann folgen die Bilderbücher mit Text. Da steht zum Beispiel eine Kuh auf einer Wiese und drunter steht „KUH" geschrieben. Nun ordnet das Kind dem Wort „Kuh" das Bild zu. Am eindrucksvollsten wird die bildhafte Zuordnung sein, wenn das Kind die Kuh in natura sieht; dann kann es sie nicht nur sehen, sondern auch riechen, begreifen und hören. Dann wird die Kuh zu einem „Begriff". Es ist bekannt, daß Stadtkinder, die noch nie eine Kuh auf einem Bauernhof gesehen haben und diese nur von Bildern her kennen, eigentlich nicht wirklich „wissen", wie eine Kuh aussieht.

Zahlen sind rein analytische Begriffe; aber gerade bei Zahlen wird wieder klar, wie wesentlich für uns die Bilder sind. Erinnern Sie sich doch an Ihre Schulzeit: Wie hat man uns denn das Einmaleins beigebracht?

Man präsentierte uns Bilder, mit denen wir Ziffern und Zahlen assoziieren konnten. Waren es vor der Schulzeit die Finger, die uns beim Zählen halfen, so waren es in der Schule die Bilder mit 1 Apfel, 2 Birnen, 3 Bananen, 5 Kirschen usw. Wir haben damals jeder Zahl ein Bild zugeordnet, um sie zu begreifen; solange wir für die Menge, die eine Zahl repräsentiert, ein Bild haben, ist sie uns ein Begriff. Wenn uns dieses fehlt, fehlt letztlich auch jede Vorstellung.

Dies veranschaulichen uns immer wieder spielende Kinder. Wenn wir von einer großen Menge sprechen, so sprechen wir von Millionen, maximal von Milliarden. Wir wissen einfach, wie groß diese Zahlen in Relation zu denen unseres täglichen Lebens sind.

Wenn Kinder beim Spielen von großen Mengen reden, hört man sehr oft 100.000 Billionen Trilliarden. Sie haben noch weit weniger Zahlen adäquate Bilder zugeordnet.

Bild und Gefühl

Wenn das Wort „Baum" ausgesprochen wird, so stellt sich jeder sofort einen Baum vor, aber jeder seinen Baum. Dies kann nun ein Laubbaum, ein Nadelbaum, ein kleiner, ein großer, ein schmaler, ein breiter Baum sein. Das gleiche geschieht zum Beispiel beim Wort „Mann". Jeder hat von einem Mann ein anderes Bild. Dies führt dazu, daß wir Dinge nicht begreifen können, für die wir kein Bild haben. Schlüssig wird diese Behauptung, wenn ich nunmehr von einem Megaga spreche. Sie werden spüren, daß sich in Ihnen so etwas wie Leere breitmacht. Was soll das sein, ein Megaga?

Dafür haben Sie kein Bild, und daher auch keine Ahnung, welcher Begriff sich hinter diesem Wort verbirgt. Wenn ich nun meine, ein Megaga sei ein Schmetterling, dann haben Sie nicht nur ein Bild und gleichzeitig eine Vorstellung von diesem Megaga, sondern Sie assoziieren viele Dinge mit dem zunächst unverständlichen Wort: Tier, fliegen, flattern, bunt, Artenvielfalt, klein, ungefährlich.

Des Rätsels Lösung ist übrigens ganz einfach: Megaga sagte mein kleiner Sohn zu einem Schmetterling. Ich hatte also sehr wohl ein Bild für dieses Wort, Sie aber nicht. Nun ist dies bei einem derartigen Wort kein wirkliches Problem, weil klar ist, daß Sie diesen Begriff nicht kennen konnten. Wenn aber zwei den gleichen Begriff haben, dazu jedoch ein völlig unterschiedliches Bild, ist das Mißverständnis vorprogrammiert.

Es ist akademisch zu fragen, ob es gut oder schlecht ist, daß unser Denkprozeß in Bildern abläuft. Gerade in einer analytisch dominierten Welt wie der unseren sollten wir keine Gelegenheit auslassen, uns klarzumachen, daß das logische, wissenschaftliche Denken etwas Gutes ist, aber alleine nicht existieren kann, weil es nur die Hälfte eines Ganzen ist. Auch die Art unserer Denkprozesse bringt uns die Erkenntnis, daß Wissenschaft und Esoterik einander brauchen, ja fast wäre ich geneigt zu sagen, bedingen.

Nachdem der Mensch das einzige Wesen ist, daß nach dem Sinn seines Daseins fragt – und dies permanent, wenn auch oft unbewußt –, ist es hilfreich, dem Sinn dieses Phänomens – nämlich in Bildern zu denken – auf den Grund zu gehen und damit vielleicht dieses Phänomen und sich selbst besser zu verstehen.

Wenn Sie die Liste der beim Megaga angeführten Worte noch einmal betrachten, werden Sie merken, daß mit jedem dieser Worte ein Gefühl verbunden ist – einmal stärker, das andere Mal schwächer – und bei jedem Menschen ein anderes.

Als Beispiel könnten wir nennen:

- Tier – unberechenbar – Gefühl der Überlegenheit
- fliegen – freier als ich – Gefühl der Sehnsucht
- bunt – Farbenpracht – Gefühl des Genießens
- Artenvielfalt – unüberschaubar – Gefühl der Unwissenheit
- klein – kleiner als ich – Gefühl der Überlegenheit
- ungefährlich – kann mir nichts tun – Gefühl der Erleichterung

Mit jedem Bild ist ein Gefühl verbunden. An diesem kleinen Beispiel kann man ermessen, wie grandios die Abläufe insgesamt sind, die in uns vonstatten gehen – und dies ununterbrochen.

Wir haben die Gefühlswelt in zwei Hälften geteilt: in gute und schlechte Gefühle. Jede dieser Hälften ist natürlich wieder geteilt in die vielen Schattierungen der besonders guten, der weniger guten beziehungsweise der besonders schlechten und der weniger schlechten Gefühle. Natürlich wollen wir uns gut fühlen, das heißt, wir wollen gute Gefühle in uns haben. Nun haben wir in uns auch jene Bilder parat, die gute Gefühle auslösen. Somit begehen wir den folgenschweren Irrtum, zu glauben, daß es genügt, außen – von dort kommen diese Bilder ja her – jene Bilder zu erzeugen, die diese wunderbaren Gefühle auslösen (das ist der Streich, den uns die Logik spielt!).

Dabei vergessen wir aber ganz, daß wir verkehrt herum arbeiten!

Rufen wir uns das zur Entwicklung des Kleinkindes Gesagte in Erinnerung. Zuerst ist das Bild da, damit verbunden das Gefühl, und beide zusammen ergeben dann den analytischen Begriff.

Wenn bei dem einen also der Begriff „Kuh" verbunden ist mit seinen wunderbaren Urlauben am Bauernhof, der damit verbundenen Freiheit in der Natur, seinen Großeltern, bei denen alleine er Geborgenheit verspürte, dann wird dieser Begriff positiv, das heißt mit guten Gefühlen, besetzt sein. Wenn aber zum Beispiel das Kind eines Bauern mit dem Begriff „Kuh" harte Arbeit, einen strengen, unnachgiebigen Vater, lange anstrengende Fußmärsche verbindet, so wird dieser Begriff negativ, das heißt mit schlechten Gefühlen, besetzt sein. Das logische Denken, das noch immer weitgehend als das einzig richtige hingestellt wird, kann dann seine Spielchen mit uns treiben.

So könnte der eine meinen, es genüge, auf dem Land zu leben, dann wäre in ihm wieder alles so harmonisch wie damals. Er vergißt, daß er inzwischen vielleicht 25 Jahre älter geworden ist und sich geändert hat. Jetzt trägt er nämlich jene Verantwortung, die damals seine Großeltern trugen. Er wird die Unbeschwertheit, die er ursprünglich mit dem Land verbunden hat, vergeblich suchen.

Der andere hingegen – und deren Beispiele kennen wir genug – wird glauben, daß das große Heil in der Stadt zu finden ist. Dort muß man nicht schwer arbeiten, und man muß auch nicht weit zu Fuß gehen. Überhaupt gibt es dort mehr als nur das eine verstaubte Landcafé, wo absolut nichts los ist. Auch er wird erkennen müssen, daß die Arbeit in der Fabrik kein Honiglecken, das Leben in der Stadt um vieles teurer ist, und daß er die Lockerheit vergeblich sucht.

Das Reich der Steine

Nachdem wir vieles über die Art, wie wir unsere Umwelt und daher auch die Steine wahrnehmen, gelernt haben, lassen Sie uns nun in das Reich der Steine eintreten. Unsere Reise durch dieses wunderbare Land werden wir in drei Abschnitten absolvieren. Im ersten Abschnitt werden wir uns mit einfachen, unscheinbaren Steinen beschäftigen. Dann werden wir uns den Kristallen zuwenden und uns im dritten Schritt mit den bunten Steinen auseinandersetzen.

Der Kieselstein

Es gibt meines Wissens nach im Deutschen kein anderes Wort als „Kieselstein" für jene Art von Steinen, wie sie zu Abermillionen auf jedem Weg herumliegen. Im Englischen gibt es dafür ein für meine Begriffe viel schöneres Wort, nämlich „humble stone", der einfache Stein.

Sich mit diesem einfachen Stein zu beschäftigen, scheint auf den ersten Blick nicht viel zu bringen. Aber wir haben schon einmal – ganz zu Beginn – entdeckt, daß der zweite Blick viel Beachtenswertes zutage fördern kann.

Egal, womit man sich zu beschäftigen beginnt, es sind zunächst die grundlegenden Dinge, die man erlernen beziehungsweise verstehen muß.

- Das größte Mathematikgenie hat mit dem kleinen Einmaleins begonnen.
- Die berühmteste Operndiva hat mit der Tonleiter begonnen.
- Olympiasieger im Slalom haben zunächst auf Schiern gehen gelernt.

Grundsätzlich ist diese Feststellung nicht neu. Aber genausowenig neu ist die Tatsache, daß immer mehr Menschen diesen ersten Schritt überspringen wollen. Bei der Beschäftigung mit Steinen kommt dies noch deutlicher zum Vorschein. Mit Steinen werden nur die schönen, bunten, glitzernden verbunden und die anderen außer acht gelassen. Es sind dann schon zwei Schritte, die man glaubt überspringen zu können, nämlich die Auseinandersetzung mit Kieselsteinen und jene mit Kristallen.

Fehlen jedoch die Grundbegriffe, so bleibt das Tor zur „höheren Mathematik" verschlossen. Dies gilt nicht nur für die Mathematik. Aus meinen Seminaren weiß ich: Wer den Kieselstein verstanden hat, dem öffnet sich eine wunderbare Welt, und dies nicht nur auf das Reich der Steine bezogen. Denjenigen, die aber meinen, auf das Verstehen eines scheinbar so wertlosen Dinges verzichten zu können, bleiben viele Tore verschlossen.

Ehrfurcht vor einem Kieselstein

Jedes Kind liebt es, wenn ihm jemand Geschichten erzählt; nicht nur Märchen, sondern eben auch Geschichten, die die Eltern oder Großeltern erlebt haben. Mein Urgroßvater wurde 1883 geboren. Er hat also die letzte Zeit der Habsburgmonarchie, den Ersten Weltkrieg als Soldat, die Zwischenkriegszeit und natürlich auch den Zweiten Weltkrieg miterlebt.

Noch dazu war er ein begnadeter Erzähler, und ich hatte das unwahrscheinliche Glück, daß er bei bester Gesundheit sehr alt wurde (als er 1973 starb, war ich immerhin schon 23 Jahre alt). Stundenlang konnte ich ihm zuhören. Als im Geschichtsunterricht die Zeit der Monarchie durchbesprochen wurde, war natürlich mein erster Weg zu ihm, und ich stellte ihm die Frage: „Sag, wie war das damals wirklich?" „Wirklich" deshalb, weil unser Geschichtslehrer ein jüngerer Mensch war, der es nicht miterlebt haben konnte. Er mußte sein Wissen aus Erzählungen oder Büchern schöpfen.

Natürlich konnte mir niemand die Zeit schöner und bildhafter darstellen als mein Urgroßvater. Erinnern wir uns an das zur bildhaften Wahrnehmung Gesagte. Er hatte es mit eigenen Augen gesehen, er hatte das reale Bild in sich. *Er war damals dabei.* So konnte er mir wesentlich besser helfen, mir ein Bild zu machen. Er hatte es miterlebt, daher beschrieb er die realen Bilder, die er gesehen hatte. Im Gegensatz dazu mußte sich der Geschichtslehrer ein Bild von dem Bild eines anderen machen. Es ist verständlich, daß, je weiter dieser Prozeß fortschreitet, immer mehr persönliche Färbungen der Übermittler das reale Bild verändern.

Die Wissenschaft hat uns die Erkenntnis gebracht, daß unser Planet irgendwann ein Feuerball war und dann abgekühlt ist. Als dieses glühende Etwas kalt war, waren aus der Glut Steine geworden. Nicht umsonst bezeichnen wir hohes Alter mit „steinalt". Das erste, was es auf der Erde gegeben hat, waren Steine. *Als unsere Erde geboren wurde, waren sie dabei!* Haben Sie einen kleinen Stein, der Sie im Schuh gedrückt hat, schon einmal von diesem Standpunkt aus betrachtet? Wir wissen, daß es über die Entstehung der Erde viele unterschiedliche Meinungen und Theorien gibt. Die Religion spricht von der Erschaffung der Erde durch Gott, die einen Wissenschaftler sprechen von einem schwarzen Loch, die anderen vom Urknall usw. Nun lassen wir den Gelehrten ihren Streit; es gibt eine Basis, auf der wir uns alle treffen können.

Was immer die Entstehung unserer Erde ausgelöst haben mag, eines ist sicher: Es ist damals etwas Neues entstanden, das vorher noch nicht da war. Es ist etwas geschaffen worden, wer oder was immer es war. Mit anderen Worten, es fand eine Schöpfung statt; es ist Schöpfungsenergie am Werk gewesen, und sie hat diesen Planeten erschaffen.

Menschen unterscheidet von anderen Lebewesen vor allem auch eines: Sie sind in der Lage, etwas Neues zu schaffen, Kreativität einzusetzen. Wir sind – im Gegensatz zu den Tieren und Pflanzen – der Schöpfung nicht hilflos ausgeliefert, sondern wir können selbst schöpferisch sein.

Damit meine ich die Schaffung all dessen, was es vorher in dieser Form noch nicht gegeben hat. Es muß kein Planet sein. Die gleiche schöpferische Tat liegt in der Bemalung eines Seidentuches. Es gibt Tausende von handbemalten Seidentüchern, aber Sie werden keines finden, das einem anderen aufs Haar gleicht. Es war vorher nicht vorhanden, und es wird dieses Tuch später in dieser Form nicht wieder geben. Schöpferisch sein heißt Individualität haben – und damit sich selbst entwickeln.

Sich von anderen abzuheben, ist nicht nur angenehm. Aber es ist der einzige Weg, sich und seine innere Freiheit zu finden. Sich von anderen abzuheben heißt nicht gescheiter, besser, größer, reicher zu werden. In diesem Fall könnte man schnell auf den Gedanken verfallen, daß dies ein bißchen unmoralisch, unchristlich usw. sein könnte.

Wenn man beschließt, es den anderen gleichzutun, mit der Masse mitzuleben, mit den

Wölfen zu heulen, muß man einen Großteil seiner Energie dafür verwenden, seine Individualität zu unterdrücken. Denn alle Menschen sind Individuen, keiner ist wie der andere, so ähnlich sie auch aussehen mögen. Jeder Mensch lebt auf dieser Welt nur einmal – zumindest in dieser Form. Bei vielen Menschen ist die schöpferische Ader, die ihnen hilft, ihre Individualität zu leben, noch wenig entwickelt, bei manchen überhaupt noch unentdeckt. Wie eine Goldader schlummert sie in unseren Tiefen und wartet darauf, aufgespürt zu werden.

Was liegt also näher, als einen Freund zu fragen, der sich mit Schöpfungsenergie auskennt wie kein zweiter – *den einfachen Kieselstein.* Woran immer Sie glauben mögen – an Gott, an kosmische Energien oder was auch immer: Er war damals dabei, als diese ungeheure Schöpfungsenergie am Werk war, er weiß, wie es damals war, er weiß, wie es geht, *er trägt das Bild der Schöpfung in sich.*

Seitdem mir das klar geworden ist, fühle ich Ehrfurcht vor einem unscheinbaren, „wertlosen" Stein.

Der Stein und das Geröll

Was uns die einfachen Steine noch lehren können, ist eine andere Art, fremde Menschen zu betrachten. Wenn man zum Beispiel eine Geröllhalde entlanggeht, sieht man keine einzelnen Steine, sondern nur Geröll. Die Vielzahl von Steinen verwehrt uns den Blick auf das Detail, und irgendwie sehen alle Steine gleich aus. Das einzige, was sie unterscheidet, ist die Größe und vielleicht noch die Farbe.

Wenn wir uns aber die Mühe machen und einen einfachen Kieselstein genauer betrachten, kommen wir aus dem Staunen nicht mehr heraus. Es ist faszinierend, wie viele Facetten, Sprünge, Einschlüsse ein einfacher Stein aufweist. So sehr wir uns auch bemühen, wir würden unter all den Steinen nicht zwei annähernd gleiche finden.

Geht es uns bei Menschen nicht genauso? Wenn Sie in ein vollbesetztes Fußballstadion blicken, sehen Sie nur eine Menschenmasse. Wir verwenden auch kaum mehr das Wort Menschen, sondern sie werden zu Leuten. Das einzige, was sie voneinander unterscheidet, ist die Größe und die Farbe (Haar- und natürlich auch Hautfarbe); eine nichtssagende Masse. Wenn wir uns aber – wie mit einem Fernrohr – einen herauspicken und uns ein bißchen näher mit ihm beschäftigen, staunen wir, wie viele Facetten dieser Mensch (dieses Individuum) aufweist.

So kann uns ein einfacher Kieselstein lehren, daß auch die größte Geröllhalde aus lauter einzelnen Steinen besteht. Jedes dieser Individuen hat seine Facetten, aber viele davon können wir nur wahrnehmen, wenn wir uns auch mit ihnen auseinandersetzen. Wenn wir unseren Blick auf einen Stein fokussieren, dann können wir beginnen, ihn als Individuum wahrzunehmen – und ihn zu verstehen.

Steine sehen – Steine verstehen

Wie sollen wir einen Stein verstehen, wenn wir ihn ansehen? Natürlich kann ein Stein nicht mit Worten sprechen. Was er aber sehr wohl kann, ist in Bildern sprechen. Nachdem wir wissen, daß wir ohnedies nur in Bildern denken können, müssen wir diese Art der Kommunikation nicht lernen, sondern lediglich das in uns entdecken, was uns als Kinder selbstverständlich war. Der erste schöpferische Akt besteht darin, das Wahrnehmen von Bildern, die wir sonst übersehen, wiederzuentdecken.

Wenn Sie einen Stein zur Hand haben, dann nehmen Sie ihn jetzt her. Sollten Sie keinen zur Verfügung haben, stellen Sie sich vor, wie ein Kieselstein Ihrer Meinung nach aussieht.

Nehmen Sie den Stein in die Hand, egal in welche, und gehen Sie folgendermaßen vor:

- *Sehen Sie sich den Stein rundherum genau an.*
- *Beachten Sie die Form, die er hat.*
- *Beachten Sie seine Farbe(n).*
- *Betrachten Sie seine Einschlüsse, Kerben, Spalten.*
- *Betrachten Sie die Muster und Zeichnungen auf seiner Oberfläche.*
- *Versuchen Sie auffallende Besonderheiten nicht zu übersehen.*
- *Schließen Sie die Augen, und fühlen Sie, wie der Stein in Ihrer Hand liegt.*

Nachdem Sie dies getan haben, geben Sie von allem, was Sie wahrgenommen haben, eine möglichst genaue Beschreibung, so, wie wenn Sie den Stein jemandem, der ihn nicht sehen kann, genau beschreiben wollten.

Merken Sie sich, so gut es geht, genau die Worte, die Sie dafür verwenden, und bleiben Sie dabei. Ersetzen Sie diese tunlichst nicht durch Synonyme.

Anfänglich kann es hilfreich sein, wenn Sie diese Beschreibung schriftlich machen; wie wenn Sie eine Bildbeschreibung von Ihrem Stein machen wollten.

Um Ihnen ein bißchen zu helfen, stelle ich Ihnen ein paar Fragen dazu:

- Ist der Stein groß oder klein?
- Ist der Stein rund, oder hat er Kanten?
- Wenn er Kanten hat, sind diese scharf oder eher rund?
- Weist der Stein mehrere Farben auf?
- Hat der Stein Einschlüsse?
- Liegt der Stein angenehm in der Hand?
- Fühlt er sich kalt oder warm an?
- Welches Gefühl haben Sie, wenn Sie ihn halten?

Als ein Beispiel gebe ich Ihnen nun eine Beschreibung eines Steines, wie Sie ein Seminarteilnehmer, wir wollen ihn Martin nennen, gegeben hat:

„Der Stein ist rund und eher flach, wie wenn jemand draufgestiegen wäre. Er sieht aus, wie wenn er an einem Meeresstrand gelegen wäre, wo ihn die Brandung glattgeschliffen hat. Der Stein ist im Prinzip grau. Auf der einen Seite hat er eine kleine, weiße Ader, die sich dann in mehrere Äste verzweigt. Überraschenderweise fühlt er sich sehr angenehm und warm an, wenn man ihn längere Zeit in der Hand hat. Als Besonderheit fällt mir auf, daß auf der Unterseite viele kleine, glitzernde Punkte sind; wie wenn etwas herauskommen wollte. Irgendwie ist das mein Stein."

Die Sprache der Steine

Nun haben wir vorhin schon erwähnt, daß Steine nicht sprechen können. Aber sie „sprechen" in Bildern zu uns. Um Steine zu verstehen, müssen wir daher „nur" die Bilder übersetzen. Ich habe bewußt „nur" gesagt, weil mir vollkommen klar ist, daß es einiger Übung bedarf, diesen Übersetzungsvorgang vornehmen zu können. Aber wie gesagt, Sie müssen es nicht lernen, sondern lediglich eine Fähigkeit, die Sie ohnedies haben, wiederentdecken.

Was unser Seminarteilnehmer von dem Stein gesagt hat, entspricht der „Versicherungspolizze", die ich in der Einleitung erwähnte. Das heißt, er gab eine analytische Beschreibung eines Steines, der scheinbar nichts mit ihm zu tun hat. Die Übersetzung hat nun die Aufgabe, dahinter zu blicken, das heißt zu erkunden, was hinter diesen Bildern steckt, welchen Inhalt sie vermitteln wollen.

Sehen wir uns die Aussage des Seminarteilnehmers Schritt für Schritt an – so wie er es selbst gemacht hat, als ich ihm die Aufgabe stellte: „Und was steckt dahinter, was will dir der Stein vermitteln?"

Der Stein ist rund und flach, wie wenn jemand draufgestiegen wäre.
„Der Stein hat recht, es ist jemand auf mich draufgestiegen." Tatsächlich litt Martin in seiner Kindheit sehr stark unter einem dominanten Vater, der Druck auf ihn ausübte. Er hatte sehr wenig Freiheit und hatte auch nicht die Kraft, sich zu widersetzen.

Er sieht aus, wie wenn er an einem Meeresstrand gelegen wäre, wo ihn die Brandung glattgeschliffen hat.
„Was mein Vater nicht geschafft hat, hat dann das Leben geschafft." Wasser ist das Lebenselement schlechthin. Also zeigt Martin dieser Stein, daß das Leben ihn „geschliffen" hat. Es konnte ihn aber nur schleifen, weil er sich am Rande des Lebens aufgehalten hatte, denn wenn er tief drinnen gewesen wäre, hätte ihn das Wasser nicht schleifen können.

Auf der einen Seite hat er eine kleine weiße Ader, die sich dann in mehrere Äste verzweigt.
„Es ist wie ein Weg, der viele Möglichkeiten bietet." Tatsächlich stand Martin vor einer beruflichen Entscheidung. Er hatte mehrere Angebote, den Job zu wechseln, zweifelte jedoch (zu Unrecht) an seiner Qualifikation und glaubte, daß ihm ohnedies nichts anderes übrigbleiben würde, als in der alten Firma zu bleiben.

Überraschenderweise fühlt er sich sehr angenehm und warm an, wenn man ihn längere Zeit in der Hand hat.
„Wenn man ihn in die Hand nimmt, wird er mit der Zeit angenehm warm." Mit dieser

Aussage erkannte Martin den Zusammenhang, daß er, um etwas „Angenehmes" erreichen zu können, die Dinge in die Hand nehmen mußte. Er neigte dazu, sich einfach dem Fluß der Dinge hinzugeben und nur zu reagieren, anstatt selbst Initiativen zu setzen.

Als Besonderheit fällt mir auf, daß auf der Unterseite viele kleine, glitzernde Punkte sind; wie wenn etwas herauskommen wollte.
„Im Inneren glitzert es, und es will nach außen." Tatsächlich war es so, daß das Glitzern in Martin, seine Individualität, sich vehement einen Zugang nach außen verschaffen wollte. Die Prägung durch seinen mächtigen Vater hinderte ihn, es selbst zu sehen; der Stein veranschaulichte es ihm.

Irgendwie ist das mein Stein.
Die Interpretation dieser Aussage ließ Martin erkennen, daß der Stein zu ihm gehörte. Er erkannte, daß der strenge Vater, das Schleifen, zwar nicht angenehm war, aber letztlich zu der Form geführt hatte, die seine Individualität herauskommen lassen konnte. Er erkannte, daß es einen größeren Zusammenhang geben mußte, und konnte beginnen, seine schwierige Phase in der Kindheit anders zu sehen.

Lassen Sie mich an dieser Stelle auf etwas ungemein Wichtiges hinweisen:
Die Bilder, die jemand an einem Stein, den er sich ausgesucht hat, wahrnimmt, nimmt natürlich nur er so wahr. Versuchen Sie also niemals, jemandem etwas klarzumachen, was Sie sehen. Lassen Sie sich auch nicht von jemand anderem etwas einreden, was Sie nicht wahrnehmen (nach dem Motto: „Das mußt du doch sehen!"). Auch die Interpretation des Wahrgenommenen darf nur von dem vorgenommen werden, der es wahrgenommen hat. Lediglich Hilfestellung ist sinnvoll (z. B. die Frage: „Was könnte es noch bedeuten?").
Im Sinne dieser Hilfestellung will ich Ihnen nun grundsätzliche Interpretationsansätze geben, wie Sie die Bilder, die Ihnen Kieselsteine vermitteln können, „verstehen" könnten. Eines kann ich Ihnen aber mit Sicherheit nicht abnehmen: das *Tun*. Das heißt, daß Sie Kieselsteine finden und Sie im Sinne des oben Gesagten betrachten. Sehr bald werden Sie feststellen, daß Sie immer schneller und sicherer die „Sprache der Steine" verstehen. Auch werden Sie sehen, daß ein und dasselbe Bild oft zwei und mehr Interpretationen zuläßt, daß Sie aber im Innersten genau fühlen, welche der Möglichkeiten gemeint ist. Deshalb ist eine Interpretation durch Dritte immer problematisch und führt regelmäßig zu Mißverständnissen.

Kantige Steine

Die Kanten des Steines können ein Hinweis darauf sein, daß Sie vielleicht zu viele Kanten haben. Wenn Menschen im Laufe ihres Lebens immer wieder verletzt werden, dann versuchen sie sich irgendwie zu schützen. Ein weicher Kern versucht sich daher eine rauhe Schale zuzulegen, damit andere sich gut überlegen, ihn „anzugreifen".

44

Beachten Sie die Doppelbedeutung dieses Wortes! Niemand ist erfreut, wenn er angegriffen im Sinne von attackiert wird! Es ist eine natürliche Reaktion, daß man sich davor so gut wie möglich schützen will und soll; denn wenn man keine Schutzmechanismen aufbauen kann, dann läuft man Gefahr, das ewige Opfer zu sein.

Natürlich kann man auch zu viel des Guten tun und sich mit dicken, schroffen Mauern umgeben, um ganz sicherzugehen, daß niemand Ungebetener zu einem vordringt; was dabei aber leicht übersehen wird, ist, daß auch willkommene Gäste dann meist nur die furchterregenden Mauern und Zinnen wahrnehmen, dabei aber die heruntergelassene Zugbrücke vollkommen übersehen.

Jeder Mensch sehnt sich danach, berührt zu werden. Das beginnt mit den zärtlichen Händen der Mutter und setzt sich in jeder Partnerschaft fort. Auch hier sind die beiden Bedeutungen des Wortes „berühren" von eminenter Bedeutung; denn sobald einen jemand in angenehmer Weise berührt, rührt, also regt sich etwas in einem. Es ist das Auslösen von guten Gefühlen, das wir auch damit meinen, daß wir berührt sind.

Je kantiger, je schroffer Sie zu Ihrer Umgebung sind, desto weniger Menschen werden sich dann noch bemühen, Sie zu berühren. Damit steigt die Gefahr, daß Sie immer einsamer werden. Auch Sonnenstrahlen dringen durch dicke Mauern kaum bis gar nicht durch. So kann es sein, daß Sie zwar nicht mehr verletzt werden, daß es aber in Ihrer Festung immer kälter wird. Es ist viel erfolgversprechender, die Mauer erst gar nicht so gewaltig zu bauen; wenn es aber nun schon passiert ist, bedenken Sie immer eines: Die gewaltigste Festung hat ein Tor. Das Geheimnis von Festungstoren ist aber, daß sie sich nur von innen öffnen lassen.

Von außen kann man sie nur rammen und eintreten. Jemand, der das tut, ist aber mit Sicherheit nicht wirklich willkommen! Abgesehen davon, wie soll jemand, der mit Brachialgewalt zu Ihnen vordringt, im Inneren Ihrer Festung zum Minnesänger werden?

Natürlich können Sie auch an der Hoffnung festhalten, daß es ein Märchenprinz (oder eine Prinzessin) sein muß, die Sie aus Ihrer Gefangenschaft befreit. Aber in Zeiten, in denen Monarchien immer rarer werden, wird auch die Wahrscheinlichkeit, daß ein solches Wesen auf den Plan tritt, immer geringer. Es kann schon eher passieren, daß jemand eine Rakete auf Sie feuert, die Sie bis in die Grundfesten erschüttert; für Romantik ist aber in einem Trümmerhaufen wenig Platz.

Runde, glatte Steine

Der runde Stein mit der glatten Oberfläche könnte Ihnen das Bild vermitteln, daß Sie irgendwann beschlossen haben, daß es im Leben immer besser ist, sich „handzahm" zu geben. Bevor Sie Gefahr laufen, daß Sie vielleicht überhaupt niemand mehr angreift, berührt, lassen Sie sich lieber von mehr Menschen berühren, als Ihnen lieb ist.

„Greift mich nur an, ich tu euch nichts", lautet die ach so soziale Devise. Mit runden Steinen spielt man doch viel lieber als mit eckigen. Und die flachen Steine, die kann man so wunderbar ins Wasser werfen. Man gebraucht sie einmal, dabei hüpfen sie, wie man will – und wenn sie untergegangen sind, sucht man sich einen neuen.

Ob kantig oder rund – die innere Struktur ist zunächst gleich. Das schroffe Stück der Klippe, das abbricht, um durch die Brandung glattgeschliffen zu werden, ist im Inneren nicht anders als ein runder Stein am Strand. Dieser ist nur schon viel früher abgebrochen. Mag sein, daß er sich auch gewehrt hat – aber die ewige Brandung hat ihn zermürbt. Dann hat er irgendwann einmal beschlossen, sich flachschleifen und drücken zu lassen – und hat die Ecken und Kanten nach innen gewendet.

Das ist sehr oft bei flachen Steinen der Fall. Der mit ihnen spielt, spürt die Schärfe der Kanten nicht, wie sie nach innen drücken. Er hält sie für angenehme, warme, weiche Steine – wie soll er denn auch den hart zusammengepreßten Kern im Inneren vermuten?

Bei den kantigen Steinen ist das anders. Der hingreift, spürt die Kanten, weshalb viele das erst gar nicht tun. Dabei bringen sie sich um die Chance, zu entdecken, welch weicher Kern in einem so schroffen Felsen stecken kann.

Im Gegensatz zu den kantigen Steinen rollen die runden auch hin und her. Sie finden keinen richtigen Halt. „Irgendwann wird mich schon jemand nehmen und mich halten", könnte so ein Stein signalisieren. Dann habe ich zwar Halt und einen Platz, der andere hat mich aber in der Hand.

Es kann schon angenehm sein, wenn einen jemand in der Hand hat; da fühlt man sich geborgen. Es wäre nur gut zu erkunden, ob man sich vielleicht nicht geborgen, sondern gefangen fühlt. Man kennt die Anekdoten von Unterstandslosen, die im Winter kleine Delikte begehen, damit sie für die kalte Jahreszeit ins Gefängnis kommen. Dort haben sie es warm, und es gibt zu essen. Auch so kann man sich der Verantwortung für sein eigenes Tun entziehen.

Natürlich sind Sie auch nicht alleine, wenn man Sie hält. Aber wie gesagt – die runden Steine laden auch dazu ein, geworfen zu werden.

Es könnte also von Vorteil sein, ein paar Kanten zu zeigen. Nicht nur, daß sie einem den zustehenden Respekt verleihen, sie geben auch Halt. Selbst wenn Sie jemand dann fallen läßt, rollen Sie nicht ins Ungewisse, sondern können sich schnell an einem neuen Platz halten.

Steine mit einer dunklen und einer hellen Seite

Die helle und die dunkle Seite eines Steines können uns die beiden Seiten in uns vor Augen führen. Auch wir haben eine dunkle und eine helle Seite. Die helle Seite repräsentiert all das, was wir gerne sind (oder wären). Das sollen die anderen sehen – und sonst nichts. Diese Seite beinhaltet all jene Eigenschaften, für die wir von anderen geliebt und geschätzt werden wollen.

Im Gegensatz dazu ist die dunkle Seite jene, die wir gerne verbergen – so weit sie uns überhaupt bewußt ist. Es ist jener Teil in uns, von dem wir hoffen, daß er den anderen verborgen bleibt. Es sind jene Eigenschaften, von denen wir – oft fälschlicherweise – annehmen, daß uns andere dafür ablehnen, ja vielleicht sogar hassen müßten.

Natürlich wollen alle geschätzt und geliebt werden. Sehen wir uns beispielhaft ein paar Eigenschaften – im Sinne des großen Wortes „edel sei der Mensch, hilfreich und gut" – an, die anerkannterweise zur hellen Seite gehören, zum Beispiel die Begriffe großzügig, verständnisvoll, hilfreich, stark, verläßlich. Wie wir wissen, hat aber alles zwei Pole, zwei Seiten. Und die zweite Seite sieht so aus:

Großzügig	Damit alle sehen, daß ich besser bin.
	Damit mir die anderen zu Dank verpflichtet sind.
	Damit ich von niemandem abhängig werde.
	Damit ich auf niemanden angewiesen bin.
Verständnisvoll	Wozu bin ich schließlich intelligenter als die anderen?
	Wie sollen denn die anderen auch meinen Weitblick haben?
Hilfreich	Man muß den Schwachen doch helfen.
	Wenigstens sehen die anderen, daß sie schwächer sind.
	Damit im Himmel ein Platz für mich reserviert ist.
Stark	Kommt mir ja nicht zu nahe.
	Damit klar ist, wer das Sagen hat.
Verläßlich	Schließlich muß man sich doch auf einen verlassen können.
	Bringt Freunde, und die kann man immer wieder brauchen.
	Auf mich könnt ihr euch verlassen, also bin ich unentbehrlich.

Vielleicht ist es für den einen oder anderen nicht uninteressant, jene Eigenschaften, die er besonders schätzt, einmal auf diese Weise zu betrachten. Nehmen Sie einen Stein dazu. Seine Sprache kann sehr hilfreich sein.

Es ist deutlich zu erkennen, daß die sogenannten positiven Eigenschaften durchaus problematische Motive haben können und sich im innersten als Ängste, also negative Gefühle, manifestieren. Im Gegensatz dazu können sich „schlechte" Eigenschaften auch als förderlich herausstellen.

Nehmen wir als Beispiel einen Spitzensportler. Sein unbedingter Siegeswille, sein absoluter Egoismus, machen ihn zum Helden der Nation. Wie oft haben wir schon bei Interviews der Skistars gehört: „Wir sind gute Freunde, aber auf der Piste kämpft jeder gegen jeden."

Hier liegt eine große Weisheit verborgen, die uns Steine veranschaulichen können. Die sogenannten guten oder schlechten Eigenschaften bekommen ihre Wertigkeit eigentlich nur durch die Zeit. Zum richtigen Zeitpunkt kann auch Rücksichtslosigkeit eine positive Eigenschaft sein, weil nur sie zum Ziel führt. Denken wir an das Zurückreißen eines auf die Fahrbahn laufenden Kindes, weil es die Gefahr nicht erkennt. Andererseits kann in bestimmten Situationen das Zeigen von Schwäche zielführend sein. Ein Vorgesetzter, der einen Fehler zugibt, kann im Ansehen seiner Mitarbeiter enorm steigen und ihre Einsatzfreude erhöhen.

Dies ist ein Aspekt des Bildes von der hellen und der dunklen Seite eines Steines. Wenn wir die Motive betrachten, die zum Zeigen oder Verbergen von Eigenschaften führen, erkennen wir, daß allen etwas gemeinsam ist. Bei allen schwingt mehr oder weniger Angst mit; Angst vor den verschiedensten Dingen, die passieren könnten.

Eine andere Bezeichnung dieser Polarität ist Licht und Schatten (nicht umsonst nennen wir die sogenannte unangenehme Seite auch die Schattenseite). Mit anderen Worten könnte man – bezogen auf unser Innenleben – auch von Bewußtsein und Un(ter)bewußtsein sprechen.

Die Dinge in unserem Inneren, die uns (wirklich) bewußt sind, machen uns kaum angst, denn vor ihnen können wir uns schützen. Aber jene, die uns nicht bewußt sind und die zu den ungünstigsten Zeitpunkten aus dem Dunkeln aufsteigen, die haben wir nicht im Griff. Also versuchen wir sie nicht hervorzulassen, indem wir uns verstärkt der bewußten Welt zuwenden.

Bedenken wir aber eines: Viele Dinge, die uns heute bewußt sind, waren uns irgendwann einmal genauso unbewußt. Wir haben sie uns ins Bewußtsein gerufen, indem wir „Licht" auf so manchen Schattenbereich gebracht haben. Dies sollte uns mutig machen und vor allem erkennen lassen, daß in den Dingen, die wir schon kennen, nichts Neues, also kein Potential zu finden ist.

Nur im Schattenbereich, also im Bereich unseres Unbewußten, liegen die neuen Kräfte, liegt unser Potential. Setzen wir uns also bewußt mit dem auseinander, was wir vermeiden wollen, und wir werden plötzlich neue Ideen und neue Wege entdecken können. Betrachten wir unsere „dunkle" Seite im Bewußtsein, entwickeln wir unsere zweite Hälfte, die auch dann vorhanden ist, wenn wir sie nicht wahrhaben wollen.

Konkret gesprochen könnte das heißen, daß es durchaus für die ganze Familie von Vorteil sein kann, wenn Sie einmal etwas für sich selbst machen. Für manchen kann es schon ein Bearbeiten des Schattens sein, wenn er sich einmal alleine ein Eis kauft, ohne gleich jedem Familienmitglied eines mitzubringen. Sie sehen, es sind die kleinen Dinge, die die großen bewirken; auch das größte Gebirgsmassiv besteht letztlich aus Atomen.

Steine mit Bruchstellen

Auch Bruchstellen können auf verschiedenste Themen hinweisen.

Sie können ein Hinweis darauf sein, daß etwas weggebrochen ist, das eine Wunde hinterlassen hat. Es gibt immer wieder Dinge, die wir hinter uns lassen müssen. Manche geben wir nicht so ohne weiteres her. „Das Schicksal setzt den Hobel an", um mit Ferdinand Raimund zu sprechen – oft bricht ein kleiner Span, manchmal auch ein ganzes Brett aus uns heraus.

Natürlich kann eine Bruchstelle auch bedeuten, daß etwas aus uns herausbrechen will und wir uns dagegen nicht wehren sollten. Talente und Fähigkeiten schlummern in jedem von uns. Viele sind verschüttet. Denken wir nur daran, wie vielen großen Künstlern man am Beginn ihrer Karriere prophezeit hat, daß sie es nie zu etwas bringen würden.

Die einzige Instanz, die entscheidet, ob wir eine Fähigkeit ausüben wollen, sind wir selbst. Menschen, die uns daran hindern, sind lediglich ein Prüfstein, der uns zeigt, wieviel uns wirklich daran gelegen ist, uns auch gegen Widerstände durchzusetzen und Schwierigkeiten zu überwinden. Sie sind ein wichtiger Prüfstein. Der Weg zum Erfolg ist nicht asphaltiert.

Steine mit Maserungen

Maserungen können darauf hindeuten, daß wir vielleicht zu einseitig, zu fixiert sind. Jeder Mensch weist in seinem Wesen viele Facetten auf. So manche davon wird aber verborgen oder nicht herausgelassen.
Wenn man stur seinen Weg geht, ohne nach links und rechts zu blicken, versäumt man oft die vielen Kleinigkeiten, die erst das Einmalige dieses Weges ausmachen; man sieht die Sträucher, die Bäume, die Wiesen, die Felder, die Schmetterlinge und vieles andere nicht mehr. So kann es schon geschehen, daß man seinen Weg eintönig und öd findet, ohne daß er es tatsächlich ist.

Abschließend will ich nochmals darauf hinweisen, daß dies nur Anregungen sein können, einen Stein zu verstehen. Sollten Ihnen die Hinweise zu knapp oder zu ungenau sein, so rate ich Ihnen, sich bewußt einen Stein mit Maserungen zu suchen. Es könnte sein, daß Sie die vielen Facetten und Möglichkeiten, die in Ihnen stecken, zuwenig beachten.
Natürlich kann es auch sein, daß Sie keinen Zugang zu Steinen finden. Seien Sie bitte nicht traurig. Entweder ist es nicht der richtige Zeitpunkt, oder es ist wirklich nicht Ihr Gebiet. Dann wäre ich so unbescheiden, Sie trotzdem zu bitten, dieses Buch fertig zu lesen. Vielleicht finden Sie einen Anhaltspunkt, wo Ihr Helfer auf der Suche nach dem Stein der Weisen liegen könnte.
Sollten Sie aber zu jenen gehören – und das ist erfahrungsgemäß die Mehrzahl –, die darangehen, in Kieselsteinen Freunde zu finden, freue ich mich mit Ihnen. An welchem Tag in seinem Leben gelingt es einem noch, mit einem Male Abermillionen von Freunden zu gewinnen!

Die Bergkristalle

Der nächste Schritt im Reich der Steine führt uns zu den Kristallen und hier im speziellen zu den klaren Bergkristallen. Sie haben eine derart entscheidende Stellung in der Arbeit mit Steinen, daß ihnen ein eigenes Kapitel gewidmet werden muß.

Bei den Kieselsteinen konnten wir sehr viel Grundlegendes über Steine erfahren. Eine der wichtigsten Erkenntnisse war, daß der Kieselstein unser Zugang zur Schöpfungsenergie, zu kreativem Handeln ist. Er gibt uns das Grundmaterial dazu in die Hand, er ist das Fundament unserer Entwicklung. Wenn wir die Schöpfung betrachten, wird uns dies sehr deutlich vor Augen geführt. Die Entstehung der Erde ist die Basis unserer Existenz. Auf dieser Grundlage fußt die Evolution.

Als Einstieg in diesen Teil unserer Suche nach dem Stein der Weisen sollen drei Definitionen dienen, die sinngemäß einem wissenschaftlichen Buch entnommen sind. Der Autor dieses Buches[5] erwähnt, daß die Menschen schon in vorgeschichtlicher Zeit Steine und Mineralien zu nutzen wußten. Ihr Wissen stammte aus Beobachtungen. Die erste wissenschaftliche Arbeit verfaßte der griechische Philosoph Aristoteles im dritten Jahrhundert v. Chr. Seine Erkenntnisse hatten bis ins 16. Jahrhundert Gültigkeit. Dann stand der Meinung des Autors zufolge die (Mineralien-)Welt still: „Während des ganzen Mittelalters gab es in Europa keinen Fortschritt in der Mineralienkunde. Alchemie, Astrologie, Spekulation und die vermeintlich okkultischen Kräfte der Steine beherrschen das Feld der Naturkunde. Die in dieser Zeit publizierten Steinebücher, die Lapidarien, vermitteln keine neuen Erkenntnisse, sondern geben nur eine unkritische Zusammenfassung antiker und mittelalterlicher Vorstellungen." Im 16. Jahrhundert kam es zu einer wissenschaftlichen Annäherung an das Montanwesen, das sich von diesen mittelalterlichen Betrachtungsweisen abwandte.

W. Schumann nennt drei Möglichkeiten, wie ein Mineral entstehen kann:

1. Magmatische Abfolge	Dabei entstehen Mineralien direkt aus dem Magma, dem flüssigen Erdkern, durch Abkühlen bei Temperaturen von 1100–550 °C.
2. Sedimentäre Abfolge	Nahe der Erdoberfläche entstehen Mineralien durch Zerstörung und Neubildung von Gestein, vielfach unter Einfluß von Wasser und Sauerstoff.
3. Metamorphe Abfolge	Wenn Gesteine durch gebirgsbildende Vorgänge in tiefere Teile der Erdkruste verlagert werden, entstehen wegen der dort herrschenden hohen Temperaturen im Verein mit großem Druck neue Mineralien.

---

5 W. Schumann, *Der große Steine- und Mineralienführer,* BLV VerlagsgesmbH, München 1985

Mineralien können also auf drei verschiedene Arten entstehen. Dabei ist interessant, daß ein Mineral nicht an eine bestimmte Entstehungsweise gebunden ist. Viele Mineralien können auf alle drei angegebenen Arten entstehen.

Mit der Entstehung von Neuem sind immer drei Themen verbunden:

Zerstörung
Druck
und/oder
Hitze

Kommt Ihnen das nicht bekannt vor? Wann bewegt sich in uns wirklich etwas Neues? Immer dann, wenn wir Druck verspüren oder wenn wir „ins Schwitzen" kommen. Was uns noch zu Neuem führt, ist natürlich die Zerstörung des Alten, der Dinge, an denen wir bislang festgehalten haben. Auch unsere Entwicklungsprozesse finden nicht nur auf einer Ebene statt. Und so ist es verständlich, daß uns oft Steine derselben Art auf ganz unterschiedliche Weise helfen können. Wir erkennen natürlich nicht, auf welche Art sie entstanden sind, sie aber tragen diese Information (Energie) in sich.

Nachdem wir nun wissen, wie Mineralien entstehen, wenden wir uns dem eigentlichen Thema dieses Kapitels zu, den Bergkristallen. Wieder sind es drei Definitionen aus dem bereits genannten Buch, die uns vor Augen führen, wie wunderbar die Mineralien unser Leben widerspiegeln, ja, in sich tragen. Die Definitionen der Begriffe Mineral, Gestein, und Kristall lauten sinngemäß:

Mineral	Als Mineral wird ein in sich einheitlicher, natürlich entstandener Teil der Erdkruste bezeichnet.
Gestein	So bezeichnet man ein natürliches Gemenge von Mineralien; es bildet selbständige geologische Gebilde größerer Ausdehnung.
Kristall	Ein Kristall ist ein stofflich einheitlicher Körper, der gesetzmäßig aufgebaut ist; der Aufbau seiner kleinsten Bauteilchen weist eine exakte Ordnung auf, das Kristallgitter.

Lassen Sie uns auch hier *dahinter blicken:*

Das Mineral

Mit einem Mineral ist etwas Neues entstanden. Dies geschieht auf eine der schon erwähnten Arten und Weisen. Diese Entstehung kann oft sehr schnell vor sich gehen, Mineralien können sich innerhalb von Stunden bilden.

Auch wir sind ein einheitlicher, natürlich entstandener Teil der Natur. Zunächst unterscheiden wir uns von allen anderen kaum. Kieselsteine gleichen einander fast wie ein Ei dem anderen – auf den ersten Blick. Wir wissen aber, daß die Anlagen zur Entwicklung der Individualität schon in ihnen stecken.

Das Gestein

Es gibt zwei Möglichkeiten, wie wir „Mineralien" uns dann entwickeln können: Wir können uns mit vielen, vielen anderen Mineralien zu einer Masse irgendwo untätig hinlegen.

Dann gehören wir auch zum Gestein, das sich zu Gebilden größerer Ausdehnung formiert, innerhalb dessen man aber auf den ersten Blick den einen vom anderen nicht unterscheiden kann.

Der Kristall

Wir können uns aber auch dem Kristallisationsprozeß unterziehen. Kristallisieren heißt nichts anderes, als das Potential, das in uns steckt, zu entwickeln. Nicht umsonst heißt es doch auch in unserer Sprache „etwas herauskristallisieren".

Ergreifen wir doch die Chance und kristallisieren wir, ohne zu wissen, ob uns überhaupt jemand entdecken wird. Doch wenn wir uns dem Kristallisationsprozeß unterzogen haben, dann haben wir gegenüber den einfachen Kieselsteinen einen entscheidenden Vorteil: Man erkennt bei einem Kristall schon auf den ersten Blick, daß hier etwas tiefgreifend anders ist als bei der Masse der Steine.

Natürlich ist das Kristallisieren etwas sehr Langwieriges und findet im Dunkeln statt. Auch erhält man für diesen Vorgang keinen wie immer gearteten Applaus. Im Gegenteil, wie wir wissen, führt Individualisierung zunächst einmal zu einer gewissen Einsamkeit. Auch der Bergkristall ist vorerst unter den vielen, vielen Kieselsteinen einsam. Was sind nun die wesentlichen Merkmale, die einen Kristall ausmachen:

1. Er ist durchsichtig.
2. Er weist bis in die kleinsten Teile eine Struktur (Ordnung) auf, das Kristallgitter.

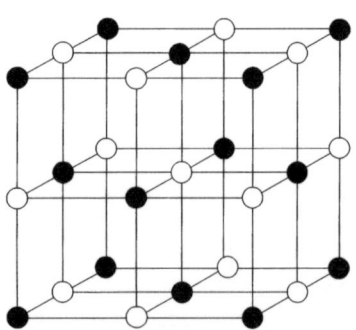

Erinnern Sie sich noch an den Vergleich, den wir bei den Kieselsteinen angestellt haben, als es darum ging, daß niemand von einem Ereignis so gut berichten kann wie einer, der dabei war? Ein sehr ähnliches Thema begegnet uns beim Kristall.

Um zu wissen, wie etwas vor sich geht, kann es zielführend sein, jemanden um Rat zu fragen, der diese Sache schon gemacht hat. Bei jeder Prüfung fragt man die Kandidaten, die diese Prüfung schon absolviert haben, wie diese vor sich gehe. Man kennt dann zwar die Fragen trotzdem nicht, die auf einen zukommen, aber man kann sich mit der Art und Weise des Ablaufes der Prüfung vertraut machen und kann so Sicherheit gewinnen.

Ein Kristall hat einen Kristallisationsprozeß hinter sich. Das bedeutet, daß er tief im Inneren der Erdkruste langsam gewachsen ist. Bei diesem Wachstum hat er sich – wie schon erwähnt – großem Druck und großer Hitze ausgesetzt gefühlt. Bedenken wir aber, daß er nicht *trotz,* sondern *aufgrund* dieser Umstände gewachsen ist.

Wie wir bei der Definition des Kristalls schon erfahren haben, ist er aber nach einer bestimmten Struktur gewachsen, nach einer Ordnung, die nur dieser Kristallart eigen ist. Nicht er selbst hat sich diese Ordnung ausgedacht, sie ist vorgegeben. Die Natur hat die Form des Kristallgitters vorgegeben. Er hatte keine andere Wahl, als sich gemäß dieser Form zu entwickeln.

Dies mag Ihnen im ersten Moment furchtbar erscheinen, so ganz ohne freie Entscheidung etwas werden zu müssen. Wo doch scheinbar so viele Möglichkeiten bestehen, das zu werden, was man will.

Nie würde es einem Kristall einfallen, nach einem anderen Kristallgitter wachsen zu wollen als dem seinen, weil er doch weiß, daß er dann ein völlig anderer Kristall würde – und nicht er! Außerdem kann er doch nur zu dem werden, was als Anlage in ihm steckt. Er kann nichts anderes werden, denn es fehlen ihm die grundlegenden Voraussetzungen dafür. Wenn jemand anders werden will, als er ist, strebt er nur nach einem Bild, das von außen auf ihn zugekommen ist, und verabsäumt, sein Innerstes zu Wort kommen zu lassen.

Die Natur hat uns den freien Willen gegeben. Keinem Elefanten würde es je einfallen, so werden zu wollen wie ein Affe. Er würde nur einmal versuchen, auf einen Baum zu klettern, er würde es nicht schaffen – dafür kann er ihn aber ausreißen und tragen. Ich habe auch noch keinen Affen gesehen, der versucht hätte, einen Baum auszureißen, geschweige denn ihn zu tragen.

Der Kristall ist ein Kristall geworden, weil er nach seiner inneren Ordnung gewachsen ist. Diese Ordnung muß er sich nicht von anderen abschauen und mühsam erlernen, er trägt sie in sich. Wenn er nach seiner inneren Ordnung wächst, dann wird automatisch aus ihm ein wunderschöner Kristall.

Kaum jemand hat dieses Thema eindrucksvoller behandelt als Goethe in seinen Orphischen Worten; genau betrachtet, findet man die Aussagen dieser Verse im Kristall wieder.

Wie an dem Tag, der dich der Welt verliehen
die Sonne stand zum Gruße der Planeten
bist alsobald und fort und fort gediehen
nach dem Gesetz, womit du angetreten.
So mußt du sein, dir kannst du nicht entfliehen,
so sagten schon Sibyllen, so Propheten
und keine Zeit und keine Macht zerstückelt
geprägte Form, die lebend sich entwickelt.

Worte sind die Hilfsmittel, mit denen wir die Bilder unserer Gedanken beschreiben. Ist es bei den Bildern die Gesamtschau, die uns etwas erkennen läßt, so müssen wir bei den Worten, die ja dem analytischen Teil unseres Denkens zugehören, dementsprechend den Sinn für das Detail entwickeln.

In jeder dieser Zeilen steckt eine Fülle von Inhalten. Es lohnt sich, diese genau zu betrachten:

Wie an dem Tag, der dich der Welt verliehen
die Sonne stand zum Gruße der Planeten

Man könnte annehmen, dies sei ein Hinweis auf die Astrologie, denn ein Geburtshoroskop ist letztlich nichts anderes als eine „Blitzlichtaufnahme" der Planetenpositionen zum Zeitpunkt der Geburt (wer über Goethe mehr weiß, wird zustimmen, daß diese Auffassung nicht sehr falsch sein kann). Es steckt aber viel, viel mehr in diesen Worten. Die Astronomie brachte die Erkenntnis, daß sich alle Planeten in festen Bahnen um die Sonne bewegen.

Auch ihre Geschwindigkeit ist uns heute bekannt. Wenn wir also die Planetenstände eines Tages kennen, dann können wir die Planetenstände für jeden beliebigen Tag zurück- beziehungsweise vorausberechnen. Das heißt nichts anderes, als daß es eine kosmische Ordnung gibt, die nach einem bestimmten Rhythmus abläuft. Diese kosmische Ordnung, unser Sonnensystem, gibt uns die Rahmenbedingungen vor, innerhalb derer wir exisitieren und uns entwickeln können.

bist alsobald und fort und fort gediehen

Entwicklung beginnt sofort und kann willentlich nicht angehalten werden. Kein Kind kann beschließen, das Wachsen auf später zu verschieben. Wie die Planeten unaufhaltsam ihre Bahnen ziehen, so ziehen die Elektronen unaufhaltsam ihre Bahnen in den Atomen unseres Körpers. Permanente Veränderung führt zu Wachstum.

Und wenn wir erwachsen sind? Nicht umsonst sagen wir auch bei einem Baum, daß er gut gedeiht, auch wenn er schon seine größtmögliche Höhe erreicht hat. Dann legt er nämlich völlig unbemerkt Schicht um Schicht, Jahresring um Jahresring im Inneren zu.

nach dem Gesetz, womit du angetreten

Die Entwicklung erfolgt nach dem Gesetz, *womit* wir angetreten. Womit, nicht wonach.

Wenn wir von Gesetzen sprechen, so verbinden wir damit immer das Wort „nach". Nach dem Buchstaben des Gesetzes, sich nach einem Gesetz richten usw. Nein, die irdischen Gesetze hat Goethe hier wahrlich nicht gemeint.

Es ist das Gesetz, das in uns verankert ist. Ein Gesetz, das es nur einmal gibt, das wir bei niemand anderem finden. Daher ist es auch völlig sinnlos, den Wunsch zu haben, sich so zu entwickeln wie jemand anderer. Wozu bin ich denn dann auf dieser Welt? Da gäbe es mich doch schon.

Es ist das Gesetz, das meiner Entwicklung zugrunde liegt, das Kristallgitter meines Lebens. Die Planeten, die zum Gruße der Sonne standen, die Grundstruktur, ist allen gleich. Was aber daraus wird, ist bei jedem anders. Wie und in welcher Weise sich diese Gitter aufbauen, das ist individuell in meinem Gesetz verankert.

So mußt du sein, dir kannst du nicht entfliehen,
so sagten schon Sibyllen, so Propheten,
Was immer jemand versucht, um nicht so, sondern anders zu werden, führt zum Scheitern. Denn man kann nicht mit dem Gesetz eines anderen leben.

Wir haben den freien Willen, wie C. G. Jung es so wunderbar formuliert hat: Der freie Wille ist, das gerne zu tun, was wir tun müssen. Natürlich können wir uns auch dagegen entscheiden. Dann müssen wir zwar das gleiche tun, haben aber die Freiheit, es ungern zu tun.

und keine Zeit und keine Macht zerstückelt
Ein Satz, dessen Bedeutung immer aktueller wird. Das analytische Denken, das unsere Zeit so prägt, hat unter anderem eine Erkenntnis gebracht: Vom Menschen geschaffene Systeme, vom Menschen erdachte Strukturen haben alle nur zeitlich begrenzte Gültigkeit. Die Geschichte hat uns gelehrt, daß gerade jene Systeme, die man für die Ewigkeit zu schaffen glaubt, die kurzlebigsten sind. In diesem Jahrhundert konnten wir beobachten, wie schnell „tausendjähriges" vergeht. Aber auch zum Beispiel das Römische Reich, das weit länger bestand, hat letztlich einer anderen „Macht" weichen müssen und seinen Niedergang erlebt.

Diese Erkenntnis treibt uns dazu, alles zu tun, um ein gestecktes Ziel schneller zu erreichen. Jeder Wirtschaftsfachmann wird bestätigen, daß man in den Wirtschaftsabläufen den Faktor Zeit immer mehr in den Vordergrund schiebt. Es kann doch kein Zufall sein, daß es seit noch nicht allzulanger Zeit Time-management-Seminare gibt. Da lernt man, wie man innerhalb einer Zeiteinheit mehr Arbeitsvorgänge unterbringen kann.

Die innere Ordnung jedoch, jene, die die Natur in sich trägt, wird weder durch Zeit noch durch irgendeine weltliche Macht verändert oder gar zerstört. Sie lehnt sich gemütlich zurück und lächelt milde über unser „time management". Sie weiß, daß wir mit der „Schnellebigkeit" lediglich eines erreicht haben: Moderne Menschen dürfen innerhalb einer Zeiteinheit den gleichen Fehler eben mehrmals begehen.

Als Beispiel diene das Wachstum eines Kindes. Man kann noch so viel an Management in die Erziehung und Entwicklung eines Kindes hineinpacken, es wird trotzdem erst mit der beendeten Pubertät so etwas wie reif.

Auch wenn ein Kind neben der Schule noch Tennis lernt, Ballettkurse besucht, Klavierstunden nimmt, Computercamps absolviert, wird es nicht schneller reif.

Mit noch so viel Analytik können wir die innere Struktur, die Gesetzmäßigkeit eines Wachstumsprozesses nicht beeinflussen und schon gar nicht zerstückeln. Natürliches Wachstum ist nur einheitlich möglich, das heißt in harmonischem Zusammenspiel der Kräfte (Energien). Nehmen wir wieder das Wachstum des Kindes: Man kann nicht bestimmen, daß zuerst die Beine, dann die Arme, dann der Rumpf wachsen sollte, Wachstum findet nur im natürlichen Gleichgewicht mit natürlichen Rhythmen statt.

geprägte Form, die lebend sich entwickelt.

Es ist die geprägte Form, die den Entwicklungsprozeß vorgibt. Als Beispiel will ich hier jene Computerzeichnungen anführen, die zum Beispiel bei Fahrzeugkonstruktionen verwendet werden. Man erkennt dabei am Bildschirm das zukünftige Auto nur als Gitterkonstruktion. Wie die äußere Form aussehen wird, welche Farbe, wie groß, wie schwer das Auto sein wird, ist nicht erkennbar. Aber dieses Konstruktionsgitter ist für alle Autos dieser Bauart die Grundkonzeption, die Prägung. Solange diese Struktur lebt, entwickelt sich die äußere Form nach ihrem Muster – ob sie will oder nicht. Lediglich die äußere Form, die diese Strukturen hervorbringt, ist durch Zeit (Abnutzung, Ermüdungserscheinungen) und Macht (andere Autos, Vandalismusakte) zerstörbar. Das Muster, das dahintersteht, ist ein geistiges und daher nicht veränderbar.

Dies ist der wahre Hintergrund, warum Menschen in ihrem Umfeld noch so viele Änderungen durchführen können, sie werden immer wieder auf die gleichen Probleme stoßen. Das neue Haus, der neue Job, der neue Partner können lediglich wieder solche sein, die in die Grundstruktur hineinpassen. Lediglich eine Veränderung dieser Grundstruktur, die eine Veränderung des geistigen Schnittmusters voraussetzt, kann auch im äußeren Leben echte Veränderungen hervorbringen.

Nun scheinen Kristalle in diesem Zusammenhang ein schlechtes Beispiel zu sein. Daß sie eine geprägte Form sind, ist akzeptabel, aber einen Kristall, einen Stein als Lebewesen zu betrachten, scheint etwas gewagt. So stellt sich die Frage, welche Voraussetzungen ein Lebewesen erfüllen muß, damit es als solches akzeptiert wird. Dabei stoßen wir auf lediglich ein entscheidendes Kriterium – die Bewegung. Alles, was sich bewegt, wird als Lebewesen (an)erkannt.

Mensch und Tier sind zweifelsohne dieser Gattung zuzuordnen. Bei Pflanzen ist es schon ein bißchen schwieriger. Kaum jemand glaubte ursprünglich, daß eine Pflanze auf Zuwendung reagiert. Ihre Beweglichkeit ist begrenzt, und daher fiel es schon schwerer, einer Pflanze auch jene Dinge zuzugestehen, die wir einem Menschen oder einem Tier zugestehen. Wenn sich eine Pflanze auch nicht so augenfällig bewegt wie ein Tier, so erkennen wir an ihr doch auch einen Wachstumsprozeß. Wege wachsen zu, Bäume werden größer, Gras muß immer wieder gemäht werden.

Nun wissen wir, daß auch Kristalle wachsen. Aber die Zeiträume, in denen dieses

Wachstum, diese Bewegung stattfindet, sind für uns einfach nicht nachvollziehbar. Ein Bergkristall vollendet sein Wachstum in einem Zeitraum von ca. 70.000.000 Jahren. Das ist ein Zeitraum, den wir nicht mehr begreifen. Die Zahl ist uns analytisch bekannt, für den Zeitraum fehlt uns aber ein Bild, und somit ist dieser nicht begreifbar.

Aber es steht eindeutig fest, daß sich im Inneren eines Kristalls etwas bewegt. Es ist ähnlich wie bei einem Baum; auch er läuft nicht hin und her, aber er wächst, er lebt. Wenn Sie also einen Kristall in Händen haben, bedenken Sie, daß Sie ein Lebewesen halten.

Was kann uns also zusammenfassend ein Kristall lehren:

Die Relativität der Ordnung

Der Kristall ist eine Hilfe, unsere innere Ordnung zu finden und ihr zu vertrauen. Dies erleichtert uns die nächsten Schritte unserer Entwicklung, weil es damit immer weniger notwendig wird, sich nach äußeren Kriterien zu richten. Plötzlich ist es nicht mehr erforderlich, so viel Energie in die äußeren Umstände zu investieren. Unzählige Male begegnet einem der Satz: „Was habe ich alles getan, um ... zu erreichen, und nichts habe ich erreicht. Als ich dann mehr oder weniger mit meinen Aktivitäten aufgehört habe, als ich mich erschöpft zurückgelehnt habe und dachte ‚nun gut, dann nicht‘ – ist alles von alleine gegangen."

Wenn wir also in uns Ordnung zulassen – wohlgemerkt, zulassen, sie ist da, wir müssen sie nicht schaffen oder erfinden –, dann entsteht Klarheit. Ein Kristall kann uns also mit seiner Erfahrung vermitteln, wie einfach es sein kann, sich über Dinge klar zu werden. Je mehr wir versuchen, im äußeren Umfeld Ordnung zu schaffen, desto undurchsichtiger wird alles.

Jede im Äußeren geschaffene Struktur muß aber zwangsläufig die innere in sich tragen, da ja kein anderes Grundmaterial vorhanden ist. Die Folge ist, daß die beiden Strukturen nicht zueinanderpassen und trotz ungemeiner Anstrengungen das Ergebnis unbefriedigend ist. Wenn Sand das Grundmaterial ist, man aber glaubt, nur mit einem Turm glücklich zu werden, wird das Bauwerk immer wieder zerrinnen. Leistet man seiner inneren Struktur Folge, entstünde von ganz allein eine wunderschöne Sandburg, die sich zwar nicht in die Höhe, dafür aber in die Breite ausdehnen würde. Irgendwann beginnt man dann widerwillig die Sandburg zu bauen und ist eines Tages glücklich, keinen Turm zu haben, denn es stellt sich vielleicht heraus, daß man gar nicht schwindelfrei ist.

Solche Veränderungen im äußeren Umfeld, die der inneren Struktur widersprechen, würde ich als das Wenn-dann-Syndrom bezeichnen:

- Wenn sich mein Partner nur ändern würde, dann könnte ich es auch.
- Wenn wir mehr Geld hätten, dann könnten wir uns mit anderen Dingen beschäftigen.
- Wenn wir keine Kinder hätten, dann wäre alles viel leichter.

- Wenn ich einen anderen Beruf hätte, dann wäre alles anders.
- Wenn wir nicht so beengt wohnen würden, dann könnte ich mehr für mich tun.
- Wenn meine Frau berufstätig wäre, dann könnten wir noch andere Dinge erreichen.

Durch solche „Wenn-dann-Formulierungen" beraubt man sich jeder Möglichkeit, die sich bietenden Chancen wahrzunehmen.

„Und wenn ihr mich in Ketten legt, Sire, wär' ich frei." So beengend können äußere Umstände überhaupt nicht sein, daß sie den inneren Freiraum eingrenzen könnten. So tief unten (in der Erde) kann der Kristall gar nicht liegen, so groß kann der Druck von außen gar nicht sein, daß die innere Ordnung aufhört zu existieren. Vor allem aber steckt in einem Kristall, den wir sehen, auch jene Energie, die dazu geführt hat, daß er ans Tageslicht gekommen ist.

Jeder Kristall, den wir in Händen halten, ist Zeuge der inneren Ordnung, die sich im Äußeren manifestiert hat. So und nur so ist Entwicklung möglich. *Die innere Ordnung führt automatisch zum äußeren Abbild.* Solange wir den umgekehrten Weg gehen, müssen wir zwangsläufig scheitern.

Die Relativität der Zeit

Was ist ein Menschenleben in Relation zu den siebzig Millionen Jahren eines Kristalls! Wie unwichtig erscheint da plötzlich die Zeit. Dennoch kann es nicht das Ziel sein – wie es im großen Esoterikboom immer wieder geschieht –, alles Irdische zu vergessen, einzutauchen in die Meditation, Haus und Hof zu verkaufen und in das Tipi (Wohnzelt der Indianer) an den Waldrand zu ziehen. Dort spielt dann die Zeit scheinbar keine Rolle mehr. Damit hat man lediglich eine äußere Struktur durch eine andere ersetzt und sich noch immer nicht mit seiner inneren auseinandergesetzt. Denken wir daran: Natürliche Strukturen sind vorgegeben („Dir kannst du nicht entfliehen"). Somit ist auch der Zeitrahmen der Entwicklung, ähnlich dem des körperlichen Wachstums, vorgegeben. Jeder befindet sich jetzt an dem Punkt seiner Entwicklung, an dem er sich befinden muß – ob er will oder nicht, ob er gerne dort ist oder nicht.

Ähnlich einer Straße verläuft jeder Lebensweg auch in Kurven, Steigungen usw. Es gibt immer wieder Abzweigungen. Mit meinem aktuellen Wissensstand entscheide ich mich jeweils für eine bestimmte Richtung. Natürlich kann es passieren, daß ich irgendwann einmal das Gefühl bekomme, falsch abgebogen zu sein. Nämlich dann, wenn ich eine neue Erfahrung gemacht habe, die – wenn ich sie schon früher gemacht hätte – an der letzten Kreuzung dazu geführt hätte, daß ich nicht links, sondern rechts abgebogen wäre. Wenn ich aber tatsächlich anders gehandelt hätte (abgebogen wäre), dann hätte ich die betreffende Erfahrung nicht gemacht. Das Gefühl, falsch abgebogen zu sein, hätte ich dann wahrscheinlich genauso, aber zu allem Überfluß wäre ich dann noch dazu nicht auf meinem Weg.

Wir können – Gott sei Dank – das Rad der Zeit nicht zurückdrehen. Wir glauben aber, es beschleunigen zu können. Abgesehen vom „time management" gibt uns die Technik heute die Möglichkeit, Distanzen in wesentlich kürzerer Zeit zu überbrücken. Das Menschenleben wird dadurch aber um keine Sekunde länger. Keine Sekunde mehr haben wir Zeit, Wahrnehmungen zu Bildern zu verarbeiten.

Zwei Dinge sind es, die uns an der Zeit immer wieder stören: Entweder vergeht sie zu schnell oder zu langsam. Jeder kennt das lähmende Gefühl, auf einem Bahnhof zu stehen und einen verspäteten Zug zu erwarten. Am liebsten würde man an der Uhr drehen. Ganz anders bei einem Ausflug ins Grüne; der Tag vergeht wie im Flug.

Wenn wir die Zeit aber in Ruhe lassen, wenn wir sie nicht beachten, dann erleben wir mit ihr die tollsten Dinge. Wenn man sich mit Freude in etwas vertieft, geschieht es mitunter, daß die Zeit stehenzubleiben scheint. Wollen wir sie treiben, wehrt sie sich genauso, wie wenn wir sie anhalten wollen. Versuchen Sie einmal, mit der Zeit anders umzugehen – um es mit modernen Worten auszudrücken: management by forgetting. Wenn sie dann einen Arbeitstag in Relation zu 70 Millionen Jahren sehen, dann lohnt es sich weder ihn zu treiben noch ihn anzuhalten. Es ist einen Versuch wert!

Kristalle als Informationsspeicher

Wir haben schon bei den einfachen Kieselsteinen erfahren, daß die Sprache der Steine mit unserer herkömmlichen Sprache nichts zu tun hat. Nun stellt sich die Frage, wie ein Kristall sein „Wissen" weitergeben kann. Wenn er genauso wie der Kieselstein nur in Bildern sprechen würde, dann hätte er ja die gleiche Funktion. Der gewaltige Prozeß der Kristallisation muß ihn doch zu mehr befähigen, sonst hätte ja das Kristallisieren keinen Sinn.

Laden wir wieder die Wissenschaft und die Technik als Reiseführer zu unseren Erkenntnissen ein. Kaum ein anderes technisches Gerät hat unser tägliches Leben so verändert wie der Computer. Durch die Entwicklung des Personal Computers (PC) ist er in einer Art und Weise mit uns verbunden, daß er schon fast zu einem Einrichtungsgegenstand geworden ist. In den Anfängen, als man diese Entwicklung nicht einmal in den kühnsten Träumen für möglich gehalten hätte, waren diese Maschinen riesengroß und konnten – gemessen an ihrer heutigen Leistungsfähigkeit – so gut wie nichts. Was man damals lediglich wollte, ist, schneller zu rechnen.

Das erste Problem, das es bei der Konstruktion einer derart schnellen Rechenmaschine zu lösen galt, war, die Zahlen in das Ding hineinzubringen und zu speichern. Es war klar, daß es – anders als im menschlichen Gehirn – in einem Computer immer nur zwei Möglichkeiten gab: ja oder nein. Die Entscheidung „vielleicht" bleibt dem Menschen vorbehalten.

Wenn Daten verarbeitet werden sollten, mußten diese zunächst in ein Speichermedium eingelesen werden. Findige Köpfe kamen auf folgende blendende Idee: Man baue ein Netz aus stromleitenden Drähten und setze an deren Kreuzungspunkte kleine Magnetkerne.

Diese Magnetkerne kann man mit Hilfe des Stroms magnetisieren – oder eben nicht.

Somit ist erst ein winziger Schritt gelungen – nämlich die Möglichkeit, zwei Ziffern zu speichern, und zwar 0 und 1.

Nachdem man für die Funktionstüchtigkeit einer Rechenmaschine wesentlich mehr Ziffern benötigt – nämlich 0 bis 9, und das für jede Stelle – mußte man zusätzlich ein System entwickeln. Dieses System mußte für alle Ziffern Symbole (Bilder) zur Verfügung haben, deren Teile lediglich 0 und 1 waren. Das binäre Zahlensystem war geboren:

0	wird dargestellt durch	0
1	wird dargestellt durch	1
2	wird dargestellt durch	10
3	wird dargestellt durch	11
4	wird dargestellt durch	100
5	wird dargestellt durch	101
6	wird dargestellt durch	110
7	wird dargestellt durch	111
8	wird dargestellt durch	1000
9	wird dargestellt durch	1001

Ein Magnetkern, eine Speicherstelle, reichte also nicht aus, um die benötigten Informationen aufzunehmen. Daraus resultierte, daß man mehrere solcher Speicherstellen zu einer Einheit zusammenfassen mußte. Das Schlagwort „8-Bit-Code" ist ein Ausdruck, der immer wieder in Zusammenhang mit Computern gebraucht wird. Das bedeutet, daß man acht Speicherstellen (Bits) zu einer Einheit (Byte) verband. Diese Einheit konnte nun mit Hilfe der Kombination von achtmal ja oder nein jede Ziffer und natürlich dann auch alle Buchstaben des Alphabets darstellen.

In einem derartigen Kernspeicher sah es – natürlich schematisiert – etwa so aus:

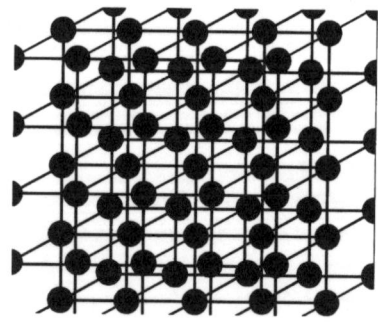

Diese Struktur im Computer ist letztlich auch nur eine Nachbildung dessen, was die Natur bereits hervorgebracht hat. Ohne Frage ist hier eine frappierende Ähnlichkeit mit dem Kristallgitter festzustellen (übrigens gab es auch viele Versuche, Kristalle für Speicherzwecke zu verwenden).

Das Speichern von Buchstaben und Ziffern erfolgt mit Hilfe des binären Zahlensystems. Kaum jemand ist in der Lage, diesen Code direkt zu lesen, aber er trägt dieselben

Informationen wie die jeweilige Zahl oder der jeweilige Buchstabe. Wie bei der Keil-schrift sind die Zeichen zunächst unverständlich – was aber nichts an ihrem Inhalt ändert. Dieser ist lediglich in eine andere Sprache gefaßt.

Somit ist verständlich, daß in einem Kristall Informationen gespeichert sind. Aber na-türlich nicht jene über das aktuelle Radio- und Fernsehprogramm, sondern Informatio-nen über die Gesetzmäßigkeiten der Natur, die für den Kristall genauso gelten wie für Menschen. Er trägt diese Informationen aufgrund seiner besonderen Struktur in sich. Wie ist es nun möglich, ihm diese zu entlocken? Rein zufällig haben Kristalle schon einmal geholfen, ein Problem in der Technik zu lösen. In den Anfängen der Radiozeit gab es den Sender, der die Wellen in den Äther hinaussandte, und einige wenige Emp-fangsgeräte, die mit einem modernen Radio noch so gut wie nichts gemeinsam hatten. Es waren sogenannte Detektoren, an denen man eine Nadel bewegen mußte. Und diese stand in Verbindung – mit einem Kristall.

Wie bereits früher erwähnt: Radiowellen sind permanent im Raum, sie sind aber nicht hörbar. Der Kristall hat damals geholfen, nicht hörbare Wellen hörbar zu machen. Die-se Tatsache sollte uns die letzte Skepsis über die wunderbare Wirkung der Kristalle nehmen.

Sie können uns helfen, Informationen, die wir ohne sie nie verstehen würden, verständ-lich zu machen. Natürlich teilen sie uns keine Worte und Zahlen mit. Sie „sprechen" mit unserer rechten Gehirnhälfte, wo Weisheit und Synthese zu Hause sind, und überlassen es uns, die Übersetzung für den analytischen Teil vorzunehmen.

Somit erkennen wir die entscheidenden Wirkungen der Kristalle:

- Sie nehmen Wellen auf.
- Sie geben Wellen ab.
- Sie sind Speichermedium.

Kristalle nehmen Energie der Umgebung auf und senden ihrerseits diese Energie in transformierter Form weiter. Dieses Aufnehmen und Wiedergeben von Schwingung in absolut gleichmäßiger Form hat sich die Technik bei den Quarzuhren zunutze gemacht. Hier sind es nicht die kosmischen Energien, sondern die einer Batterie, die einen Kri-stall in Schwingung versetzen; dieser gibt eine transformierte Schwingung in unüber-troffener Gleichmäßigkeit weiter.

Die Formen der Bergkristalle

Grundsätzlich stehen uns die Kristalle in folgenden Formen zur Verfügung:

- die Kristallspitze,
- der V-förmige Kristallzwilling,
- der kreuzförmige Kristallzwilling,
- der Doppelender,
- die Kristallstufe,
- der runde, getrommelte Kristall.

Die Kristallspitze

Sie ist mit einem Laser vergleichbar. Die Kristallspitze nimmt die Energie auf und gibt sie gebündelt an der Spitze wieder ab. Um dies zu spüren, kann man einen einfachen Versuch durchführen: Nachdem man die Hände leicht aneinander gerieben hat, um die Rezeptoren der Haut zu aktivieren, nimmt man eine Kristallspitze mit dem stumpfen Ende in die eine Hand und richtet die Spitze auf die Fläche der ausgestreckten zweiten. Der Abstand ist intuitiv zu wählen, in keinem Falle soll die Spitze aber die Hand berühren.

Es gibt keine Regel, wie dieser Energiestrahl wahrgenommen wird. Es kann ein kalter Hauch, ein warmes Kribbeln, ein leichtes Kratzen usw. sein. Es kommt öfter vor, daß das erste Mal keine Reaktion wahrgenommen wird; damit ist nicht erwiesen, daß man nicht fühlig ist, sondern daß das logische Denken über den freien Fluß der nicht erklärbaren Energie noch die Oberhand hat.

Der V-förmige Kristallzwilling

Zwei Kristallspitzen haben eine gemeinsame Wurzel und sind aus dieser V-förmig gewachsen. Es ist das Bild einer Weggabelung; aus dem gleichen Ursprung sind zwei Wege entstanden. Anhand des Zwillings ist zu erkennen, daß es sich um zwei gleichwertige Alternativen handelt. Keine der beiden ist mehr oder weniger wert; jeder der abzweigenden Wege führt im Endeffekt zum Ziel: zur Klarheit im Inneren.

Wenn zwei Alternativen zur Wahl stehen, ist der Zwilling eine Hilfe bei der Erkenntnis, daß es lediglich darum geht, eine Entscheidung zu treffen. Das Nichttreffen der Entscheidung führt zum Stillstand – und ist letztlich auch eine Entscheidung, nämlich die, sich nicht zu entscheiden. Dies ist dann aber eine Entscheidung, die *immer* mit Unbehagen verbunden ist.

Die Schwierigkeit bei der Entscheidungsfindung besteht immer in der Angst, daß die Entscheidung auch falsch sein könnte. Das läßt sich aber nie feststellen, da man die Entwicklung nach einer anders getroffenen Entscheidung nie nachvollziehen, sondern lediglich darüber spekulieren kann. Nachdem dies aber nur mit jenen Erfahrungen möglich ist, die aufgrund der getroffenen Entscheidungen gemacht wurden, muß das Ergebnis dieser Spekulation weitgehend verfälscht sein.

Die Problematik bei der Entscheidungsfindung läßt sich eindrucksvoll an einem Mißgeschick nachvollziehen, das jeder Mensch – ausnahmslos – als Kind erleidet. Wie oft Eltern ein Kind auch davor warnen, nicht auf die heiße Herdplatte zu greifen – irgendwann hat es jedes Kind dann doch getan. Es hat die Entscheidung getroffen, es doch zu tun. Von den erlittenen Schmerzen her war es sicherlich die falsche Entscheidung. Was aber den Erfahrungswert betrifft, war die Entscheidung goldrichtig, denn es bewahrt den kleinen Erdenbürger für den Rest seines Lebens vor schmerzlichen Erfahrungen mit jedweden heißen Dingen – nicht nur mit der Herdplatte, an der er sich verbrannte.

Somit gibt es bei jeder falschen Entscheidung – wie könnte es in unserer dualen Welt auch anders sein – eine Sichtweise, aus der heraus sie absolut richtig war, ein scheinbarer Umweg, der uns von dem direkten Weg ein wenig abgebracht hat. Das Verlassen der Diretissima bewahrt uns aber davor, andere Umwege, die sich immer wieder auftun, gehen zu müssen.

Auch ist die Angst, einen Fehler zu begehen, ein starkes Hemmnis in der Entscheidungsfindung. Für Fehler gilt sinngemäß das gleiche wie für eine falsche Entscheidung. Gott sei Dank hat Fleming den Fehler begangen, eine Bakterienkultur verschimmeln zu lassen – aus diesem Fehler entstand das Penicillin.

Der kreuzförmige Kristallzwilling

Zwei Kristallspitzen sind kreuzförmig gewachsen. Einer ist dem anderen beim Wachstum im wahrsten Sinne des Wortes in die Quere gekommen. Keiner der beiden hat sich aber von dem anderen im Wachstum aufhalten lassen. Er hat die Behinderung angenommen, in dem er sich mit ihr verbunden und danach seine „geprägte Form lebend entwickelt" hat.

Der kreuzförmige Kristallzwilling trägt jene Energie in sich, mit deren Hilfe wir die Hindernisse, die Prügel, die uns in den Weg gelegt werden, als Chance zu besonderem Wachstum erkennen können. Wenn wir die Herausforderung annehmen, dann zeigt er uns, daß damit nicht unbedingt Kampf verbunden ist. Harmonisches Verbinden führt dazu, daß wir anderes in uns integrieren können und damit genau zu dem werden, was unserer Struktur entspricht.

Mag sein, daß der Kristall zum Zeitpunkt, da er auf den anderen getroffen ist, ebenfalls „unglücklich" darüber war, nicht gerade wie die anderen wachsen zu können. Nachdem er sich aber aufgrund der Verbundenheit mit den Gesetzen der Natur weiterentwickelt, erlangt er seine besondere Form.

Auch kann diese Energie eine Hilfe sein, mit einem anderen Menschen auch in Harmonie verbunden zu bleiben, wenn ihn seine Entwicklung vorübergehend in eine völlig andere Richtung führt. Mitunter empfindet man scheinbar gegenläufige Entwicklungstendenzen als Hindernis – wobei sie in Wahrheit immer eine Chance sind, zu überprüfen, wie ernst es mit der eigenen Richtung wirklich ist.

Der Doppelender

Diese Form des Kristalls entsteht, wenn eine Kristallspitze während ihres Wachstums abbricht und dann auch an der zweiten Seite eine Spitze ausbildet. Die Energie dieses Kristalls kann uns helfen, scheinbar unvereinbare Dinge zu verbinden.

In Zeiten, in denen man sich zerrissen fühlt, weil es nicht darum geht, sich zwischen zwei Dingen zu entscheiden, sondern beide unter einen Hut zu bringen, ist diese Form der Energie eine unschätzbare Hilfe. Es ist unser logisches Denken, das keine Lösung finden kann. Die Weisheit der rechten Gehirnhälfte kann die Synthese, die bereits in ihr vorhanden ist, preisgeben. Der Doppelender schlägt die Brücke dorthin, weil Kristalle bekanntlich diesen Bereich in uns erreichen. Wann immer es gilt, eine Brücke zu schlagen, ist seine Energie hilfreich.

Die Kristallstufe

Viele Kristallspitzen wachsen aus einem gemeinsamen Grund. Sie zeigen uns die Mannigfaltigkeit, die in uns steckt. Wenn unser Urgrund – Eltern, Kindheit, Erziehung – uns auch stark beeinflußt hat, die entsetzlichste Kindheit kann das „Gesetz, womit wir angetreten" nicht beeinflussen, geschweige denn löschen.
Aus den gleichen Wurzeln kommend, hat jede einzelne Kristallspitze Platz für ihr individuelles Wachstum gefunden. Mit Hilfe der Kristallstufe fühlen wir, daß individuelle Ausbildung unserer Fähigkeiten uns nicht von unseren Wurzeln und damit von uns weg führt, sondern uns mit unseren Wurzeln verbindet.

Der runde, getrommelte Kristall

Dadurch, daß man Kristalle in großen Trommeln, ähnlich Waschmaschinen, dreht, gibt man ihnen eine runde, kugelige Form. Man nimmt ihnen damit die Spitzen, die die Energie stark und gebündelt ausstrahlen. Man nennt diese Form der Steine auch Handschmeichler. Jeder Mensch kennt Situationen der Disharmonie, die mit starken seelischen Schmerzen verbunden sind. Hier gilt es, die Energien der Kristalle sanft einzusetzen, und nicht mit „Laserkanonen" zu schießen.
Die getrommelten Kristalle schmiegen sich wohlig in die Handflächen und vermitteln jene Energie, die den Sinn eines Schleifprozesses nach erfolgter Kristallisation erkennen läßt. Mitunter ist es unverständlich, daß nach dem großen Druck und der Hitze die Mühsalen des Kristallisationsprozesses noch mit dem Schleifen fortgesetzt werden. Kristalle, die keine Spitzen ausgebildet haben, sind aber oft unansehnlich, und ihre klare Schönheit wird erst durch das Trommeln sichtbar.
Oft kommt es vor, daß man Erfahrungen macht, die nach außen nicht durchdringen. Der getrommelte Kristall hat die Erfahrung gemacht, daß man vielleicht noch einen kleinen Energieschub braucht, um die Energie abzustrahlen, die man in sich trägt. Was sind schon ein paar Stunden in einer rumpeligen Trommel gegen 70 Millionen Jahre Mühsal. Es ist die Energie des letzten Schliffes, die uns dieser wunderbare Kristall auf schonende und liebevolle Weise vermittelt.

Die Anwendungsmöglichkeiten der Kristalle

1. das Betrachten
2. das Halten
3. das Auflegen
4. die Massage
5. die Harmonisierung der Chakras

Das Betrachten

Das Betrachten eines Kristalles ruft ähnlich wie beim Kieselstein Bilder in unserem Inneren wach. Die Schönheit und Klarheit eines Kristalles wird sichtbar. Er verbirgt nichts, er legt alles offen: seine inneren Brüche (Verletzungen), Einschlüsse, matte Stellen. Somit fordert er auf, auch ins eigene Innere zu schauen und es zunächst einem selbst offenzulegen. Daß man kaum bereit ist, anderen Menschen gegenüber sein Innerstes offenzulegen, gilt als legitim. Mit dem Kristall wird aber die Tatsache in Erinnerung gerufen, daß man sich selbst viel zu selten mit seinem Innersten auseinandersetzt. Die Kristallkugel der Wahrsager ist ein schönes Bild dafür. Es kann die Zukunft doch nichts anderes bringen als das, was als Samen schon vorhanden ist. Der Wahrsager erzählt von den Dingen, die geschehen werden, indem er versucht, in das Innere seiner Klienten zu blicken. Dort, und nur dort, findet er die Potentiale, aus denen er die Entscheidungen, die zu treffen sein werden, ableiten kann.
Selbstverständlich gibt es fühlige Menschen, die mehr sehen und spüren als andere. Diese können in einen Menschen hineinsehen und anhand der Priorität der Dinge in deren Innerem einen weiteren Handlungsablauf feststellen. Aber die Natur hat es so eingerichtet, daß es eine magische Grenze gibt, die jeder nur selbst überschreiten kann und wo niemals jemand anderer Zutritt bekommen wird. Es gibt dafür nur Synonyme, dessen schönstes das Herz ist. Wie jemand im Herzen denkt, weiß niemand außer er selbst. Genau dort aber ist der Geburtsort der Zukunft.
Wird der Blick mit Hilfe des Kristalles nach innen gerichtet, so offenbart sich all das aus dem Bereich des Herzens, was für das Treffen der nächsten Entscheidung wichtig ist. Es ist ein uralter Wunsch der Menschen, die Zukunft zu kennen. Wie ferne der Punkt auch sein mag, über den man etwas zu wissen wünscht: erreicht wird er im Heute lediglich mit dem nächsten Schritt. Sobald dieser getan ist, kann sich vieles für die nächste Entscheidung bereits ergeben haben.
Die Zukunft hat in der Vergangenheit begonnen, der einzige Zeitpunkt, sie zu gestalten, ist jedoch die Gegenwart. Wenn das versäumt wird, muß man die Zukunft erleiden.
Was immer wir draußen suchen: Der Weg dorthin führt über das Innere. Um dort den nächsten Schritt zu gehen, um sich dort über etwas klar zu werden, ist der Kristall ein idealer Wegbegleiter. Im Betrachten seiner Schönheit und Einzigartigkeit ist der erste Schritt zur eigenen Schönheit und Einzigartigkeit bereits getan.

Viele geheime Wünsche und Sehnsüchte sind uns bewußt. Wir suchen nach Möglichkeiten, sie zu verwirklichen. In manchen Fällen scheint es Wege dazu zu geben, weshalb große Anstrengungen unternommen werden, diese Ziele zu erreichen. Ist ein solches Ziel erreicht, folgt aber häufig Enttäuschung. Nicht nur, daß sich die erhoffte Glückseligkeit nicht einstellt, nimmt man von seiner neuen Position aus wieder ein neues Ziel wahr, das verlockend in der Ferne glänzt.

Es gilt herauszufinden, welche Motive hinter diesen Sehnsüchten stecken. Diese Motive sind jedoch nur im Innersten zu finden. Um diese Wünsche zu erforschen, bedarf es aber der absoluten Ehrlichkeit sich selbst gegenüber: Und das ist eines der schwierigsten Dinge überhaupt. Oft ist der Wunsch nach Reichtum zum Beispiel lediglich ein Wunsch nach Kompensation eines angekratzten Selbstwertes.

Erst wenn man sich – wie der Kristall – über sein Innerstes *im klaren* ist, hat man seine ureigenste Ordnung gefunden. Dann scheint alles von alleine zu gehen. Vielleicht nicht so, wie man sich das vorgestellt hat, aber plötzlich ist ein Gefühl der Stimmigkeit entstanden. Dann begreift man, daß der Weg das Ziel ist.

Das Halten

Das Halten eines Kristalles führt bereits zur direkten Aufnahme der Schwingung. In den Handflächen befinden sich (Neben-)Chakras. Der Händedruck zum Beispiel ist nichts anderes als ein Energieaustausch. Das Betrachten eines Kristalles kann zu so mancher tiefen Erkenntnis führen. Mitunter wird aber ein entsprechender Effekt nur erzielt, wenn man „die Dinge in die Hand nimmt". In den Handflächen gibt es zwei Chakras, wobei das der linken Hand das aufnehmende und das der rechten Hand das abgebende Chakra ist. Je nachdem, in welcher Hand der Kristall sich befindet, wird er vornehmlich Energie abgeben oder aufnehmen. Um die klare Schwingung des Kristalles in sich einfließen zu lassen, nimmt man diesen in die linke Hand. Diese Übung wird nicht nur gute Ergebnisse zeigen, wenn man sich energie- oder kraftlos fühlt, sondern ist auch dann empfehlenswert, wenn man sich über etwas „klar" werden will.

Ist das Gefühl der Überenergie vorherrschend, jagen die Gedanken durch den Kopf, ohne daß sie dabei geordnet würden. Dann ist anzuraten, dem Kristall diese Überenergie abzugeben beziehungsweise anzuvertrauen. Er wirkt dann auch klärend, jedoch eher im Sinne von Beruhigung.

Das Auflegen

Das Auflegen eines Kristalles, speziell auf sensitive Stellen wie Akupressurpunkte, führt zu einer Stimulation des entsprechenden Bereiches. Legt man einen Kristall auf schmerzende Stellen, so kann er mit seiner harmonisierenden Schwingung schmerzlindernd wirken.

Die Massage

Massagen mit Hilfe von Kristallspitzen werden auf zwei Arten durchgeführt: direkt auf der Haut und in der Aura.

Direkt auf der Haut kann man zum Beispiel mit einer Kristallspitze eine Gesichtsmassage vornehmen, indem man den Kristall so über das Gesicht führt, als wollte man mit einem Bleistift eine punktierte Linie zeichnen. Beginnend bei der Stirn, die Augenbrauen entlang, über die Wangen, um den Mund und schließlich den Hals abwärts. Als Abschluß empfiehlt es sich, an der Oberseite des Kopfes, über der Mitte der Stirn beginnend, sternförmig nach hinten in der gleichen Weise zu verfahren. Diese Form der Massage können Sie auch bei sich selbst anwenden. Sie kann im Sitzen oder im Liegen vorgenommen werden.

Ebenso ist das Nachziehen der Meridiane mit einer Kristallspitze hervorragend geeignet, um deren Energie zu harmonisieren.

Bei der Auramassage sollte derjenige, der sie empfängt, stehen. Sie wird in einem Abstand von ca. 10 bis 20 Zentimetern von seinem Körper vorgenommen (lassen Sie sich dabei von Ihrer Intuition leiten). Beginnend über dem Kopf führen Sie abwärts gerichtet eine Bewegung aus, die ähnlich der des Zeichnens einer punktierten Linie ist, wobei die Abstände der Punkte nun großzügiger gewählt werden können. Führen Sie dies zuerst an der Körpervorderseite, danach Schritt für Schritt um den Stehenden herum durch. Scheuen Sie sich auch nicht, mehr oder weniger kurze Strecken mit der Kristallspitze durchzuziehen. Am Schluß empfiehlt es sich unbedingt, das Energiefeld der Aura im Abstand von ca. 20 bis 30 Zentimetern vom Körper mit durchgehenden Streichbewegungen zu harmonisieren.

Seien Sie sich bei jeder Form der Massage bewußt, daß Sie mit Energien arbeiten, die zwar nicht sichtbar, dennoch aber vorhanden sind. Es ist daher ein verantwortungsbewußtes Umgehen mit diesen Energien gefordert, das von jeder „Missionierung" Andersdenkender Abstand zu nehmen hat.

Öffnung und Harmonisierung der Chakras

Mit der Schwingung der Kristalle kann die Schwingung der Chakras angeregt werden. Wie wir bei den Chakras gesagt haben, sind sie die Tore, durch die Energie in den Körper hinein- und aus dem Körper herauspulsiert. Sie müssen also im Flusse dieser Energie mitschwingen.

Es gilt, die Tore offenzuhalten. Wenn ein Kristall auf ein Chakra gelegt wird, so führt seine Eigenschwingung, hervorgerufen durch die Aufnahme und Abgabe der kosmischen Energien, dazu, daß er das Chakra in Schwingung versetzt und es damit anleitet, wieder durchgängig zu werden.

Man kann aber auch alle Chakras harmonisieren, indem man auf jedes einen Kristall auflegt und damit ca. 20 Minuten liegen bleibt. Den Kristall für das Scheitelchakra legt man dabei auf den Boden direkt über dem Kopf, jenen für das Wurzelchakra in den Bereich des Schamansatzes – Beginn Oberschenkel-Innenseite.

Selbstverständlich kann man dies auch in Form einer Meditation durchführen, doch ist dies dabei nicht Voraussetzung. Jenen, die noch nie meditiert haben, bleibt die Wirkung der Kristalle deshalb nicht verschlossen.

Bergkristalle können auf jedem Chakra eingesetzt werden. Den Grund für diese „neutrale" Wirkungsweise können wir auch mit den Augen wahrnehmen. Wenn wir einen Kristall in das Sonnenlicht halten, dann bricht er das Licht und läßt die Farben des Regenbogens entstehen. Er fächert das weiße Licht in seine Bestandteile auf. Er zeigt uns damit in gewisser Weise wieder, daß das Leben bunt ist, daß alle Farben zum Leben gehören, weil es nicht nur auf einer Ebene stattfinden kann. Das Leben muß aufgefächert werden, damit wir die Einheit, die hinter den Dingen steckt, erkennen.

Die Farben

Das weiße Licht der Sonne trifft auf unseren Planeten auf. Durch Brechung dieses Lichtes werden die Wellenlängen verändert, und dadurch entstehen die Farben. Jede Farbe hat ihre eigene Schwingung und somit ihre ganz spezielle Wirkung.
Wenn wir die Natur betrachten, sehen wir eine schier unüberschaubare Farbenvielfalt. Wenn wir aber den Dingen auf den Grund gehen, so erkennen wir, daß lediglich drei Grundfarben existieren. Aus dem Zusammenspiel dieser drei Farben ergibt sich jenes wunderbare Spiel der Vielfalt. Was lehren uns die Farben, beziehungsweise was dürfen wir aus dem Umgang mit ihnen erfahren?
Wo immer Farbe ist, ist Leben. Wenn jemand sagt, daß etwas Farbe bekommen hat, dann meint er damit, daß es sich zu bewegen begonnen hat, daß es begonnen hat, lebendig auszusehen. „Farblose" Menschen strahlen kein Leben aus.
Es sind grundsätzlich die sieben Farben des Regenbogens, denen wir immer wieder begegnen. Betrachtet man einen Regenbogen, so erkennt man folgende Reihenfolge der Farben: Rot, Orange, Gelb, Grün, Blau, Indigo, Violett.

Die drei Grundfarben sind Rot, Gelb, und Blau. Die Sekundärfarben entstehen aus

Mischung von Rot und Gelb	Orange
Mischung von Blau und Gelb	Grün
Mischung von Blau, Rot, Grün und Orange	Indigo
Mischung von Rot und Blau	Violett

Den sieben Energiezentren sind die Farben in der gleichen natürlichen Reihenfolge zugeordnet. Genauer betrachtet läßt sich daraus die Geschichte der Farben ableiten.

Schwarz

Schwarz ist eigentlich keine „Farbe". Schwarz steht für das Verschlucken des gesamten Lichtes. Es nimmt alle Strahlen auf. Das „schwarze Loch" ist das Nichts. Schwarz ist überall dort anzutreffen, wo man sich vom Leben zurückzieht.
Priester tragen schwarze Gewänder – sie leben sehr zurückgezogen.
Richter tragen schwarze Talare – sie sprechen die Urteile, die die Verurteilten „aus dem Verkehr ziehen" und in die Gefängnisse bringen.
Depressive sehen alles schwarz – und wirken leblos.
Aber aus dem scheinbaren Nichts wird die rote Farbe geboren – das Leben. Somit

symbolisiert sie die Schwelle, an der man in das Leben tritt und es wieder verläßt. Schwarz steht auch für Struktur.

„Das Gesetz, womit wir angetreten" muß zwangsläufig schon vor der Geburt vorhanden sein. Schwarz ist somit das Symbol für das „Kristallgitter", für unser Lebensmuster. Der tiefere Sinn der Depression ist nichts anderes, als sich wieder auf sich selbst zu besinnen.

Rot

Rot ist die Farbe des „Lebens" schlechthin. Rot ist die Farbe der ungebremsten Bewegung, des alles überwindenden Wachstums. Wenn Pflanzen mit rotem Licht beleuchtet werden, wachsen sie schneller (was heute in jedem Schaufenster von Blumenhandlungen zu sehen ist). Damit ist jedoch ein Wachstum um jeden Preis gemeint – Eroberung des Platzes, Verdrängung derer, die einem diesen Platz streitig machen wollen.

Auch das Feuer ist rot. Es muß immer vorwärts streben. Betrachtet man einen Waldbrand, so wird klar, daß das Feuer immer neue Bäume und Büsche ergreifen muß. Nicht nur, daß es nicht zurück kann – es ist ihm nicht einmal möglich innezuhalten, denn es würde unweigerlich verlöschen.

Die rote Farbe tritt auch immer dann auf den Plan, wenn es darum geht, zu erobern, sich gegenüber anderen zu behaupten. Wo immer man die Farbe Rot antrifft, ist Aggression im Spiel.

Die ersten Sportautos waren ausschließlich rot und gaben damit das Signal der ungebremsten Geschwindigkeit. Wie verträgt sich das aber mit einer roten Verkehrsampel, die das Gegenteil signalisiert? Die Erklärung ist denkbar einfach. Es ist bekannt, daß grelle Farben in der Natur Gefahr signalisieren. Giftige Fische geben so ihre Gefährlichkeit zu erkennen und signalisieren den anderen, ihnen auszuweichen.

Diejenigen, die in die rote Farbe eintauchen, die die rote Farbe in sich tragen, sind die, die sich ungehemmt bewegen. Derjenige, der in den roten Sportwagen einsteigt, begibt sich in die Geschwindigkeit. Nach außen signalisiert er: Kommt mir nicht in die Quere, ich habe nicht vor auszuweichen. Nicht weil ich nicht will, sondern weil ich nicht kann. Mein unbändiger Vorwärtsdrang hindert mich, Rücksicht zu nehmen.

Die rote Farbe der Ampel warnt vor der Gefahr: Giftige Fische im Querverkehr. Sie werden auf mich sicher keine Rücksicht nehmen.

Klar sind die Zusammenhänge bei einer nicht minder bekannten Anwendungsart der roten Farbe, nämlich in Bordellen. Die rote Farbe ist zunächst eindeutig eine Warnung. Wer immer sich in den roten Bereich wagt, muß damit rechnen, daß er die Kontrolle über den Energiefluß verliert. Wo immer die rote Farbe sich durchsetzt, werden Schranken überwunden, Konrollinstanzen verlieren ihre Wirkung. Dies geschieht aber erst im Inneren der Etablissements, dann, wenn man in die schummrige, rote Beleuchtung eintaucht. Dort beginnen die Wellen des roten Lichtes auf den Körper zu wirken, und es gelingt wesentlich leichter, die eigenen oder von wem immer auferlegten moralischen Grenzen zu überschreiten.

Wenn jemand „rot" sieht, so kennt er nur mehr ein Ziel: die Vernichtung seines Gegners oder dessen, was sich ihm in den Weg stellt – ohne Rücksicht auf Verluste.

Es ist somit erkennbar, daß die Aussage „Rot ist die Farbe der Liebe" nicht stimmig sein kann. Rot ist die Farbe, die Schranken fallen läßt und mit deren Hilfe man sich selbst weiter vorwagt. Dieses Überschreiten der Grenzen bezieht sich jedoch in erster Linie auf die Sexualität. Sie führt zu jenen neuen Erfahrungen, aus denen – vielleicht – Liebe entstehen und wachsen kann.

Orange

Eine Beimengung der gelben Farbe läßt Orange entstehen. Gelb ist die Farbe des Denkens, wobei hier nicht das logische, analytische Denken allein gemeint ist, sondern die Gesamtheit des Intellekts, der zur Weisheit führt.

Mit der Beimengung von Gelb lehrt uns die Farbe Orange, daß es außer dem körperlichen Wachstum noch eine andere Dimension gibt, das geistige Wachstum. Hier auf dieser Erde steht aber das körperliche zunächst vor dem geistigen Wachstum. Dies ist keine Wertung, sondern lediglich ein Hinweis, daß das Körperliche für unser Dasein bestimmend ist.

Die ungezügelte Energie der roten Farbe würde die Bäume in den Himmel wachsen lassen. Die höhere Intelligenz lehrt jedoch, daß der Kraft der Geburt, der Entstehung, die Kraft des Bestandes, der Konsolidierung, folgen muß. Mit der Farbe Orange ahnt man zum ersten Mal, daß das eigentliche Ziel des Lebens die geistig-seelische Entwicklung ist – auf Basis der Körperlichkeit.

Orange ist die Farbe der Energie, aber nicht mehr um jeden Preis. Nicht die reine sexuelle Energie ist es, die Menschen einander näherbringt, sondern das Spiel der Erotik. Die Farbe Orange ist nicht mehr so absolut zielorientiert, sie hat nicht mehr den Aspekt des „alles oder nichts". Wo sich das rein Triebhafte des Rot mit dem Zweckhaften des Intellekts verbindet, entsteht das Spiel. Nicht alles so tierisch ernst zu nehmen, zu erkennen, daß es auf dieser Welt noch andere Dinge gibt als den Überlebenskampf, ist die Botschaft der orangen Farbe.

Ist die Energie der roten Farbe auf kurze, dafür um so heftigere Wirkung aus, beginnt mit Orange die Kontinuität. Die rein triebhafte sexuelle Vereinigung nimmt auf die Persönlichkeit der beiden Partner keine wie immer geartete Rücksicht. Das erotische Spiel jedoch hat die Erforschung des Partners zum Ziel.

Mit Hilfe des Intellekts beginnt man, das egozentrische Handeln langsam zugunsten der Erforschung der Umwelt zurückzustecken; die Erkenntnis, daß es außer mir noch anderes auf der Welt gibt, macht mir im rein „roten Bereich" zunächst angst und führt zum Wunsch nach Kampf und Verdrängung. Die orange Farbe läßt mich diese Erkenntnis als Bereicherung erleben.

Gelb

Gelb ist die Farbe des Intellekts. In ihr liegt die Schöpfungsenergie. Was immer sich in dieser Welt körperlich manifestiert, war vorher als Gedanke da. Am kreativen Funken entzündet sich jene Kettenreaktion, die zur Körperlichkeit wird.

Gelb ist auch die Farbe, die wir mit der Sonne assoziieren. Die Sonne ist die Schöpfungskraft schlechthin. Ohne ihre Energie würde jedes Leben auf unserer Erde in Minuten ersterben. Ihre Energie macht Wachstum erst möglich, ihre Energie ist Basis für die Photosynthese, die uns den notwendigen Sauerstoff liefert.

Wie verträgt sich dies nun mit der Aussage, daß geistiges Wachstum erst nach dem körperlichen kommt? Aufgrund unserer Denkstrukturen benötigen wir die Körperlichkeit, um Wachstumsenergie überhaupt wahrzunehmen. Erst das körperliche Wachstum ermöglicht uns die Erkenntnis, daß hinter diesem etwas stecken muß. So sind wir überhaupt erst in der Lage zu akzeptieren, daß es Energie geben muß.

Das Verständnis des gelben Strahles setzt somit die Existenz des roten voraus. Die höhere Intelligenz wird diese Einheit nie vergessen beziehungsweise verlassen können. Wenn wir jedoch – was durch die extreme Einseitigkeit der Naturwissenschaften geschehen ist – das analytische Denken quasi verselbständigen, gibt es vor, das Maß aller Dinge zu sein.

Faszinierend jedoch ist, daß sich die analytische Wissenschaft – möglicherweise ohne sich dessen bewußt zu sein – diese Synthese auferlegt hat: Als wissenschaftlich erwiesen gilt, was sich in unabhängigen Versuchen unter gleichen Bedingungen nachvollziehen läßt. Das heißt mit anderen Worten, daß als mental richtig nur das gilt, was körperlich nachvollzogen werden kann.

Dies hat zur Folge, daß jeder Entwicklungs- und Erkenntnisprozeß hier endet – vier Farben zu früh. Läßt sich etwas im Laborversuch nachvollziehen, wird es als richtig und damit existent erklärt. Schlägt der Versuch fehl, dann ist es falsch und ergo dessen nicht existent.

Grün

Der grüne Strahl entsteht durch das Zusammentreffen von Gelb und Blau. Wenn der sich aus dem Erkenntnisprozeß der Körperlichkeit und der Gedanken ergebende gelbe Strahl den ersten Touch der Spiritualität erhält, verwandelt er sich in das harmonische Grün.

Keine Verdrängung um jeden Preis, keine Aggression, keine Erkenntnis um jeden Preis – die Geburt des Gefühls hat stattgefunden. Wo immer auf dieser Welt das Auge die Farbe Grün erspäht, ist mit Sicherheit Wasser. Ist es nicht faszinierend, daß die Farbe des Wassers spontan mit blau bezeichnet wird? Obwohl es farblos ist, spricht man vom blauen Meer.

Es ist kein Zufall, daß die Spiegelung des Himmels (des Geistigen) das Blau des Wassers erzeugt. Durch das Einfließen des blauen Wassers entsteht in uns das Gefühl. Eine Dimension, die den trockensten Wissenschaftler immer wieder daran erinnert, daß es noch etwas gibt, was man nicht messen und nicht wiegen kann.

Das Gefühl mahnt uns – sanft und zart wie die grüne Farbe –, nicht beim gelben Strahl stehenzubleiben. Durch die Harmonie des grünen Strahles ist auch klar, daß das Beschreiten des weiteren Weges keiner Hast und Eile bedarf. Er führt in das Innere, wo niemand anderer mehr verdrängt oder bekämpft werden muß.

Die Kämpfe des grünen Strahles sind still. Kein Waffengeklirr begleitet den Fortgang. Das schwierigste daran ist die Behutsamkeit und Geduld, die hier Platz zu greifen hat. Die Pflanzen sind diesbezüglich unsere großen Lehrer. Geduldig warten sie auf den nächsten Regen, um dann ihre ganze Blütenpracht zu zeigen.

Blau

Je mehr der grüne Strahl uns auf den Weg der inneren Harmonie geleitet, desto stärker wird zunächst die blaue Komponente. Die blaue Farbe der Inspiration kann nun ohne das Spiegelbild des Wassers in uns einfließen.

Mit der gewonnenen Erfahrung, verbunden mit der Erde (Körperlichkeit), können wir uns nun den „körperlosen" Energien zuwenden. Jenseits der Naturwissenschaft liegen diese Bereiche, deren Existenz durch Körperlichkeit nicht „bewiesen" werden kann.

Durch den grünen Strahl mußten wir erfahren, daß es keine Beweise dafür gibt, ob Gefühle existieren oder nicht. Jetzt ist die Stunde der Wahrheit gekommen, ob wir mit dieser Erkenntnis auch umgehen können. Kosmischen Energien, Gott oder ähnlichem kann man sich nicht mit dem Wunsche nähern, Beweise zu finden. Es gilt, offen zu sein für die Welt hinter der Welt.

Indigo

Zum blauen Strahl mischen sich nun wieder frühere Farben: das Rot des Körpers, um sicherzustellen, daß die Verbindung mit der Erde auch fest genug ist. Orange erinnert daran, daß hinter jedem Körper Energie steht.

Das Grün will fragen, ob die Hingabe noch an Bedingungen geknüpft ist.

Erst wenn diese Farben im wahrsten Sinne integriert sind, bildet sich der indigofarbene Strahl, um jene Dinge zu beleuchten, die vorher in jedem Fall unsichtbar blieben.

Die Geheimnisse, die er offenbart, sind oft klein – aber von ungeahnter Tragweite.

Violett

Die Vereinigung des roten Strahles der Körperlichkeit mit dem Blau des Spirituellen ergibt Violett. Die Vereinigung dieser beiden Farben macht deutlich, daß die Voraussetzung für das Durchschreiten des letzten Tores die harmonische Vereinigung des Körpers und des Spirituellen ist. Sehr oft ist dieser Prozeß mit Schmerzen verbunden, weshalb die Farbe Violett oft auch mit Leiden in Verbindung gebracht wird. Leiden wird als Voraussetzung für den Platz im Himmel angesehen. Je mehr jemand in seinem irdischen Dasein leidet, desto weiter vorne darf er im himmlischen Festsaal Platz nehmen. Spielt uns hier nicht die Begrenztheit des menschlichen Verstandes einen ihrer vielen Streiche? Fast hat es den Anschein, als müßte sich das Göttliche am Leiden der Menschen delektieren, um dafür dann Belohnungen zu vergeben.

Was immer die Seele auch sein mag, es besteht Übereinstimmung, daß sie der Anteil in uns ist, der ewig ist. Niemand weiß genau, wie sie aussieht. Einig sind sich alle, daß sie nicht körperlich ist. Sie wohnt dem Körper für die Dauer des Lebens inne.

Das Ziel des Lebens ist die Entwicklung hin zur Einheit, zur Vollkommenheit. Jede Entwicklung bringt es mit sich, daß so mancher Umweg beschritten werden muß, um jenen Schatz an Erfahrungen zu sammeln, der die Seele sich entwickeln läßt. Um zu ahnen, ob der beschrittene Weg richtig ist oder nicht, benötigen wir ein Instrument. Dieses Instrument ist unser Körper.

Wir haben unseren Körper nur zu dem Zweck, um Gefühle empfinden zu können. Freude und Schmerz sind die Parameter für unser Handeln. Der Schmerz, den uns unser Körper vermittelt, ist nichts anderes als die Mahnung, etwas zu verändern. Sobald Schmerzen auftreten, sind wir angehalten, uns mit den Ursachen auseinanderzusetzen. Im Anfangsstadium sind es immer „seelische" Schmerzen, die fehlgeleitete Energien signalisieren. Die berühmtesten Schmerzsignale sind „Kopfweh", „Magenweh", „Muskelverspannungen". Sobald jedoch der Schmerz geduldig ertragen wird, hat er seine Wirkung verfehlt. Dann bleibt dem Körper nichts anderes übrig, als diese fehlgeleitete Energie pathogen werden zu lassen.

Der violette Strahl soll uns nicht zum Leiden ermuntern, sondern uns vor Augen führen, daß unser Körper ein göttliches Instrument für die Entwicklung unserer Seele ist.

Weiß

Weiß entsteht, wenn alle Farben wieder vereint sind. Wenn das letzte Tor des Violetten durchschritten ist, dann ist der Tag der Erleuchtung gekommen. Das weiße Licht durchflutet dann das ganze Wesen.

Das Bild der Auferstehung wird wach. Erst wenn alle Farben durchlaufen sind, können sie sich wieder zur Einheit verbinden. Dann erst, und keine Sekunde früher, ist es Zeit, das Körperliche hinter sich zu lassen. Der „lichte Leib" ist das Ende einer langen Reise durch die Farben – und gleichzeitig ein neuer Beginn.

Die bunten Steine

Auswahl eines bunten Steines

Die Wahl eines Steines sollte immer intuitiv erfolgen. Das bedeutet, daß man unter vielen verschiedenfarbigen Steinen jenen oder jene auswählen sollte, die einem spontan ins Auge springen.

Intuition hat zwar nur bedingt mit Schnelligkeit zu tun, je länger man aber mit der Entscheidung wartet, desto mehr besteht die Gefahr, daß logische Gedanken die Auswahl beeinflussen. Da unsere Gedanken blitzschnell durch den Kopf schießen, ist es anfangs sehr schwer, einen Vorgang der Intuition von einem der Ratio zu unterscheiden. Hilfreich dabei ist die Überlegung, daß einer intuitiven Entscheidung nur ein einzelner Denkvorgang zugrunde liegt. Ist eine Entscheidung – und wird sie noch so schnell getroffen – rational, so sind mehrere, auch einander widersprechende Gedanken sowie Argumente involviert. Diese Vorgangsweise sind wir aus dem täglichen Leben gewohnt, und sie ist daher weitgehend automatisiert.

Somit bedarf es einer gewissen Übung, Intuition von Ratio unterscheiden zu können. Die Redewendung „aus dem Bauch zu entscheiden" ist in diesem Fall tatsächlich physisch gemeint, denn bei jeder intuitiven Entscheidung ist auch der Solarplexus beteiligt. Wenn man vor einer Auswahl bunter Steine steht, kann man sehr schnell die neue Erfahrung machen, daß es wirklich immer eine bestimmte Farbe oder sogar oft ein bestimmter Stein ist, der das spontane Interesse weckt.

Wie unlogisch die Entscheidung auf den zweiten Blick auch sein mag – sie hat ihre Richtigkeit einfach deshalb, weil die intuitive Seite in uns wesentlich besser und genauer erkennen kann, was wir zum gegebenen Zeitpunkt benötigen. Beispielsweise läßt unser Körper bei starkem Schwitzen im Sommer nicht nur das Gefühl von Durst entstehen, um den Flüssigkeitsbedarf zu decken, sondern es gelüstet uns auch nach Salzigem. Rein logisch betrachtet steckt in dieser Regung unseres Körpers ein Widerspruch, denn der Genuß von salzigen Speisen macht wiederum durstig. Der medizinischen Forschung verdanken wir die Erkenntnis, daß es durch die starke Transpiration auch zum Verlust von Körpersalzen kommt, deren Fehlen einen mit Flüssigkeit unstillbaren Durst erzeugt.

In sehr ähnlicher Form greifen wir auch nach der Farbe beziehungsweise der Schwingung des Steins, die uns fehlt, um damit wieder das verlorene Gleichgewicht herzustellen.

Die Wahl eines bestimmten Steines ist kein Hinweis darauf, daß eine körperliche Mangelerscheinung oder gar ein pathogenes Leiden vorliegt!

75

Es geht in erster Linie um Disharmonien im Energiefluß, deren man sich mit Hilfe der Steine bewußt wird. Lang andauernde Energieblockaden können in der Folge zu körperlichen Symptomen führen.

Die Anwendung der bunten Steine

Auflegen auf die Chakras

Die Zuordnung der Edelsteine zu den Chakras ergibt sich aus deren Farbe. Das intuitive Wählen eines Steines ist bereits ein Hinweis, in welchem Chakra eine Disharmonie besteht beziehungsweise welches Chakra am vordringlichsten eine harmonisierende Schwingung benötigt. Auch diese Regel sollte aber nicht allzu starr befolgt werden, da für die Aktivierung eines Chakras durchaus auch ein Stein der Komplementärfarbe das bessere Mittel der Wahl sein kann. So ist zum Beispiel der rote Rubin auf dem Herzchakra, dem eigentlich die Farbe Grün zugeordnet ist, immer wieder ein wunderbarer Helfer. Das Auflegen von Edelsteinen direkt auf schmerzende Stellen ist ebenfalls wirksam.

Das Auflegen sollte naturgemäß im Liegen erfolgen, da dabei der Körper am entspanntesten ist. Steine für das Wurzelchakra sollten entweder auf die Leistenbeuge oder zwischen den Beinen auf den Boden, Steine für das Kronenchakra generell vor dem Chakra auf den Boden gelegt werden. Was die Dauer des Auflegens betrifft, ist ebenfalls die Intuition wichtiger als jede analytische Zuordnung. Als Faustregel gilt ein Zeitraum zwischen 15 und 30 Minuten.

Grundsätzlich plaziert man auf jedes Chakra nur einen Stein. Wenn man in der Arbeit mit Edelsteinen schon fortgeschrittener ist, wird auch das Auflegen mehrerer Edelsteine sinnvoll. Eine Kombination von Bergkristallen und bunten Steinen trägt zur Verstärkung der Wirkung bei. Dies kann so geschehen, daß man einen Tag auf das entsprechende Chakra einen Bergkristall auflegt, was auf das Chakra eine öffnende Wirkung hat. Das Auflegen des bunten Steines am nächsten Tag wirkt dadurch intensiver. Später kann man auch beide gleichzeitig auflegen, zum Beispiel indem man die Spitze des Bergkristalls auf den bunten Stein richtet.

Zur durchgehenden Harmonisierung der Chakras kann man ein sogenanntes Layout vornehmen. Dabei wird auf jedes Chakra der entsprechende Stein plaziert.

Tragen als Schmuckstein

Das Tragen von Edelsteinen als Schmucksteine, in welcher Form auch immer, wirkt selbstverständlich auch auf das Energiefeld des Körpers. Das Tragen von Steinen in Form von Donats (durchbohrte Scheiben) oder Ketten kann, wenn sie auf der Haut getragen werden, mitunter die Wirkung noch verstärken. Selbstverständlich ist auch das Tragen von Steinen in der Tasche von entsprechender Wirkung. Sehr oft werden die Steine dann in einem kleinen Lederbeutel verwahrt.

Edelsteinwasser

Edelsteinwasser wird hergestellt, indem man Edelsteine für eine bestimmte Zeit (in den meisten Fällen über Nacht) in etwas Wasser legt; dieses nimmt die Schwingung des Steines auf. Wenn man dieses Wasser dann trinkt, entsteht eine ähnlich tiefe Wirkung wie bei homöopathischen Präparaten.

Edelsteinmeditation

Bei der Edelsteinmeditation hält man einen Stein in der Hand oder legt diesen auf. Sehr oft sind Menschen der Ansicht, sie könnten nicht meditieren, weil der Irrglaube herrscht, daß man dabei keine Gedanken haben darf. Meditation ist eine Fähigkeit, die genauso eines Lernprozesses bedarf wie fast alle anderen Dinge des Lebens. Sollten sich bei den ersten Meditationsversuchen die Gedanken förmlich überschlagen, ist dies kein Anzeichen einer Unfähigkeit zur Meditation, sondern lediglich die Folge eines Naturgesetzes: Sobald man beginnt, Energie – und das sind Gedanken – zu blockieren, erzeugt diese zunächst immer mehr Druck.
Nachstehende Maßnahmen können Sie bei der Meditation unterstützen:

1. Entspannen Sie Ihren Körper, indem Sie gedanklich nacheinander die Extremitäten, den Rumpf und den Kopf durchwandern. Sie werden dabei erkennen, daß sich Muskelpartien tiefer entspannen können, wenn Sie dies zunächst mental unterstützen.

2. Spüren Sie bewußt die feste Unterlage, die Sie trägt, egal, ob dies der Boden, das Bett oder ein Stuhl ist.

3. Beachten Sie Ihren Atem, und legen Sie sich förmlich in seinen Rhythmus des ständigen Auf und Ab, des Kommens und Gehens hinein.

4. Sobald der erste Gedanke im Kopf entsteht, verdrängen Sie ihn nicht, sondern betrachten Sie ihn mit Interesse. Er ist Ausdruck Ihres Selbst, sonst wäre er nicht da, und ist daher in diesem Moment wichtig. Denken Sie diesen Gedanken aber nicht weiter; damit unterbinden sie den inneren Dialog, der das eigentliche Hemmnis ist. Lassen Sie mich ein Beispiel hierfür geben: Der erste Gedanke, der auftritt, sei: „Ich darf nicht vergessen, morgen Blumen zu kaufen." Dies wäre der eigentliche Gedanke, dem aber sofort weitere Gedanken folgen wie: „Welche Blumen soll ich kaufen, wann, wo usw." Selbst wenn Sie denken: „Blödsinn, daß mir das gerade jetzt ein-

fällt, wo ich meditieren will", sind Sie in einen inneren Dialog verwickelt, und dieser ist das eigentliche Hindernis.

Sie können dies unterbinden, indem sie den Gedanken betrachten, so als wären Sie ein Außenstehender, den das gar nichts angeht. Dann werden Sie merken, daß dieser Gedanke in den folgenden Augenblicken immer mehr an Wertigkeit verliert und wieder verschwindet. Verfahren Sie so mit jedem neu auftretenden Gedanken, und Sie werden sehen, daß Sie relativ bald Momente erleben werden, in denen wirklich Gedankenleere in Ihrem Kopf herrscht.

Sobald Sie dies das erste Mal erlebt haben, können Sie es sich als Ziel setzen, 15 Minuten nichts, absolut nichts zu denken. Seien Sie nicht ungeduldig mit sich selbst. Nachdem wir gewohnt sind, daß sich unsere Probleme lösen, indem wir über sie nachdenken, dieses aber nur durch Nichtdenken gelöst wird, bedarf es einer revolutionären Umstellung im Inneren, die aber nur evolutionär, also in vielen Entwicklungsschritten, erreicht werden kann.

5. Das gleiche gilt für Gefühle. Während einer Edelsteinmeditation können sehr schmerzhafte, aber auch wunderschöne Gefühle auftreten. Trachten Sie danach, sich nicht in die einen zu vergraben und die anderen festhalten zu wollen. Verfahren Sie hier in exakt der gleichen Weise wie mit den Gedanken. Langsamer Fortschritt in diesen Dingen wird Ihre Liebe zu sich selbst aufbauen.

6. Wenn Sie gewohnt sind, nur mit Musik zu meditieren, sollten Sie auch eine Meditation in absoluter Stille vornehmen, ohne das eine oder andere höher zu werten.

7. Immer wieder hört man von der Angst, sich tiefer Meditation hinzugeben, weil man vielleicht nicht zurückkommen könnte. Mir ist kein einziger diesbezüglicher Tatsachenbericht bekannt. Diese Angst rührt meist daher, daß es bei tiefer Meditation oft nicht möglich ist, schlagartig, das heißt so schnell wie die Gedanken, wieder im Hier und Jetzt zu sein. Es können durchaus merkwürdige Phänomene auftreten: zum Beispiel gedanklich bereits wieder voll da zu sein, aber die Extremitäten oder den ganzen Körper nicht bewegen zu können. Da kann man natürlich in Panik geraten. Ich selbst habe solche Phänomene schon oft erlebt; eines der beeindruckendsten war, daß ich mich nach einem vollen Layout ca. zehn Minuten nicht bewegen konnte. Ich lag wie querschnittgelähmt auf meiner Decke. Danach konnte ich langsam meinen Kopf und nach und nach Arme und Beine bewegen und wieder aufstehen. Zugegeben, diese zehn Minuten schienen mir unendlich lang.

Unbestritten ist, daß die Meditation mit Edelsteinen zu einem starken Energiefluß führt. Wie erwähnt: Auch Gedanken sind Energieformen. So wie man mit einem Messer auch nicht achtlos umgeht, sollte man auch unsichtbaren Energien mit Achtung und der entsprechenden Demut vor der Natur begegnen.

8. Sehr oft entsteht auch Frustration, weil man meint, in der Meditation müsse man

Bilder sehen. Bei Seminaren erzählen die Teilnehmer oft die seltsamsten Geschichten von wunderbaren Farbspektren, weißen Einhörnern, die über bunte Blumenwiesen schweben, von der Begegnung mit Elfen und Berggeistern usw. In vielen Fällen ist dies auch tatsächlich der Fall und für den Menschen, der das gesehen hat, auch von großer Bedeutung. Sehr oft erlebt man aber, daß diese Bilder erst bei der Schilderung der Meditation entstanden sind.

Jeder Mensch erlebt die Begegnung mit der unsichtbaren Welt auf seine Art und Weise. Hierbei gibt es nicht Gut oder Schlecht, nicht Falsch oder Richtig. Ermutigen Sie sich, Ihren eigenen Weg zu gehen.
Haben Sie den Mut zu Ihrem eigenen Weg und lassen Sie sich nicht von der Wahrnehmung der anderen einschränken. Was Sie in der Meditation erleben, ist für Sie wichtig und hat den gleichen Stellenwert wie das, was andere beschreiben.

Die Reinigung der Steine

Wie jedes Lebewesen, nehmen Steine nicht nur äußerlich Staub, Schmutz usw. auf, sondern die auf sie wirkenden Schwingungen bleiben auch in ihrem Inneren vorhanden. Dies wurde vor allem beim Bergkristall als Speichermedium deutlich erkennbar. Sobald aber fremde Schwingungen und somit andere als seine eigenen Botschaften in einem Stein vorhanden sind, müssen diese wieder gelöscht werden, um sein ursprüngliches Schwingungsbild wiederherzustellen.
Die Reinigung kann – je nach Intensität des Gebrauches der Steine – auf verschiedene Arten erfolgen:

Das Abschwemmen

Hat man beispielsweise einen Stein nur für einige Zeit in der Hand gehalten, so genügt es, ihn unter fließendem Wasser abzuschwemmen.

Das Wasserbad

Nach intensiverem Gebrauch, zum Beispiel nach einer Meditation, sollte der Stein in ein Gefäß – am besten aus Glas – mit reinem Wasser gelegt werden und dort zumindest über Nacht belassen werden.
Bei Bergkristallen empfiehlt sich die Zugabe von etwas Meersalz. Bergkristalle sollten darüber hinaus zur Regeneration immer wieder ins Sonnenlicht gelegt werden. Bei bunten Steinen ist davon abzuraten, da die direkte Sonneneinstrahlung die Farbe ausbleichen kann. Man sollte sie auch frei liegen lassen, aber eher im Schatten (kurzzeitige

Sonneneinstrahlung ist aber harmlos). Beachten Sie bitte, daß poröse Steine (z. B. Pyritsonne) für das Wasserband nicht geeignet sind, da sie es aufnehmen und in der Folge zerbrechen können.

Das Eingraben

Hat man mit einem oder mehreren Steinen längere Zeit hindurch immer wieder intensiv gearbeitet, so sollte den Steinen zusätzlich zum Wasserbad eine längere, intensive Erholungsphase gegönnt werden. Dazu gräbt man sie entweder in der Natur draußen in die Erde ein und beläßt sie dort für etwa zwei bis drei Wochen. Auch hier sollte die Dauer durch die eigenene Intuition bestimmt werden.
Sollte diese Möglichkeit nicht bestehen, so kann man sich frische Erde von einem Spaziergang mitnehmen, diese in einen Blumentopf geben und die Steine dort hineinlegen.

Bergkristallspitze

Bergkristallspitzen

Bergkristallstufe

Bergkristall-Kreuzungsdrilling

Onyx

Hämatit (Blutstein)

Jaspis

**Obsidian
Schneeflockenobsidian**

Karneol

Achatscheiben

Tigerauge

Pyritsonne

Citrin

Rutilquarz

Malachit

**Grüner Turmalin
Wassermelonenturmalin**

Rodochrosit

Rosenquarz

Azurit mit Malachit

Aventurin

Chrysokoll

Türkis

Amethyst

Amethyst

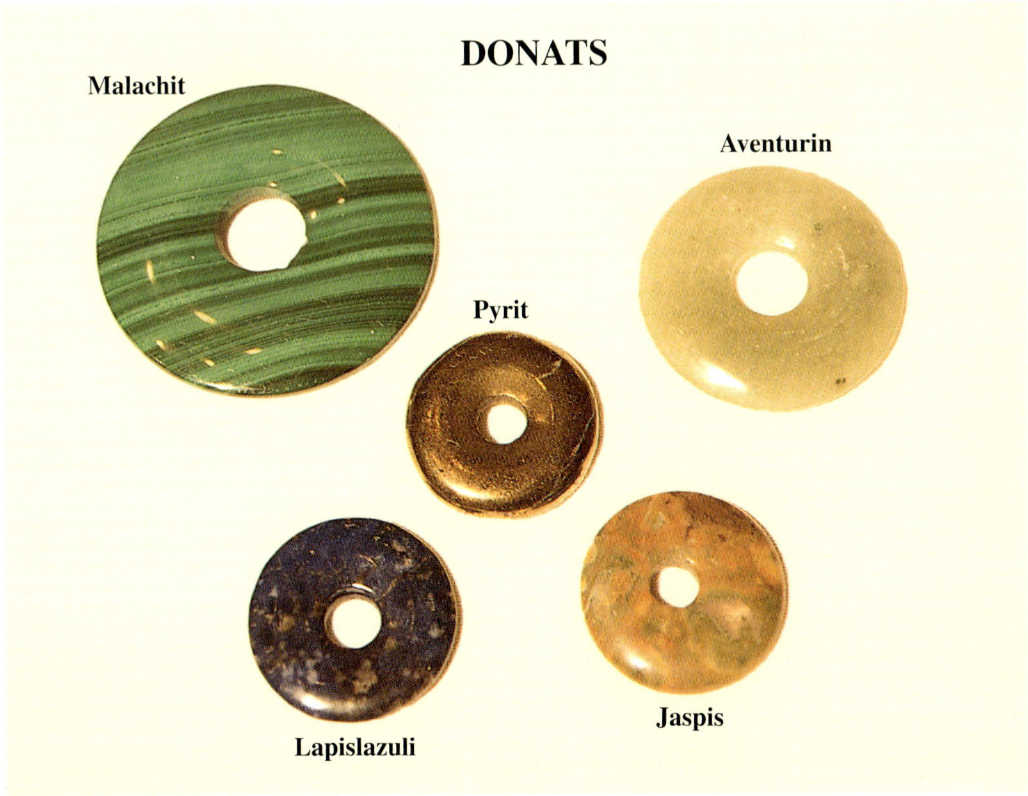

DONATS

Malachit

Aventurin

Pyrit

Lapislazuli

Jaspis

EDELSTEINMANDALA

Tigerauge

Malachit

Türkis

Lapislazuli

Bergkristall

Karneol

Jaspis

Amethyst

Die Chakras – eine Reise ins Innere

Dieser Abschnitt beschäftigt sich mit den sieben Hauptchakras, den mit ihnen verbundenen Lebensthemen und den entsprechenden bunten Steinen, die einem helfen können, diese Themen bewußtzumachen und zu bearbeiten. Die Auswahl der angeführten Steine soll lediglich als Anregung dazu dienen, eigene Erfahrungen bei der Erforschung der Mannigfaltigkeit der Welt der Mineralien zu machen und erhebt in keiner Weise den Anspruch auf Ausschließlichkeit oder Vollständigkeit. Wie schon im Kapitel über die Farben beschrieben, ist die Reihenfolge der Farben des Regenbogens nicht zufällig. Ebenso ist die Zuordnung der Farben zu den Chakras nicht willkürlich, sondern entspricht den vorgegebenen Strukturen der Natur. Somit ergibt sich aus der Farbe der bunten Steine bereits ein Hinweis, welchem Chakra die Schwingung welchen Steines dienen kann:

Das Wurzelchakra (erstes Chakra)	*Rot*
Das Sakralchakra (zweites Chakra)	*Orange*
Das Sonnengeflecht (drittes Chakra)	*Gelb*
Das Herzchakra (viertes Chakra)	*Grün*
Das Kehlchakra (fünftes Chakra)	*Blau*
Das Stirnchakra (sechstes Chakra)	*Indigo*
Das Kronenchakra (siebentes Chakra)	*Violett*

Das erste Chakra

An der Unterseite des Rumpfes, zwischen den Genitalien und dem Anus, liegt das erste Chakra in jenem Bereich, wo der Mensch in sein körperliches Leben tritt. Man nennt es auch Basis- oder Wurzelchakra. Alleine aus seiner Position leiten sich viele Themen dieses Chakras ab. Die Hauptthemen betreffen den Körper beziehungsweise die Körperlichkeit im allgemeinen: Grenzen, Wachstum, Vermehrung, Raumgreifen, Verdrängung, Aggression, Verantwortung, Durchsetzungskraft, Lebenswille.

Das Thema Grenzen

Dieses Thema ist der Farbe Schwarz zugeordnet; sie ist das Symbol für Struktur. Grenzen sind zwangsläufig dort anzutreffen, wo zwei Dinge aufeinandertreffen. An diesem Punkt kann das eine enden oder das andere beginnen – je nachdem, von welcher Seite man es betrachtet. Auch ist nicht auszuschließen, daß beide an diesem Punkt enden oder beginnen.

Grenzen sind nichts Statisches, dies lehrt uns die Weltgeschichte gerade heute wieder in sehr eindrucksvoller Weise. Wo gestern noch Mauern und Eiserne Vorhänge waren, kann man heute ohne jedes Hindernis durch. Schon daraus läßt sich eine wichtige Erkenntnis ableiten: Jede Grenze ist untrennbar mit dem Faktor Zeit verbunden.

Wo immer eine Grenze anzutreffen ist, sollte man sich bewußt sein, daß sie nicht ewig bestehen wird. Desgleichen muß man aber auch erkennen, daß Grenzen auch über Nacht entstehen können. Was heute noch problemlos erscheint, kann morgen schon ein kaum zu überwindendes Hindernis sein. Grenzen zeigen uns, daß es auf der körperlichen Ebene für alles seine Zeit gibt. Dinge, die man in der Jugend mit Leichtigkeit geschafft hat, können im späteren Leben unmöglich werden.

Mit dem Thema Grenzen sind viele Aktivitäten verbunden:

- Das Ziehen einer Grenze.
- Das Überschreiten einer Grenze.
- Das Festhalten und Verteidigen einer Grenze.
- Das Verschieben einer Grenze.

Das Hauptmerkmal eines jeden Körpers ist die Tatsache, daß er Grenzen besitzt. Dies bedeutet, daß feststellbar ist, wo er beginnt und wo er aufhört. Je nachdem, wo Anfang und Ende sich befinden, verleihen sie jedem Körper eine bestimmte Form. Diese Form ist aber nicht nur an seine Grenzen gebunden, sondern hinter ihr steckt auch die „innere Form" des Körpers, sein Aufbau, seine Struktur.

Als Beispiel diene der einfache Kieselstein beziehungsweise der Kristall. Schon an der äußeren Form des relativ gestaltlosen Kieselsteines ist zu erkennen, daß auch sein innerer Aufbau recht unstrukturiert sein muß. An der klaren Anordnung von Flächen, Kanten und Spitzen zeigt uns der Kristall hingegen, daß er auch eine klare innere Struktur aufweist. Es ist ein wesentlicher Erkenntnisschritt damit verbunden, daß man versteht, daß die Struktur eines einfachen Kieselsteines keineswegs „schlechter" ist als die des Kristalles. Auch sie folgt einem Muster der Natur, das wir aber ob seiner Komplexität nicht – oder vielleicht noch nicht – in der Lage sind zu durchschauen. Strukturen, deren Systematik wir nicht durchschauen, bezeichnen wir oft als nicht vorhanden – oder wir helfen uns mit dem Wort Chaos.

Feste Körper zeigen uns ihre Grenzen am anschaulichsten. Durch die Erfahrungen, die wir mit den Grenzen fester Körper gemacht haben, konnten wir die fließenden Grenzen der flüssigen Körper erkennen. Weiter trieb uns unser Forschergeist, um zu erkennen, daß auch gasförmige Körper, daß sogar die Luft nicht unendlich ist, sondern daß auch sie irgendwo endet.

Desgleichen sind der körperlichen Energie Grenzen gesetzt. Das starke Licht der Sonne, ihre wärmenden Strahlen durchdringen nicht das gesamte All; ihre Reichweite ist begrenzt. Beim Rundfunkempfang hat jeder schon die unangenehme Erfahrung gemacht, was geschieht, wenn er sich außerhalb des Empfangsbereiches eines Senders befand: Plötzlich ist nur mehr Rauschen zu vernehmen.

Es ist heute unbestritten, daß das menschliche Wesen nicht nur einen Körper hat, sondern daß sich in diesem auch eine Seele befindet. Was diese Seele sein mag, woher sie kommt und wohin sie geht, wollen wir an dieser Stelle nicht diskutieren. Eines ist gewiß: Irgendwann nach dem Zeitpunkt der Zeugung ist sie Bestandteil des Körpers geworden und hat sich somit einer Begrenztheit unterzogen.

Weiters ist nicht mehr in Frage gestellt, daß der menschliche Körper von einem Energiefeld umgeben ist. Dieses wird Aura genannt. Die Kirlianfotografie hat wissenschaftlich bewiesen, was hellsichtige Menschen schon früher behauptet hatten – und wofür sie gehörig verspottet wurden. Seien wir uns aber im Anschluß an das oben Gesagte bewußt, daß es sich auch bei den unsichtbaren Energien um solche handelt, die mit dem Körper verbunden und daher begrenzt sind!

Die Grenze des physischen Körpers ist leicht zu erkennen – es ist die Haut. Sie paßt sich naturgemäß an die Form des Körpers an. Betrachtet man also die Grenze „Haut", weiß man mit einem Blick, wie der Mensch gebaut ist. Man erkennt, ob man es mit einem grobschlächtigen, einem gut durchtrainierten oder mit einem schwammigen, übergewichtigen Körper zu tun hat. Mitunter ist auf diese Weise mit einem Blick auch leicht auf die innere Struktur eines Menschen zu schließen.

Menschen mit entsprechender Leibesfülle haben sehr oft Schwierigkeiten mit dem Thema Grenzen und zeigen dies – unabsichtlich – dadurch, daß sie bei der Nahrungsaufnahme eine Grenze überschreiten und damit ihre Grenze „Haut" weiter hinausschieben. Damit erscheinen sie stärker, kräftiger, größer, als sie in Wirklichkeit sind. Die Motive dieser unbewußten Grenzverschiebung können unter anderem Minderwertigkeitsgefühle und der daraus resultierende Wunsch sein, etwas darzustellen.

Wesentlich öfter findet man bei dicken Menschen jedoch den hochsensiblen Typ, der mit dieser Vorgangsweise – vergeblich – versucht, andere nicht zu nahe kommen zu lassen. Vergeblich deshalb, weil uns die Logik sagt, daß er damit nur noch verletzlicher wird. Nicht nur, daß er damit die Rezeptoren der Haut, die jede Berührung an das Gehirn melden, den anderen noch weiter entgegenschiebt, zieht er mit seiner Leibesfülle mehr Blicke auf sich.

An diesem Beispiel ist sehr gut zu erkennen, daß ungelöste seelische oder geistige Probleme oft sehr schlichte körperliche Wege finden, um uns zur Auseinandersetzung damit zu zwingen – lange bevor sie den Weg in die Krankheit suchen.

Selbstverständlich ist auch das Verschieben der Grenze „Haut" in die andere Richtung möglich, und zwar wenn jemand die Nahrungsaufnahme so weit verweigert, daß sich die Grenzen schon nach innen verschieben und überall die Knochen sichtbar werden. Es ist dies der hoffnungslose Hilfeschrei, doch endlich „berührt" zu werden, aber es kommt niemand nahe genug heran.

Nicht umsonst sagt man, daß dicke Leute gesellige Leute sind, während die Überschlanken eher ein Einzelgängerdasein bevorzugen.

Wie erwähnt, umgibt unseren Körper eine Aura unterschiedlicher Ausdehnung. Wenn zwei Menschen aufeinander zugehen, so kommen sie sich eigentlich schon nahe, wenn sie körperlich noch meterweit voneinander entfernt sind, ihre Auren beginnen einen Energieaustausch.

Man spürt das bei jenen lieben Zeitgenossen, die, wenn sie mit einem sprechen, immer näher kommen. Wenn dann der Abstand ein gewisses Mindestmaß unterschreitet, hat man das Bedürfnis, zurückzuweichen, da dies unangenehm ist. Geschieht so etwas öfter, dann weiß man, daß man seine Grenze gegenüber anderen nicht deutlich genug gezogen hat und diese sie daher nicht spüren.

Ähnlich und wesentlich deutlicher kann die Aura im Wartezimmer eines Arztes wahrgenommen werden. Es ist dies ein Ort, an dem selten Kommunikation gepflegt wird. Die meisten sitzen in der Hoffnung dort, schnell an die Reihe zu kommen und wieder das Weite suchen zu können. Neu hinzukommende Personen nehmen Platz, und es geschieht nichts. Dann tritt jedoch auf einmal jemand ein, bei dem man eine eigenartige Empfindung hat. Das kann sowohl im positiven als auch im negativen Sinne geschehen. Obwohl man diesen Menschen noch nie gesehen hat, spürt man so etwas wie Sympathie oder Antipathie.

Obwohl sich dieser Mensch auf der anderen Seite des Raumes befindet, hat man das Empfinden, daß er einen in unangenehmer Weise berührt. Er ist in das eigene Energiefeld eingedrungen. Dieses Empfinden ist ein untrügliches Signal, daß es nicht gelingt, seinen Freiraum zu bewahren. Für das Zusammenleben ist es unerläßlich, daß spürbar ist, wo jemand „beginnt".

Wo verabsäumt wird, Grenzen zu ziehen, ist die Opferthematik nicht weit. Jemand, auf den das Adjektiv „grenzenlos" paßt, hat sein Glück in der Opferrolle gesucht – und sein Wurzelchakra kann nicht mehr harmonisch schwingen. Grenzenlose Güte, Einfühlungsvermögen, Nachsicht usw. haben die Grenzen zum Ich verwischt.

So ist heute oft zu bemerken, daß Gemeinschaften zwischen einem dicken und einem dünnen Partner bestehen. Hier ist eindeutig eine Grenz- und damit Wurzelchakrathematik zu erkennen. Es ist zu hinterfragen, wer sich wovon zu stark oder wer sich wovon zuwenig abgegrenzt hat.

Jedes Kind braucht für sein Gedeihen ein entsprechend strukturiertes Umfeld, in dem es seinen Platz einnehmen kann. Dazu ist es aber erforderlich, daß die anderen Familienmitglieder ihren Platz kennen und diesen auch einnehmen.

Damit kommt es automatisch zu einer Abgrenzung gegenüber den anderen. Es ist natürlich, daß sich das Baby zunächst als der Nabel der Welt fühlt und keine wie immer gearteten Grenzen anerkennt. Es ist jedoch unerläßlich, den mit dem unbändigen Wachstumsdrang des Kindes verbundenen Versuchen, in immer weitere Räume vorzudringen, liebevoll, aber bestimmt Einhalt zu gebieten. Ein Kind kennt seine Grenzen noch nicht.

Wenn ein Kind mit einem Ball spielt und der Ball auf die Straße rollt, so hat es zunächst nur den spontanen Wunsch, diesen zurückzuholen. Wenn nun die Mutter das Kind gerade noch am Kragen erwischt und es zurückreißt, wird sie mit Sicherheit niemand ob des groben und unnachgiebigen Verhaltens tadeln. Der grenzenlose Freiheitsdrang (rot) wurde durch das radikale Ziehen einer Grenze (schwarz) jäh unterbunden.

Die Entwicklung eines Kindes ist vom Bestehen äußerer Strukturen abhängig. Kein Lebewesen dieser Welt ist derart lange nach seiner Geburt so hilflos wie der Mensch.

Das Thema Wurzeln

Als absolut abhängiges Wesen beginnt der Mensch seine Eigenständigkeit relativ spät zu entwickeln. Umsorgt von seinen Eltern, sieht er zunächst keine unbedingte Notwendigkeit, eigene Wurzeln auszubilden, da sein Wachstum zunächst auch ohne diese gewährleistet ist. Am Beginn seines Lebens – im Bauch der Mutter und in der Zeit nach der Geburt – empfindet sich der Mensch nicht als eigenständiges Wesen, sondern als Teil der Mutter. Mit der Entwicklung der Wahrnehmung des Selbst entsteht der Bedarf nach einem eigenen Standpunkt und somit nach der Ausbildung der eigenen Wurzeln. Sie helfen, auch gegen Einwände von außen am eigenen Standpunkt festzuhalten und diesen nicht gleich aufzugeben.

Nachdem man aber auch zu diesem Zeitpunkt noch in sehr abhängiger Form mit der versorgenden Familie verbunden ist, bildet man die Wurzeln unweigerlich in jenen Bereich, wo sich schon die Wurzeln der Eltern ihren „Weg in die Erde gebahnt haben". So geschieht es, daß sich die eigenen Wurzeln völlig unbemerkt nicht an der Erde, sondern an den Wurzeln der Eltern festhalten. Es ist müßig darüber zu urteilen, ob dies gut oder schlecht ist; die Entwicklung unserer Spezies sieht dies so vor. Keine noch so moderne Erkenntnis, wie man sich Säuglingen gegenüber verhalten sollte, kann diese Tatsache verändern. Man kann sie sich nur bewußt machen und so lernen, damit besser umzugehen.

Wenn man die Entwicklung eines Kindes verfolgt, so kann man bereits sehr früh erkennen, daß es einen völlig natürlichen und behutsamen Entwurzelungsprozeß gibt. Als Beispiele seien hier einfache Dinge genannt:

- Das Kind meint immer öfter: „Das mache ich selber."
- Das Kind will allein in die Schule gehen oder fahren.
- Das Kind will nachmittags allein in den Park gehen.
- Das Kind will allein in ein Ferienlager fahren.

Als Erwachsener glaubt man, den Zeitpunkt für diese Dinge wesentlich besser bestimmen zu können als das Kind und findet dafür auch eine Reihe von guten Argumenten. Äußert ein Kind aber einen solchen Wunsch, so hat es genug eigene Sicherheit erreicht, doch kann man ihm diese mit einem „Das kannst du noch nicht" leicht wieder nehmen. Als bemühter Vater weiß ich sehr gut, wie schmerzlich es war, als mein Sohn das erste Mal alleine in die Schule fuhr. Ich sehe ihn heute noch zurückwinken und kann mich sehr gut an das Gefühl erinnern, das ich dabei hatte; es war eine Mischung aus Angst, Sehnsucht und Trauer. Natürlich wäre es einfach gewesen, wenn wir ihn weiterhin unter dem Vorwand, er sei noch zu klein, zur Schule gebracht hätten. Eigentlich hätten wir damit aber nur unserer Angst, es könnte ihm etwas zustoßen, nachgegeben und ihn um einen gewaltigen Reifeprozeß gebracht. Hier spielt auch das Thema der Grenzen eine große Rolle. Es ist in diesem Fall das Kind, das eine Grenze ziehen will. Wird diese nicht akzeptiert, ist es aber noch zu schwach, um sie zu behaupten oder zu verteidigen.

Je früher man einem Kind die Möglichkeit gibt, eigene Erfahrungen zu sammeln und damit Sicherheit und Standfestigkeit zu gewinnen, desto besser ist es für das Kind. Wenn ich ein Kind immer an der Hand führe, wird es sehr lange nicht sicher gehen können. Wenn ich aber seine Hand auslasse, meine schützenden Hände jedoch bereit halte, um es im Fall eines Falles aufzufangen, wird es schneller seine Eigenverantwortung entwickeln, da ihm das ihn umgebende „Netz" nicht bewußt ist. Im anderen Fall werden sich immer mehr Wurzeln des Kindes um die der Eltern schlingen und beide in einer trügerischen Sicherheit wiegen.

Die Stunde der Wahrheit kommt nämlich mit Sicherheit: es ist jene, in der die Pubertät beginnt. Keine noch so ideale Form der Erziehung kann – und soll – die Pubertätskonflikte verhindern. Sie sind der letzte große Ablösungsprozeß des Kindes aus dem Elternhaus. Die Bewältigung der Pubertätsprobleme gibt dem Kind eine letzte und entscheidende Prägung für ein eigenständiges Leben.

Wenn nun die vielen kleinen Ablösungsprozesse nicht wirklich vollzogen wurden, dann führt die Loslösung unweigerlich zu einer Erschütterung der Grundfesten des Kindes und der Eltern:

- des Kindes deshalb, weil es nie gelernt hat, seine Wurzeln eigenständig in die Erde zu treiben, und es nun vor einer äußerst schwierigen Aufgabe steht,
- der Eltern, weil der relativ abrupt beginnende Loslösungsprozeß einen mehr oder minder großen Teil ihrer eigenen Wurzeln aus der Verankerung reißt und sie plötzlich erkennen müssen, daß das Kind jetzt eigene Wege geht und gegen sie rebelliert.

Wer aber von vielen Vorschriften eingeengt wird und zu starre Rahmenbedingungen vorfindet, wird es schwer haben, eigene Wurzeln auszubilden. Es kann dann geschehen, daß man seine eigenen Wurzeln strikt nach dem Vorbild der Eltern ausbildet und damit seine eigene Befreiung zugunsten der Eltern hintanstellt.

Hier liegt der Kern der Wurzelthematik. Die Abhängigkeit von der Familie zwingt einen zunächst dazu, deren Verhaltensmuster anzunehmen. Nachdem aber anfänglich das eigene Überleben davon abhängt, ist diese Prägung entsprechend tief. Leben (das ebenfalls in diesem Chakra beheimatet ist) bedeutet aber, sich selbst zu finden.

Schlagworte wie Selbstfindungsprozeß oder Selbstverwirklichung meinen also nichts anderes, als mit den Mitteln des täglichen Lebens zwischen den Vorgaben, die man durch sein Nest mitbekommen hat, und seinen ureigensten Fähigkeiten und Eigenschaften unterscheiden zu lernen. Andernfalls kann es passieren, daß man als Adler ein halbes Leben mit den anderen Hühnern zu Fuß zum Misthaufen geht, und sich ewig ärgert, weil man ob seines Gewichtes zu tief einsinkt – und dafür vielleicht auch noch ausgelacht wird.

Aber selbst wenn man diese Befreiung schafft, gibt es keine Garantie, daß das Wurzelthema damit endgültig bewältigt ist. Es kann geschehen, daß einem die Welt so stürmisch und gefährlich erscheint, daß man vor lauter Wurzel-Ausbilden auf das eigentliche Wachstum vergißt. Es sind danach so viele Wurzeln ausgebildet, daß der wildeste Sturm nichts mehr anrichten könnte – aber es ist nichts da, was er umwerfen könnte.

Umgekehrt kann das Vernachlässigen der eigenen Verwurzelung dazu führen, daß ein stärkerer Windhauch schon riesige Schwankungen verursacht und man sich fast nicht mehr auf den Beinen halten kann.

Die Durchsetzungskraft

Die Durchsetzungskraft ist ein weiteres Thema dieses Chakras. Durchsetzung bedeutet, in der Lage zu sein, seine Interessen gegen andere durchzusetzen beziehungsweise sich dagegen zur Wehr zu setzen, wenn andere Interessen die eigenen bedrohen.

Dies bedeutet, daß Widerstände überwunden werden müssen. Widerstände wiederum sind Grenzen. Diese müssen verteidigt, hinausgeschoben, überschritten oder manchmal durchbrochen werden. Daraus erkennt man, daß in diesem Chakra zwei scheinbar entgegengesetzte Kräfte beheimatet sind, von denen man annehmen müßte, daß die eine die andere aufhebt. Jedoch genauso wie das Yang das Yin ergänzt, macht das Zusammenspiel der beiden Leben erst möglich.

Bei der Erläuterung der Kindererziehung haben wir die Notwendigkeit dieses Zusammenspiels das erste Mal sehr deutlich gesehen. Kein Kind könnte überleben, wenn es nicht die Grenzen durch die Eltern gesetzt bekäme.

Wenn die Energie in diesem Chakra harmonisch fließt, kann die Durchsetzung der eigenen Interessen unter Respektierung der Grenzen der anderen erfolgen. Ist dies nicht der Fall, scheint es nur dann möglich, sich durchzusetzen, wenn man die Grenzen der anderen mißachtet, sie überschreitet und damit automatisch den Lebensraum des anderen beengt, wenn nicht sogar vernichtet.

Ein dramatisches Beispiel dafür ist der Konflikt im ehemaligen Yugoslawien. Hier lebten verschiedene Volksgruppen, die einander in früheren Zeiten bekriegt hatten, unter dem Regime des Marschall Tito scheinbar friedlich neben- und miteinander. Scheinbar deshalb, weil es ein erzwungener Frieden war; wenn einer gegen das Regime aufbegehrte, wurde er mundtot gemacht – heimlich, still und auch für den Westen nicht wahrnehmbar. Nach dem Tod Titos und dem damit verbundenen Zusammenbruch der inneren Struktur flammte der alte Haß wieder auf.

Nun wäre eine Möglichkeit gewesen, daß Serben, Kroaten und Moslems die inneren Grenzen überschreiten, sie zerbrechen, die Vergangenheit hinter sich lassen und eine neue Form des Zusammenlebens konstruieren. In der Praxis war es das nicht. Deshalb kam es zu einer Verschiebung der äußeren Grenzen, zur Vertreibung, zur ethnischen Säuberung. Jedes Kind weiß, daß diese Vorgangsweise noch nie eine Lösung herbeigeführt hat. Äußere Grenzverschiebungen bedeuten – sofern sie durch Gewalt und einseitig erfolgen – immer ein Festhalten an inneren Grenzen. Mit dem Festhalten an inneren Grenzen ist aber jede Chance auf Wachstum und Reife vertan.

Die Frage der Durchsetzung stellt sich dann, wenn man an Grenzen gestoßen ist. Sie ist immer eine Aufforderung, sich mit seinen inneren Grenzen auseinanderzusetzen. Damit bietet sie die Chance auf einen entsprechenden Entwicklungsschritt.

Die Aggression

Ein Thema, das sehr eng mit dem Thema der Durchsetzung verbunden ist, ist der Umgang mit Aggression. Aggression ist an sich eine lebensnotwendige Energieform. Ihr liegt der Bewegungsdrang des Menschen zugrunde. Mit ihr sind wir in der Lage, Hindernisse zu überwinden (man benötigt zum Beispiel Aggression, um sich ein Stück Brot abzuschneiden).

Diese Energieform ist nach außen gerichtet und sollte dort auch hingeleitet werden. Entscheidend ist jedoch, daß dies bewußt geschieht.

Die Tatsache, daß jene Energieform, die als Aggression bezeichnet wird, in unserer Gesellschaft fast durchwegs negativ besetzt ist, macht den Umgang damit so schwierig. Man verwendet das Wort Aggression stets in Zusammenhang mit der Verletzung von Personen oder deren Lebensraum. In dieser Form ist sie nicht salonfähig, zu verurteilen und zu vermeiden. So tritt Aggression aber nur auf, wenn sie in ihrer natürlichen Form nicht gelebt wird. Die Kraft, Hindernisse zu überwinden, wird nur dann unangenehm, wenn sie – aus welchen Gründen immer – gestaut werden muß.

Es ist kein Zufall, daß unsere Gesellschaft eine Freizeitsport-Gesellschaft geworden ist, weil Sport eine Möglichkeit ist, seine Aggressionen abzubauen. In diesem Zusammenhang sollte uns eine gesellschaftliche Entwicklung zu denken geben. Es ist noch nicht so lange her, daß es jeden Nachmittag in Parks Fußballmatches unter Kindern gab, oder die Kinder spielten mit Holzstücken, die zu Gewehren umfunktioniert wurden, Räuber und Gendarm oder Indianer. Sehr oft kam es – das soll bei Gott nicht verschwiegen werden – auch zu gehörigen Raufereien. Doch außer Nasenbluten und blauen Flecken blieben daran keine Erinnerungen.

Heute ist zu bemerken, daß das nachmittägliche Bewegungsritual kaum mehr stattfindet. Der Computer hat Einzug ins Kinderzimmer gehalten. Computerspiele „fesseln" im wahrsten Sinne des Wortes immer mehr Kinder an den Bildschirm. Fußball wird vor dem Bildschirm gespielt. Und nachdem Bildschirmarbeit müde macht, hat der „Spieler" womöglich das gleiche müde Gefühl – aber nur im Kopf. Sein Bewegungsdrang staut.

Rufen wir uns noch einmal das bei den Meridianen Gesagte in Erinnerung: Verkrampfte Muskeln verhindern den Energiefluß. Wundert es da, wenn viele Kinder permanent müde sind?

Darüber hinaus stehen Computerspiele auf der Beliebtheitsskala um so höher, je brutaler sie sind. Mord und Totschlag, Vernichtung von Städten, das Ganze noch versehen mit Sound-Blaster, damit es auch so richtig schön knirscht, wenn der Panzer über eine Gruppe von Menschen fährt, das ist ein Hochgenuß.

Was da in einem Kind wohl abläuft? Es wäre falsch, die Brutalität der Realität von Kindern fernzuhalten. Wie gesagt – auch wir haben mit Besenstiele aufeinander „geschossen", sind tot umgefallen und dann nach Hause gegangen. Aber das waren Gefechte von Mensch gegen Mensch, dabei hat man den anderen gesehen und gespürt und war sich bewußt, daß es ein Spiel ist. Die Raufereien haben dazu geführt, daß man auch ein Gefühl dafür bekam, was weh tut und was nicht, und gewisse Bereiche waren einfach tabu.

Die Kinder *lassen* heute raufen. Ihre Bildschirmfiguren raufen aber nicht nur, sondern morden. Spätestens seit dem Krieg der USA gegen den Irak ist es traurige Gewißheit: Moderne Kriegführung unterscheidet sich technisch in keiner Weise von Computerspielen. Man sitzt am Bildschirm und verfolgt die Übertragung der auf der Rakete montierten Videokamera, bis sie in ihr Ziel einschlägt. Der einzige Unterschied: Dort sterben wirklich Menschen.

Solange wir uns nicht bewußtmachen, daß es gilt, Aggression lebbar zu machen, solange wird sie stauen, ausufern und eine andere Form der Energie wachsen lassen: die der Angst. Damit schließt sich der Teufelskreis.

Die Sexualität

Kaum ein Thema hat uns die letzten 20 Jahre so beschäftigt wie dieses. Es begann mit der öffentlichen Diskussion über Kultfilme wie Oswald Kolles „Der Mann, das unbekannte Wesen" und „Die Frau, das unbekannte Wesen" und führte über viele Stationen zur freien Liebe der Blumenkinder. Die gleichzeitige Emanzipationsbewegung ließ die Erkenntnis als richtig erscheinen, daß das Ziel aller Wünsche die freie Sexualität kreuz und quer durch den Gemüsegarten sei.

Allein in diesem kleinen Absatz sind mehrere Bereiche zu erkennen, die alle die gleiche Überschrift erhalten haben: Sexualität.

- Man meinte Liebe und sprach von Sexualität.
- Man meinte Aufklärung und sprach von Sexualität.
- Man meinte Freiheit und sprach von Sexualität.
- Man meinte Erotik und sprach von Sexualität.

Diese Liste ließe sich fortsetzen.

Da gilt es, eine Reihe von Mißverständnissen aufzuklären: Sexualität ist die Geschlechtlichkeit – und nicht mehr. Trägt man sich im englischen Sprachraum nach der Ankunft in einem Hotel in die Hotelliste ein, so lautet dort die Frage einer Rubrik: Sex. Diese Frage sollte man mit male (männlich) oder female (weiblich) beantworten – und nicht mit yes.

Was ist ein Mann, und was ist eine Frau? Selten zuvor ist diese Frage so stark im Vordergrund gestanden wie heute – und selten zuvor waren damit derart massive Identifikationsprobleme verbunden. Nachdem sich diese Probleme aber sehr deutlich in diesem ersten Chakra niederschlagen, ist ihre Behandlung hier unerläßlich.

Ein Unterschied, der unbestritten ist, ist der rein körperliche. Hier ist nicht nur der berühmte „kleine" Unterschied gemeint, sondern jener des gesamten Körperbaus, der Körperfunktionen und des damit verbundenen Hormonhaushalts. Es handelt sich um Unterschiede, die unabhängig von jeder kulturellen Definition der Geschlechter bestehen bleiben. Ihr grundlegendes Kräftespiel wird immer die Basis für die Definition der Geschlechterrollen bleiben, wie verschiedenartig diese sich im Laufe der Evolution auch darstellen mögen.

Einen untrüglichen Beweis dafür, daß es typische, nicht austauschbare Komponenten der Geschlechter gibt, finden wir in der Homosexualität; und zwar bei jenen Homosexuellen, die sich in die Rolle der Frau begeben. Wenn sich Männer noch so gut weiblich kleiden und noch so gekonnt die Hüften schwingen, man wird spätestens auf den zweiten Blick erkennen, daß „hier etwas nicht stimmt".

Auf der anderen Seite wird es immer die Frau bleiben, die die Kinder zur Welt bringt. Eine Schwangerschaft wird, welch phantastische Kunstgriffe die Medizin auch noch hervorbringen mag, ein Zeitraum bleiben, in dem die Frau besonderen Schutzes bedarf, da diese körperliche Veränderung untrennbar mit einer tiefen seelischen Entwicklung verbunden ist. Durch die Hilflosigkeit des Neugeborenen wird es auch immer ein wesentlicher Faktor bleiben, daß der Mutter in der ersten Zeit ein besonderes Naheverhältnis zu ihrem Kind ermöglicht wird.

Wie immer in einer Gesellschaft Mann und Frau definiert werden, es werden immer die beiden Pole Yin und Yang bleiben, die einander – nach den Naturgesetzen – anziehen. Diese beiden Pole *müssen* stärker als jeder logische Gedanke sein. Nach dem Selbsterhaltungstrieb ist der Fortpflanzungstrieb der zweitstärkste. So muß der erigierte Penis in eine Scheide eindringen, damit der Same das Ei befruchten kann – und die Erhaltung der Art gesichert ist. Das und nichts anderes ist Thema dieses Chakras. Dafür bedarf es keiner Erotik und schon gar nicht der Liebe.

Die geschlechtliche Vereinigung von Mann und Frau durchläuft drei Etappen:

■ die reine Eroberungsphase,

■ das erotische Spiel,

■ die Verschmelzung.

Dem ersten Chakra zugeordnet ist die Eroberungsphase. Die zeitgemäße Bezeichnung dafür wäre Flirten. In dieser Phase ist jeder der beiden daran interessiert herauszufinden, ob er es schafft, den anderen zur Paarungsbereitschaft zu bringen. Wohlgemerkt, noch findet kein Körperkontakt statt, und daher ist auch noch keine Rede von Eindringen und schon gar nicht von Verschmelzung.

Es ist dies ein Verhalten, das man in jedem In-Lokal in allen Schattierungen studieren kann: der sich steigernde Augenkontakt gepaart mit entsprechender Körpersprache. Gerade dieses Spiel mit dem Feuer schafft aber mitunter entscheidende Probleme im Energiefluß des Basischakras. Denn wie man in vielen Diskussionsrunden immer wieder erfahren kann, stellt sich am Ende dieser Phase mitunter das Problem, wie man in dieser Situation „die Kurve kratzt".

Von Männern ist dann zu hören, daß das Interesse schlagartig nachläßt, wenn die Eroberung einmal im Bett liegt. So manche Potenzstörung hat hier ihre Wurzel (Wurzelchakra). Denn mit dem Eindringen des Penis in die Vagina überschreitet man eine Grenze – und das hat zwar unterschiedlich ernsthafte Folgen, in jedem Fall aber hat es Konsequenzen. Eine Thematik, die vor allem Jugendlichen interessanterweise wesentlich bewußter ist als Erwachsenen. Sehr viele Jugendliche belassen den Sexualkontakt relativ lange beim Petting, bevor sie den „entscheidenden" Schritt machen. Denn sobald die geschlechtliche Vereinigung vollzogen ist, ändert sich mit einem Schlag das Verhältnis der beiden zueinander: es ist so etwas wie eine Beziehung geboren worden, wie immer sich diese nachher weiterentwickelt.

Beim weiblichen Part liegen die Dinge wesentlich komplizierter. Die männliche Energie ist die aktive, raumgreifende Komponente, während die weibliche Energie das Aufnehmende, Empfangende ist. Wenn sich also die raumgreifende Energie zurückzieht, bleibt eine aufnehmende Energie zurück – und es geschieht nichts. Ganz anders im umgekehrten Fall. Die vorwärtsstrebende Energie hat die Eigenschaft, sich am Widerstand noch zu verstärken. Wenn also der weibliche Part plötzlich vom Herausfordern der Aktivität auf Abblocken umschaltet, so kann sich die vorwärtsstrebende Energie bis zur Gewalt steigern.

Der Fortpflanzungstrieb bezieht sich aber lediglich auf die Zeugungsfähigkeit des Mannes und die Fruchtbarkeit der Frau. Solange nur Sexualität im Spiel ist, ist es das einzige Ziel des Mannes, seinen Samen zum Zwecke der Fortpflanzung loszuwerden. Rein animalisch sucht er eine bereitwillige Scheide (was sonst noch drumherum ist, interessiert ihn nicht), um seiner Aufgabe gerecht zu werden. Das gleiche geschieht bei der Frau. Ihr Sexualtrieb ist auf Empfängnis ausgerichtet. Sie will nichts anderes, als den Samen eines bereitwilligen Penis (auch hier ist das Drumherum egal) in sich aufnehmen. Mit dem Wort „Trieb" ist immer Aktivität verbunden, weshalb dies in Verbindung mit der weiblichen Sexualität zu Mißverständnissen führen kann: Die weibliche

Sexualität ist absolut passiv (erst im nächsten Schritt, bei der Erotik, ist weibliche Aktivität gefragt).

In derart purer Form kommt der Trieb jedoch nur äußerst selten zum Ausdruck – aber er existiert. Das gesamte Rotlichtmilieu ist eine Ausdrucksform dafür. Hier ist kaum Erotik und mit Sicherheit nichts von Liebe zu bemerken.

Nun hat es die Natur so eingerichtet, daß nur mit der geschlechtlichen Vereinigung der Orgasmus verbunden ist – fairerweise muß man sagen: sein kann. Um ein gewaltiges Mißverständnis auszuräumen: Auch beim Mann ist der Samenerguß nicht untrennbar mit einem Orgasmus verbunden. Ich wage die Behauptung, daß viele Männer lediglich ein wunderbares Gefühl, das mit der Ejakulation verbunden ist, kennen und noch nie einen Orgasmus erlebt haben. Bei der Frau ist die Tatsache, daß die Befruchtung ohne Orgasmus erfolgen kann, weitgehend bekannt.

Nachdem es der Sinn dieses Buches ist, einen Blick hinter die Kulissen der Realität zu werfen, stellt sich die Frage: Was hat der Sexualtrieb außer dem Erhalt der Art für eine Funktion? Von der rein geschlechtlichen Vereinigung zur Erotik ist es nur ein kleiner Schritt. Dies ist jedoch schon Thema des zweiten Chakras.

Im gesamten Tierreich gibt es für die Befruchtung nur eine Körperstellung. Dabei wendet das Weibchen dem Männchen den Rücken zu. Das „Liebesspiel" besteht lediglich aus dem Balzverhalten des Männchens, worauf das Weibchen ihm ihr bereites Geschlechtsteil präsentiert – um es ihm dann im Zuge des Spieles vielleicht noch ein paarmal zu entziehen.

Der Beginn jedes Sexualkontaktes beim Menschen erfolgt üblicherweise mit der Umarmung. Man legt die Chakras übereinander und spürt so (hoffentlich), ob der stattfindende Energieaustausch harmonisch ist und zu mehr einlädt. Der nächste Schritt ist der Kuß – im Tierreich ein völlig unbekanntes Ritual. Lediglich die Tauben gurren und schnäbeln – flugs landeten sie als Liebessymbol auf unseren Hochzeitstorten.

Die klassische Stellung beim menschlichen Befruchtungsvorgang ist frontal. Der Sinn liegt darin, daß es während der Umarmung nicht nur im Wurzelchakra zu einem „Verkehr" kommen soll. Die sexuelle Erregung verdrängt den Verstand immer mehr und schafft damit die Basis dafür, daß es zu einem intensiveren Energieaustausch zwischen den beiden Partnern kommen kann, als dies im „Normalzustand" möglich wäre.

Wie bereits erwähnt, entbehrt die reine Sexualität jeder Verliebtheit, und von Liebe gibt es nicht die leiseste Spur. Bei dieser Aktivität ist nur das körperliche Empfinden beteiligt; aber eben dieses Empfinden weckt in uns eine Ahnung, daß es so etwas wie Gefühl gibt. Es drängt uns, den Weg zu den Gefühlen zu suchen. Durch die Befriedigung des animalischen Fortpflanzungstriebes wird in uns eine Sehnsucht geweckt, die der Grund dafür ist, uns auf die Suche nach der Liebe zu machen. Auch hier spielt ein „Trick der Natur" eine Rolle. Denn es bedarf schon eines großen (An-)Triebes, um in das Wirrwarr der Gefühle einzusteigen, sich auf den Weg zu machen und sich und sein Wirrwar zu entwickeln.

Rote und schwarze Steine –
Die Steine des Wurzelchakras

Koralle

Die Koralle ist ein Stein, der mit seiner roten Farbe grundsätzlich dem Wurzelchakra zugeordnet wird. Die Grundenergien dieses Chakras sind uns bereits ein Begriff. Nun gilt es, dieses Mineral genauer zu betrachten und damit seine Wirkung besser zu verstehen.

Es ist bekannt, daß sich Korallen aus abgestorbenen Tierchen bilden. Die Korallenstöcke sind im felsigen Boden fest verankert und kommen in eher geringen Tiefen vor, also dort, wo man die Bewegung der See noch sehr gut spüren kann. Die Koralle kann uns lehren, sich dem Fluß der Dinge hinzugeben, gleichzeitig aber „mit den Beinen fest auf dem Boden zu stehen". Oft scheint dies ein Widerspruch zu sein. Die Verankerung im Boden ist aber die Voraussetzung, um den Fluß der Dinge überhaupt zu spüren. Wenn man in einer Strömung badet, so spürt man sie nur so lange, als man mit den Beinen auf dem Boden steht. Sobald man den Boden unter den Füßen verliert, treibt man mit der Strömung.

Die Koralle wächst in seichteren Zonen. Sie weiß, daß nach der stärksten Ebbe wieder die Flut kommen muß. Es lohnt also wirklich nicht, gegen die Strömung anzukämpfen; denn zum richtigen Zeitpunkt kommt genau die Strömung, die uns unseren Zielen näher bringt.

Ein weiteres Thema, das uns die Koralle aufzeigen kann, ist die Vergangenheitsbewältigung. Die toten Korallentierchen sind die Basis (Basis-Chakra) der Entstehung dieses Minerals. Wie oft sind wir unglücklich, weil wir die Vergangenheit nicht ändern können. Mit Hilfe der Koralle können wir eine Rückwärtsgewandtheit überwinden. Solange wir nach hinten blicken, wird uns jede kleine Unebenheit auf unserem Weg zum Stolperstein, und unser Weg scheint mühsam und steinig. Es ist nicht notwendig, auf das Vergangene zu sehen; wie der Korallenstock ist es vorhanden und gewachsen. Mit Hilfe der Koralle kann man es nicht nur schulterzuckend akzeptieren, sondern dankbar als Basis für eine neue Erkenntnis annehmen.

So verleiht die Koralle innere Festigkeit und Stabilität, ohne zu Starrheit zu führen. Sie gibt Lebensenergie und hilft in diesem Zusammenhang bei Unfruchtbarkeit und Menstruationsbeschwerden; die dunkelroten Korallen stärken das Herz, helfen bei Anämie, Mangelernährung und Lethargie. Die rosa Koralle trägt zur Harmonisierung der Gefühle des Herzens bei, unterstützt bei der Lösung emotionaler Konflikte, verhilft zu Offenheit in den Gefühlsstrukturen und verhindert dadurch so manche schmerzliche Erfahrung. Sind solche eingetreten, hilft die rosa Koralle zu beruhigen und Depressionen zu lindern. Die weiße Koralle hilft durch ihre Schwingung bei Knochenerkrankungen.

Die Koralle sollte man nie einzeln, sondern nur als Kette tragen. Durch intensives Tragen kann die Koralle verblassen. In diesem Fall sollte man sie ruhen und mit Meersalzbädern regenerieren lassen.

Granat

Der Granat trägt eine Urkraft in sich, weshalb er Freude an der Aktivität weckt und gleichzeitig auch Ausdauer verleiht. Damit verbunden ist die Stärkung der Willenskraft, des Selbstvertrauens und der Sexualenergie (Granat ist Bestandteil des Hochzeitsschmucks in den Alpentälern). Durch die Stärkung der Aktivität unterstützt er den Blutaufbau und den Kreislauf und wirkt gegen Krankheiten, die bewegungshemmend verlaufen, wie Arthritis, Rheuma und Verkalkung (geistige Unbeweglichkeit). Auch für depressive Gemütszustände kann seine aktivierende Kraft hilfreich sein. Durch die Stärkung der körpereigenen Aktivität wirkt er auch als Schutz vor Angriffen von außen, auch vor Bakterien und Viren.

Roter Jaspis

Der rote Jaspis ist ein klassischer Stein des Wurzelchakras. Er spendet die Kraft der Erde. Er stärkt, erwärmt und belebt den Körper und bewirkt gleichzeitig eine gute Verwurzelung, womit er die Voraussetzung zu geistigem Wachstum schafft. Er lehrt, das Wachstum nicht um jeden Preis zu erstreben und daß auch Bescheidenheit kein Hinderungsgrund ist, Ziele zu erreichen. Er ist gut gegen Übelkeit in der Schwangerschaft und bringt Erleichterung bei der Entbindung, da die Mutterschaft eine eindeutige Identifikation mit der Rolle der Frau (Sexualität im Sinne der Geschlechtlichkeit) erfordert. Daher hat er auch eine heilende Wirkung auf Gebärmutter und Eileiter.

Blutjaspis (Heliotrop)

Er führt zu mehr Klarheit in den Gedanken, da er hilft, ihnen realen Hintergrund unter Einbeziehung der Gefühle zu geben. Somit kann seine Wirkung als reinigend und transformierend angesehen werden, was sich auf der rein körperlichen Ebene auf die Ausscheidungsorgane bezieht. Somit ist verständlich, warum ihm gute Wirkung bei Hämorrhoiden und Blasenbeschwerden zugeschrieben wird: beide Funktionsstörungen des Körpers sind Hemmungen bei der Ausscheidung. Die Eiseneinschlüsse des Heliotrops wirken auf das Blut und bei Eisenmangel. Er kräftigt und stimuliert den gesamten Organismus, da mit dem Ausscheiden der Gifte Platz für Neues geschaffen wird.

Hämatit (Blutstein)

Der Hämatit ist einer der wirkungsvollsten Steine des ersten Chakras, vereint er doch in sich die beiden großen Themen dieses Chakras: Grenzen (schwarz) und Durchsetzung (rot). Da seine rote Farbe nur an frischen Bruchstellen sichtbar wird, erkennt man daraus schon einige seiner wichtigsten Hilfestellungen: Er gibt den Mut, verhilft aber gleichzeitig zur Erkenntnis, daß körperliches Leben nur innerhalb von Grenzen existieren kann. Damit hilft er, diese nicht als Einschränkung der persönlichen Freiheit zu erleben. Er stärkt die Fähigkeit, verborgene Talente und Kraftquellen ans Tageslicht zu bringen und damit den Anforderungen des Lebens mit mehr Festigkeit und Ruhe zu begegnen. Er hat eine positive Wirkung auf den Zellaufbau und die Blutbildung. Im übertragenen Sinne fördert er die Erneuerung im Sinne von Transformation: Er ermöglicht die Entwicklung von Neuem, indem das Alte absterben kann, weil es seine Funktion erfüllt hat. So ist der Blutstein ein hervorragender Begleiter durch seelisch schwierige Zeiten.

Achat

Der Achat entsteht dadurch, daß flüssige Gesteinsmassen sich in einen Hohlraum ergießen und aufgrund von zuwenig Hitze oder zuwenig Druck nicht kristallisieren können, trotzdem dabei aber wunderschöne Formen und Zeichnungen bilden, die kein Kristall je hervorbringen kann.

Daher kann der Achat helfen, die Selbstachtung und Wertschätzung für den eigenen Körper zu stärken, Zufriedenheit mit sich selbst zu erlangen und damit den Anforderungen und Anfechtungen des Lebens mit Standfestigkeit zu begegnen. Denn diese Anfechtungen sind es, die in uns das Gefühl der Unvollkommenheit erzeugen, was uns sehr oft dazu treibt, so „schön" werden zu wollen wie andere. Er unterstützt uns dabei, den Blick auf das Innere, die seelischen Regungen in uns und anderen wahrzunehmen und vermittelt Schutz und Geborgenheit.

Durch seine Entstehungsart fördert der Achat das Wachstum des inneren körperlichen und geistigen Lebens; mit dieser Energie ist er auch hilfreich bei Schwangerschaftsproblemen (zum Beispiel weißer Achat für die Milchbildung); er stärkt die Fortpflanzungsorgane.

Der Achat ist generell auch ein gutes Hilfsmittel bei Insektenstichen und allgemein bei Schmerzen wie Kopfschmerzen oder Verletzungsschmerzen. Als stark körperlich wirkend, sollten Achate immer auf der Haut getragen werden.

Rubin

Das tiefe Rot des Rubin enthält die Lebenskraft, die aus der Liebe erwächst (Rot ist die Komplementärfarbe zu Grün!). Er bewirkt eine Stärkung der Grundthemen des Wurzelchakras wie Mut, Aktivität, Durchsetzung, aber nicht um jeden Preis, sondern in Achtung der Bedürfnisse der Mitmenschen. Durch seine Schwingung werden die verborgenen Energien des Basischakras, wie Erhebung der Sexualität zur liebenden Verschmelzung, zum Vorschein gebracht.

Der Rubin verhilft dem Herzen beim Zurückdrängen des Egos und zu mehr Mitgefühl. So wird ihm auch eine gute Wirkung bei Krämpfen und Koliken, die letztlich das „krampfhafte Festhalten" symbolisieren, zugeschrieben.

Schwarzer Onyx

Der schwarze Onyx lehrt uns den Umgang mit Grenzen. Seine Hilfestellung geht dahin, uns zu lehren, daß man die Grenzen am stärksten zu spüren bekommt, wenn man nur im Materiellen verhaftet bleibt. Dadurch fordert er dazu auf, die geistige Dimension in das Leben einzulassen.
Bei der Begegnung mit Krankheit und Tod stoßen wir jeweils an unüberwindliche Grenzen. Der Onyx kann zu einem umfassenderen Verständnis des Daseins durch Grenzerlebnisse verhelfen und verhindern, daß wir in Schmerz und Trauer gefangen bleiben.

Obsidian

Der Obsidian hat scharfe Kanten. Er kann uns helfen, Hemmnisse und Widerstände zu überwinden. Sehr schön kommt dies auch in seiner Erscheinungsfom als Schneeflok-ken-Obsidian (schwarz mit weißen Flecken) zur Geltung. Dieser Stein kann dabei hel-fen, Grenzen nicht zu zerbrechen, sondern sie Schritt für Schritt aufzulösen.

Das zweite Chakra

Man bezeichnet dieses etwas unter dem Nabel gelegene Chakra auch als Sakralchakra. Seine Hauptthemen sind Kreativität, Erotik und die schwindende Überbewertung des Egos.

Die Kreativität

„Gott schuf den Menschen nach seinem Ebenbilde" heißt es im Buch der Bücher. Diese Aussage bezieht sich mit Sicherheit nicht auf das Aussehen des Menschen; auch wenn das Bild des weisen alten Mannes mit dem Rauschebart da und dort noch immer recht lebendig ist.

Es ist die schöpferische Kraft, die Kreativität, die uns gottähnlich macht. Der Mensch hat die Kraft in sich, kreativ tätig zu sein. Mit dem Wort Kreativität wird meist auch Kunst verbunden, zum Beispiel Malen, Schreiben, Töpfern, Batiken, um nur ein paar der unendlich vielen Möglichkeiten aufzuzählen, kreativ zu sein. Die Volkshochschulen, die Bastel- und Keramikstudios, können sich des Andrangs nicht erwehren: Kreativität ist ein Schlagwort unserer Tage: Frustrierte Beamte malen und bildhauern, daß es eine Freude ist. Unverstandene Ehefrauen fegen mit dem Pinsel über Seidentücher und töpfern die Vase der Vasen.

Was macht ein Kunstwerk aus? Des Rätsels Lösung ist einfach: In jedem Kunstwerk steckt ein kleines Stück des Künstlers. Während der Schöpfung fragt er nicht, ob es schön ist, ob es anderen gefallen wird, ob es auch im Trend liegt – sein einziges Bedürfnis ist es, das, was er empfindet, auf Papier, auf Leinen zu bringen oder in das Holz oder den Stein zu meißeln.

Das Geheimnis der Kreativität ist, daß sie nicht mechanisch funktioniert. Das schönste Jugendstilmuster, auf die teuerste Seide kopiert, hat keinen Ausdruck, wenn nicht die „Handschrift" des Künstlers sichtbar wird. Kreativität muß mit Empfindungen gepaart sein. Sie verlangt die Preisgabe zumindest eines kleinen Teils des tiefsten Inneren. Wenn jemand nicht bereit ist, sich zu öffnen, ein Stückchen von sich herzugeben, kann er die schönsten Dinge herstellen – sie werden trotzdem leer bleiben.

Nun sollte man aber nicht den Fehler machen, zu glauben, daß Kreativität nur dann vorliegt, wenn Dinge geschaffen werden, die vorher noch nicht da waren. Kein Schauspieler kann eine Rolle ohne Kreativität wirklich verkörpern. Er muß seine schöpferische Gabe benutzen, um in seine Rolle zu schlüpfen und dieser Ausdruckskraft zu verleihen. Wenn er das nicht schafft, so bleibt der Text leer.

Erfindungen sind ebenfalls ein wichtiger Bereich kreativen Ausdrucks. Nicht jedem ist es in die Wiege gelegt, ein Edison zu sein. Die vielen neuen Produkte, die auf den Markt kommen, zeugen aber davon, daß es viele Menschen gibt, die etwas erfinden können. Nicht alle Erfindungen sind so weltbewegend wie der Ottomotor oder die Glühbirne. Ich selbst freue mich jeden Sonntag über den findigen Kopf, der jenes wunderbare Gerät erfunden hat, mit dem man weichgekochte Eier kappen kann. Ich kenne diesen Menschen nicht und habe auch noch niemanden getroffen, der mir seinen Namen nennen könnte, bin aber überzeugt, daß sich unzählige Menschen schon über diese Erfindung gefreut haben. Jene nämlich, die wie ich vor der Anschaffung dieses Gerätes entweder lange mit dem Löffel klopften und dann mühselig die Schale entfernten oder mit einem gekonnten Schlag mit dem Messer das Frühstücksei zerschlugen.

Erfindungen haben viel mit dem Empfinden eines Mangels zu tun. Viele ärgern sich darüber, aber nur wenige zerbrechen sich wirklich den Kopf, um etwas zu verändern. Denn jede Änderung ist mühsam und vor allem immer mit einem Risiko verbunden. Die alteingefahrenen Geleise kennt man, und es ist bequemer, auf ihnen zu bleiben, als sich neue Wege zu suchen.

Hier spielt das Thema Sicherheit eine entscheidende Rolle. Die Ungewißheit des Lebens wird zugunsten der Vernunft geopfert. Wie im Kapitel über die Farben beschrieben, ist die Farbe Orange die Farbe dieses Chakras: Das pralle Leben, das Vorwärtsstreben wird durch das Denken eingebremst. Das ist auch wünschenswert, aber nur, solange nicht eine der beiden Tendenzen die Oberhand gewinnt.

Wo also kann die Kreativität im täglichen Leben Einzug halten? Es ist unbestritten, daß man jede Arbeit effektiver bewältigen wird, wenn man sie mit Kreativität angeht.

Man denke nur an die Gestaltung des Arbeitsplatzes. Ein paar Blumen am Fenster lassen die Atmosphäre nicht mehr so kalt erscheinen. Die Rechenmaschine von schräg hinten nach vorne verfrachtet, und die Wirbelsäule ist entzückt. Wenn es noch gelingt, den Bildschirm von schräg links in die Mitte zu stellen, sehen die Schultermuskeln plötzlich keinen Grund mehr, sich zu verspannen, und das Wohlbefinden wird stetig steigen. Die Kettenreaktion ist klar: Je wohler man sich fühlt, desto besser wird man seine Arbeit machen, und schon ist Platz für neue Ideen.

Es erübrigt sich, hier noch Beispiele aus dem Haushalt anzuführen. Mit etwas Kreativität kann man aus dem oben Gesagten genug ableiten. Eine Seminarteilnehmerin sagte einmal: „Spitze, dann bin ich ja bereits kreativ, wenn ich in meinen Saustall Ordnung bringe." Ein Ausspruch, dem nichts hinzuzufügen ist, außer daß er sich natürlich an beide Geschlechter richtet.

Eines sei hier aber noch erwähnt: Wenn jemand nun beschließt, ab morgen kreativ zu sein, so möge er bitte zwei Dinge unbedingt beachten:

1. Dem guten Vorsatz müssen Taten folgen – und nicht nur Gedanken darüber, wo man beginnen könnte.

2. Man muß mit kleinen Schritten und mit einfachen Dingen beginnen. Wenn man sich zu viel vornimmt, dann ist die Wahrscheinlichkeit des Scheiterns ungleich höher; der Frust darob führt dann schnell zu der – falschen – Erkenntnis: Ich habe doch gewußt, daß ich es nicht schaffe.

Allzuoft gerät man in die Situation jenes Grüblers, der vor einem großen Sandhaufen stand und diesen wegschaufeln wollte. Er begann nachzudenken, bis er zu der umwerfenden Erkenntnis kam: Es müsse eine Schaufel her, groß genug, um den Sandhaufen darauf zu bringen. Das Ergebnis: Er fand die Schaufel, aber er hatte nicht die Kraft, sie unter den Haufen zu bringen. Als ihm eine hilfreiche Hand eine kleine Schaufel reichte, zuckte er mit den Schultern und meinte, daß diese viel zu klein sei. So lange schaufeln wollte er nicht. Also dachte er weiter nach; er denkt noch immer!

Die Erotik

Ein Thema des Sakralchakras, das mit Kreativität sehr eng verbunden ist, ist jenes der Erotik. Rufen wir uns in Erinnerung: Sex ist die zum Zwecke der Fortpflanzung vorgenommene egoistische Triebbefriedigung. Der Partner interessiert hier nicht.
Erotik geht den entscheidenden Schritt weiter. Der Partner wird nicht mehr als Objekt der eigenen Triebbefriedigung angesehen. Das Eindringen des Penis und damit die Absicht der Fortpflanzung ist nicht mehr der erklärte Grund für die Vereinigung. Was nun im Vordergrund steht, ist das Liebesspiel. Dieses hat ein einziges Ziel: die Steigerung der Empfindung.
Empfindungen sind all das, was wir mit unseren Sinnen wahrnehmen. Das Empfinden ist nicht nur auf den Tastsinn beschränkt:

- Ein Musikstück kann als zu laut empfunden werden.
- Ein Lichtstrahl kann als zu grell empfunden werden.
- Man kann eine Speise als zu scharf empfinden.
- Ein Geruch kann als ätzend empfunden werden.
- Das Berühren eines Gegenstandes kann als unangenehm empfunden werden.

Die Empfindungen sind die Tore zu unseren Gefühlen. Um sich die Gefühlswelt zu erschließen, ist die Entwicklung der fünf Sinne unerläßlich.

Erotik ist jene Energie, die aus einer Begegnung eine Beziehung werden läßt.
Die Verwandlung einer Begegnung in eine Beziehung verläuft in mehreren Phasen:

Phase 1: das Sehen

Das Sehen ist der erste Sinn, der in Anspruch genommen wird. Bei den Urbewohnern unseres Planeten war dies noch anders. Durch die Entwicklung des Intellekts gewann das analytische Denken immer mehr an Bedeutung und drängte den Urinstinkt zurück. Die optische Erscheinung eines Menschen ist in jedem Fall von großer Bedeutung. Auch jene Menschen, die vorgeben, nur auf das Wesen eines Menschen zu achten, können sich der Wirkung des äußeren Erscheinungsbildes nicht entziehen. Wie man weiß, ist der erste Eindruck oft nicht der beste, aber in jedem Falle der stärkste.

Die äußere Erscheinung eines Menschen wird in erster Linie durch die Kleidung geprägt. „Kleider machen Leute" ist eine alte Weisheit. Obwohl sicherlich von der Kleidung auch Rückschlüsse auf den Charakter eines Menschen zulässig sind, ist die Kleidung sehr oft eine „Ver-kleidung", um nach außen anders zu scheinen. Macht man sich nun von einem Menschen einmal ein „Bild", so wird er auch umgehend in eine Kategorie eingereiht.

Maßanzug → ordentlicher Mensch, gut situiert, distinguiert

graues T-Shirt, graue Hose → Spinatapostel, alternativer Heini

Mode nach dem letzten Schrei → Schicki-Micki, Angeber

Es gibt noch mehr solche Zuordnungen. Bei der Behandlung des Wurzelchakras haben wir beim Thema Grenzen gesagt, daß durch die Haut die innere Struktur des Körpers verraten wird. Natürlich ist dies bei der „zweiten Haut", unserer Kleidung, auch der Fall, wenn auch nur bedingt. Denn es ist eine Haut, die wir willkürlich wählen können. Schulterpolster, Mieder, höhere Absätze usw. lassen uns anders erscheinen, als wir wirklich sind.

Aber nicht nur die Modeindustrie, auch die Kosmetikindustrie und die Schönheitschirurgie leben von der Überbewertung des Sehens – und so werden wir immer wieder getäuscht. Wir finden eine äußere Erscheinung attraktiv, obwohl sich dahinter etwas ganz anderes verbirgt. Es entsteht schon der erste Beziehungskrampf, wenn dann im Schlafzimmer die Stunde der Wahrheit kommt. Glücklich der, der dann seine Schulterpolster im Jackett und sein Toupet gegen falsche Wimpern und Schaumgummi-BH aufwiegen kann.

Phase 2: das Riechen

Der Geruchssinn läßt sich nicht so leicht betrügen. Jeder Mensch hat eine ihm eigene Ausdünstung. Wenn man jemanden nicht riechen kann, ist dies ein eindeutiges Zeichen, daß sich hier zwei Menschen mit verschiedener Wellenlänge gegenüberstehen. Hier ist nicht jener unangenehme Geruch gemeint, der durch mangelnde Körperhygiene entsteht, sondern der Eigengeruch des Körpers. Jeder kennt das eigenartige Gefühl, jemandem gegenüberzustehen, der wie aus dem Ei gepellt und frisch gewaschen ist, bei dem es einem aber trotzdem die Nasenflügel hochzieht. Wenn man mit diesem Menschen dann näher bekannt wird, wird meist schnell ersichtlich, wo die Meinungsunterschiede liegen.

Phase 3: das Hören

Das Hören richtet sich auf die Geräusche, die der andere von sich gibt. Dies geschieht in erster Linie über die Stimme. Die Wissenschaft bescherte uns die Erkenntnis, daß sich die Stimme eines Menschen von der eines anderen genauso unterscheidet wie der Fingerabdruck. Somit ist jede Stimme genau identifizierbar.

Der Klang der Stimme ist ein nicht unerheblicher Prüfstein, ob zwei Menschen einander näherkommen oder nicht. Krächzende Stimmen, Fistelstimmen, piepsende Laute können ein Hindernis sein, um mit jemandem zu kommunizieren – welch weltbewegende und gescheite Dinge da auch ausgesprochen werden. Die Stimmlage (Stimmelodie) kann als harmonisch oder disharmonisch empfunden werden, was das auslösende Moment dafür ist, ob man zuhört oder nicht.

Aber nicht nur die Stimme, sondern auch die „Nebengeräusche", die jemand von sich gibt, können über die Aufnahme einer Beziehung entscheiden. Schnaufen, durch die Nase aufziehen (und sei es noch so gekonnt und leise), schmatzen usw. können unüberwindliche Hindernisse für eine Beziehung sein.

Phase 4: das Tasten und das Schmecken

Wenn die optische Prüfung positiv verlaufen ist und auch der Geruchssinn keine Widerstände provoziert hat, wächst das Verlangen, den anderen zu berühren und von ihm berührt zu werden. Die Neugierde, was wohl geschehen wird, wenn man die Hand des Partners in der seinen spürt, wird übermächtig. Das Wissen über Energie, Meridiane und Chakras läßt den Hintergrund des Händchenhaltens erkennen: Über die Handchakras kommt es zum ersten Energieaustausch. Dabei spürt man sehr schnell, ob nur die Grundwellenlänge oder auch andere Schwingungen harmonieren.

Es ist keine Seltenheit, daß Menschen gut miteinander kommunizieren können; beim Gedanken jedoch, vom anderen berührt zu werden, erfaßt einen das Schaudern. Auch ist mir – in erster Linie von Frauen – berichtet worden, daß schon die Optik der Hände bei der Prüfung des Partners eine entscheidende Rolle spielt. Interessanterweise ist aber eine optisch als gut empfundene Hand noch keine Garantie dafür, daß es sich auch angenehm anfühlt, von dieser Hand berührt zu werden.

Ist auch diese Prüfung bestanden, unternimmt der Tastsinn mit dem Geschmackssinn eine konzertierte Aktion. Je intensiver der Tastkontakt wird, um so stärker wird auch der Wunsch, den anderen zu küssen. Ziel ist der Kuß auf den Mund, wenn auch das erotische Spiel den Umweg über eine vorsichtige Annäherung durch den Handkuß und jenen auf die Schulter wählt.

Unsere Lippen sind das feinste Tastorgan, das wir besitzen. Was immer den rauhen Händen entgangen sein mag: die Lippen sind jene feinnervige Instanz, die die letzte Prüfung durchführen.

Wurde auch in dieser Instanz ein positives Urteil gefällt, steht der ersten „geschlechtlichen Vereinigung", dem Zungenkuß, nichts mehr im Wege. Dem Kuß kommt deshalb eine derart große Bedeutung zu, weil der Mund das Testgelände der schließlich angestrebten sexuellen Vereinigung darstellt. Am Kuß ist wie in einem Buch abzulesen, wie bereit der Partner ist und wie es dann in letzter Konsequenz ablaufen wird. Spürt die Zunge widerspenstiges Zurückdrängen, zärtliches Spiel, mehr oder weniger sanfte Bisse, oder ist es, wie wenn ein Teewürstchen in einen Turnsaal geworfen würde?

110

Ist diese Grenze einmal überschritten, wird auch umgehend die Sehnsucht gestillt, des anderen Haut zu berühren, indem man beginnt, sich – mehr oder weniger schnell – der schützenden Hülle der Kleidung zu entledigen. Das Streicheln wird zu Recht als essentiell bezeichnet, da es das Grundbedürfnis des Menschen – nicht nur der Frau – nach Zuwendung befriedigt.

Je weiter man nun fortschreitet, desto mehr steigert sich die Erregung und desto mehr Kontrollmechanismen werden ausgeschaltet. Schließlich ist die körperliche Vereinigung die krönende Belohnung für das erotische Spiel. Wie sehr man das alles auch genießen mag, es sind lediglich Empfindungen; von Gefühl und von Liebe muß hier noch immer keine Spur sein.

Schwingt das Sakralchakra nicht frei, so wird sich die Erotik zulasten der Sexualität oder des Intellekts verabschieden. Dann kann es zu einer Überbetonung der Sexualität kommen, wobei die eindringende männliche Energie bestrebt ist, so rasch wie möglich ihre Funktion zu erfüllen. Frauenzeitschriften sind voll von klagenden Briefen über Männer, die gleich zur Sache kommen. Dies vor allem dann, wenn sie glauben, ihre Potenz beweisen zu müssen.

Aber auch Frauen drängen manchmal zur Eile, vielleicht aus dem Motiv heraus, es hinter sich bringen zu wollen und manchmal auch, nicht zu aktiv in das Geschehen eingreifen zu müssen. Noch immer plagen die Frauen größte Ängste, sich im erotischen Spiel mit ihrem Angetrauten fallenzulassen beziehungsweise die Initiative zu ergreifen. Was würde er denn von mir denken ..., wenn ich da plötzlich ..., ich bin doch keine Dirne ...

Die Grundlage der Erotik ist die Erforschung des anderen. Dies bedingt, daß es mehr als ein Quicky geben muß, um der Erotik überhaupt auf die Spur zu kommen. Es bedarf der oftmaligen Vereinigung, um herauszufinden, was der andere empfindet. Ist Sexualität die natürliche, fast könnte man sagen physikalische Anziehung der beiden Pole (Yin und Yang, Plus und Minus), so ist die Erotik die Basis dafür, daß es in einer Beziehung mit Hilfe des sexuellen Höhepunktes zu einer Verschmelzung der beiden Partner kommt. Dies kann in der Folge der erste Schritt zur Spiritualität sein.

Ein Ziel des erotischen Spieles ist die Intensivierung des sexuellen Höhepunktes. Dies setzt aber echtes Interesse am Partner voraus. Die Steigerung des Empfindens beim erotischen Spiel setzt voraus, sich mit mehr als nur dem Körper des Partners auseinanderzusetzen. Dieses Wechselspiel ist zunächst schwer zu durchschauen, weil die sexuelle Vereinigung am Beginn durch den Reiz des Neuen in jedem Falle empfindungsstark ist.

Am Beginn jeder Beziehung steht die Verliebtheit. Diese hat mit Liebe nichts zu tun. Bei der Verliebtheit steht der Liebe etwas entgegen: das Ego. Das erste, was zwei Menschen einander zeigen, ist ihr Sonntagsgesicht. In dieses verliebt man sich, nicht ahnend, daß das Sonntagsgesicht nur ein kleiner Teil des Ego und dieses wiederum nur ein kleiner Teil des Selbst ist. Nun freut sich das Ego ungemein, daß es der andere aus den Millionen Möglichkeiten erkoren hat. So verzichtet man auf viele Dinge, um dem Bild, das man dem anderen präsentiert hat, gerecht zu werden.

Man tanzt mit schmerzenden Beinen Nächte durch oder besteigt dem andern zuliebe die höchsten Gipfel, obwohl man lieber am Meeresstrand faulenzen würde. So ist jeder mit dem Aufrechterhalten des Egos beschäftigt und hat natürlich keine Zeit, sich mit dem anderen zu beschäftigen, zumal ihm dieser auch nur einen kleinen Teil von sich, nämlich sein Ego, präsentiert.

Das geht so weiter bis zu jenem Tag, an dem das erste Mal das „wahre Gesicht" des Partners durchscheint.

Beschreitet man den Weg in die wahre Erotik, wird die Beziehung dann erfüllter. Je mehr das eigene Ego zurückgestellt wird, desto mehr öffnet sich das Tor zum Selbst des Partners: Man bekommt Einblick in das „weite Land", die Seele – in die des Partners und auch in die eigene. Je weiter dieser Prozeß fortschreitet, desto weniger „Hilfsmittel" bedarf es in der Erotik. Es ist nicht mehr die Superreizwäsche, das betörende Parfum, der dreifache Rittberger über den Kissenzipfel die alleinige Ursache für das gesteigerte Empfinden, sondern das Mitschwingen von Gefühlen.

Aber das erotische Spiel bleibt unerhört wichtig; solange wir unseren Körper haben, müssen wir ihn auch in unser Leben einbeziehen. Mit der Vertiefung der Beziehung wandelt sich das erotische Spiel zu einem Fließen, und mit diesem Fließen gelangen beide letztendlich zum einzig wahren Ziel der Erotik: zum Orgasmus.

Der Orgasmus ist der höchste Ton in der Oktave unserer Gefühle. Für den Zeitraum des Orgasmus befindet man sich in einem Zustand, indem man sich und den anderen nicht mehr als zwei verschiedene Wesen wahrnimmt. In diesem Moment ist die Dualität aufgehoben, es kommt zu einem Verschmelzen der beiden Partner.

Es ist fast wie bei einem naturwissenschaftlichen Experiment: Wenn zwei Stoffe miteinander verschmelzen, dann entsteht ein neuer.

Die Partnerschaft

Die raumgreifende Energie kann in ihrer reinen Form nur wirken, wenn sie auf nichts und niemanden Rücksicht nimmt. Sie fordert ihren Platz in der Welt und verdrängt oder vernichtet alles, was sich ihr in den Weg stellt. Was schwächer ist, unterliegt; es gilt das Naturgesetz des Stärkeren, des Fressens und Gefressen werdens. Hier lebt das Ego in seiner stärksten Form.

Alles was nicht „Ich" ist oder meiner Spezies entspricht, wird als Gegner, zumindest als Bedrohung gesehen. Solange ausschließlich das Körperliche im Vordergrund steht, lasse ich niemanden in meinen Lebensraum – er könnte mich ja verdrängen.

Sobald sich jedoch der Intellekt (gelb) zu entwickeln beginnt, wandelt sich diese rücksichtslose Durchsetzungsenergie (rot) zu einer neuen, kompromißbereiteren Energie (orange). Für die Entwicklung der Partnerschaft steht dann nicht mehr das Bestehen im Lebenskampf an erster Stelle, sondern der Mensch erkennt die Notwendigkeit der Partnerschaft als Instrument der eigenen Entwicklung.

Mögliche Partner in diesem Sinne sind alle, die außerhalb des eigenen Selbst angetroffen werden. Die meisten Begegnungen werden flüchtig bleiben, so mancher oder so manches wird tiefes Interesse erwecken. Eine Partnerschaft kann mit einem Menschen entstehen, genauso aber mit Tieren und Pflanzen. Kernpunkt der Partnerschaft ist das Hintanstellen des Ego zugunsten des Du.

Bei der Pflanze zum Beispiel würde das einen behutsamen Umgang mit der Natur bedeuten. Vor noch nicht allzu langer Zeit lebten die Bauern in Einklang mit der Natur. Sie gönnten den Feldern Ruhepausen, ernteten das, was der Boden in der Lage war herzugeben. Das ertragsorientierte Wirtschaften hat zum Einsatz von Mitteln geführt, die in der Lage sind, dem Boden mehr zu entlocken, als dieser auf natürliche Weise hervorbringen könnte. Die Partnerschaft wurde unter dem Vorwand des Fortschrittes zugunsten des Ego gekündigt. Die Rechnung dafür wird derzeit geschrieben – präsentiert wird sie uns wahrscheinlich in nicht allzu ferner Zukunft.

Was die Tiere betrifft, sei nur auf die Fleischproduktion verwiesen. Den Tieren wird die Partnerschaft gekündigt; sie werden in artfremder Weise ertragsorientiert und wider die Naturgesetze gezüchtet.

Solange wir die Partnerschaft mit der Natur nicht wiedergefunden haben, werden wir auch in den Partnerschaften mit Menschen nicht im Einklang mit der Natur leben. Ist es Zufall, daß in Zeiten der Verkündung des Wirtschaftswachstums als alleinig wahres Ziel die Scheidungsraten so hoch sind wie noch nie? Man spürt förmlich, wie hier das Ich überdimensional wichtig zu werden beginnt. Das Du wird immer kleiner und die Partnerschaft immer nebensächlicher. So ist es kein Wunder, daß heute unwahrscheinlich viele einsame (aber freie!) Ichs die herrlichen Errungenschaften der Folgen des Wirtschaftswunders genießen (müssen).

Solange jemand verliebt ist, hat er zwangsläufig nur eine Partnerschaft, denn es sind erst die Trümpfe ausgespielt. Nur wenn das ganze Blatt am Tisch liegt, der blanke Zehner eingestanden und Farbe bekannt wird, ist zu erkennen, ob daraus eine verbindliche Partnerschaft werden kann.

Deren tieferer Sinn liegt in der Spiegelung der Eigenschaften und Fähigkeiten, die man an sich selbst nicht erkennen kann. Es gibt zwei Sprichworte, die auf den ersten Blick widersprüchlich zu sein scheinen: „Gleich und gleich gesellt sich gern" und „Gegenpole ziehen einander an". Auf den zweiten Blick erkennt man aber, daß ein gewisses Maß an Übereinstimmung vorhanden sein muß, damit jene Anziehungskraft besteht, die einem über die schwierigste Zeit hinweghilft: das Abklingen der Verliebtheit.

Bei der Hochzeitstafel fühlt sich jeder Redner bemüßigt, mit mehr oder weniger dramatischen Worten auf die künftig unvermeidlich ins Haus stehenden stürmischen Tage hinzuweisen. Noch keiner hat aber – leider – auf die große Chance hingewiesen, die mit diesem Tag verbunden ist: Es ist der Geburtstag der Liebe! Wie die Rose von Jericho als vertrocknetes Etwas schon wie eine wachsende Pflanze aussieht, glaubt man, Verliebtheit sei Liebe. Jäh erkennt man dann den Irrtum.

Es bräuchte nur ein klein wenig Pflege von beiden „Eltern", ein bißchen Wasser, und es könnte daraus die richtige Pflanze wachsen. Oft siegt aber die Enttäuschung, weil man glaubt, etwas Vertrocknetes für etwas Blühendes gehalten zu haben – und man wirft es resignierend auf den Misthaufen. Es wäre wesentlich leichter, Wasser darauf zu gießen, als sich der nächsten Illusion hinzugeben.

Wenn aber das Sakralchakra nicht frei schwingt, das Ego oder der Kopf überwiegt, ist letzteres der einfachere Weg. Irgendwann bleibt man dann mit der ach so weisen Erkenntnis „Es kommt nichts Besseres nach" in einer Partnerschaft hängen. Man begnügt sich mit dem kleinen, verdorrten Sträußchen und glaubt, das Leben verstanden zu haben; bei der nächsten Hochzeit blickt man dann mitleidig auf das Brautpaar und gibt in seiner Rede auch die Durchhalteparole für die unweigerlich kommenden stürmischen Zeiten aus.

Das Staunen

Das Staunen ist eine menschliche Eigenschaft, die die Energie dieses Chakras leichter begreifbar, spürbar macht. Staunen ist etwas, das in erster Linie bei Kindern beobachtet werden kann: die großen Augen, wenn der Wind den Drachen in die Höhe trägt und der Vater ihn wieder vom Himmel holt; der offene Mund, wenn der Hund über den Video-Bildschirm läuft, obwohl er in Wirklichkeit zusammengerollt auf dem Boden liegt; der fragende Blick, wenn die Stimme der Mutter aus einem kleinen Hörer kommt, obwohl sie nicht drinnen sitzt und auch gar nicht hineinpassen würde.

Staunen heißt wahrnehmen, ohne es sich erklären zu können. In diesem Fall ist das Wort entscheidend: *wahr*-nehmen. Es ist einfach so, wenn es auch mit dem Verstand nicht nachvollziehbar ist. Keinem Kind würde es einfallen, Dinge als unwirklich anzusehen, nur weil es sie nicht versteht. Ein Kind fürchtet sich aber auch nicht davor, weil es sie nicht versteht. Dinge werden zur Kenntnis genommen, beinträchtigen aber das Leben in keiner Weise.

Mit dem Erwachsenwerden geht das Staunen immer mehr verloren. Je mehr Wissen man sich aneignet, desto mehr ist erklärbar. Die Entwicklung der Wissenschaft führte uns schließlich zu der Erkenntnis, daß alles erklärbar sein muß; wenn das nicht der Fall ist, ist entweder die Wissenschaft noch nicht soweit, oder das Unerklärliche ist schlichtweg falsch oder nicht existent.

Es ist gut, die Natur zu erforschen, aber nur, wenn man sich das Staunen bewahrt. Nur dann kann man so manches erkennen, wie es ist, ohne zu wissen, warum es so ist. Besonders im Umgang mit der Natur wäre diese Einstellung wünschenswert – denn mit ihr ist eine Eigenschaft verbunden, ohne die wir die Natur mit Sicherheit nicht retten werden können: Demut. Sie ist es, die uns die Achtung vor dem anderen schenkt. Nur mit ihr können wir das Anders-Sein, das So-Sein akzeptieren. Leider hat Demut durch so manche kirchliche Fehlentwicklung den Beigeschmack der Unterwürfigkeit bekommen; damit hat sie aber überhaupt nichts zu tun. Ohne Selbstachtung ist diese Eigenschaft nicht erreichbar.

Ein erklärtes Ziel der Naturwissenschaft war und ist zum Teil heute noch, die Welt und die Menschen als mechanische Wesen zu betrachten, die man nach gründlicher Erforschung nachbauen kann. Dieser Wunsch wäre mit Staunen und Demut nie gewachsen. Das einzige Ziel aller wissenschaftlichen Tätigkeit sollte sein, herauszufinden, wie wir wirklich in Einklang mit der Natur leben können – zum beiderseitigen Vorteil.

In all den Jahrmillionen ihres Bestehens hat sich die Natur immer wieder selbst geholfen. Anhand der Flora und Fauna sieht man, daß die Natur Regulierungsmechanismen entwickelt hat, die ihren Erhalt sichern.

Sie wird die Menschheit nicht vernichten, sondern auf neue Wege führen. Wie anders wäre es wohl zu deuten, daß immer mehr moderne Physiker an Grenzen stoßen, die sie dazu bringen, Philosophen zu werden – und wieder zu staunen zu beginnen. Sie sind in Bereiche vorgestoßen, in denen es plötzlich keine Erklärungen und Beweise mehr gibt. Die Wissenschaft ist Gott auf der Spur. So wird man eines Tages der Wissenschaft eine neue Dimension geben können: Man wird etwas beweisen können, von dem man niemals genau wissen wird, was es wirklich ist – und wird sich einfach mit großen Augen und offenem Munde dem Staunen hingeben.

Das Hintanstellen des Ego

Mit kaum einem Begriff sind so viele Mißverständnisse verbunden wie mit dem Begriff Ego. Philosophien, Religionen, esoterische Richtungen sehen in der Auflösung des Egos das Heil der Welt. Im gleichen Atemzug sprechen sie von selbstloser Liebe. Kaum jemand macht sich die Mühe, die beiden Begriffe „Ego" und „Selbst" voneinander abzugrenzen.

Ich verdanke den Weg, zwischen beiden immer mehr unterscheiden zu können, meinem Lehrer Tom Ehrlich. Er war es, der uns den entscheidenden Unterschied in einfachen Worten und mit Hilfe des ersten Kreises der Weisheit, wie er ihn bezeichnete, nähergebracht hat.

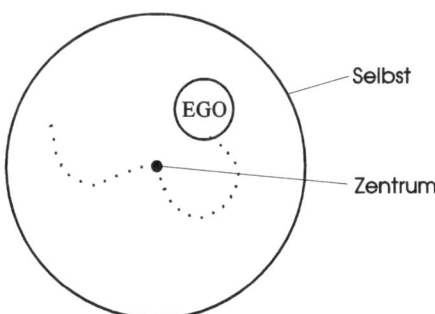

Das Ego ist das Bewußtsein in uns, das alles das beinhaltet, was mit „Ich" verbunden ist, während das Selbst auch den gesamten Bereich unseres Unterbewußtseins umfaßt. Am Beginn unseres Lebens scheint dieses Ego am stärksten, weil es die größte Bedeutung hat. Jedes Kind empfindet sich als Nabel der Welt. Mutter, Vater, Familie – alles dreht sich um den hilflosen kleinen Erdenbürger.

Dieses Ego ist das Gefährt für die Reise durch das Selbst, um dieses forschend kennenzulernen. Je mehr der Mensch von seiner Umwelt kennenlernt, desto mehr Facetten entdeckt er auch in sich. Wie erwähnt, sind Partnerschaften wichtig für diesen Prozeß, da sie sich über längere Zeit nur entwickeln können, wenn das Ego sich immer mehr in den Hintergrund stellt und das Verständnis für den oder die anderen größer wird.

Je mehr Lebensformen der Umwelt wahrgenommen werden, desto mehr Schattierungen können mit Hilfe des Ego im Selbst entdeckt werden. Der Forschungsdrang treibt einen immer weiter auf dieser Entdeckungsreise. Der Sinn dieses Prozesses ist, auf seiner Reise durch sich selbst früher oder später in Kontakt mit dem Zentrum seines Selbst zu kommen. Es ist jener Mittelpunkt, den alles Seiende gemeinsam hat. Es ist jener Ort der absoluten Geborgenheit, verbunden mit dem Gefühl, daß einem nichts geschehen kann – was immer auch geschehen mag.

Dieses Gefühl entsteht nur für einen Moment, denn unsere Reise geht unweigerlich weiter. Ab diesem Zeitpunkt aber kämpft das Ego mit diesem Gefühl. Es versucht uns klarzumachen, daß nur das gilt, was auch real zu begreifen ist und hindert uns damit daran, zu diesem Zentrum zurückzukehren. So verläßt man sich bei seiner weiteren Reise nur auf sein Ego – und läßt damit viele Talente und Fähigkeiten weiter schlummern. Die Angst, daß einem andere etwas wegnehmen könnten und man dann nicht mehr genug zum Leben habe, nährt das Ego und macht es zum Herrscher in uns. Verzweifelt hält man sich dann an dem fest, was man schon hat oder schon ist.

Auf so manchem Umweg gelangen wir aber wieder in das Zentrum unseres Selbst und stärken das beschriebene Gefühl. Meist steht diese Rückkehr in Zusammenhang mit Krisen, in denen König Ego – meist von anderen Egos – gestürzt wird. Dies eröffnet einem die Chance, zu erkennen, daß das Leben ungleich leichter ist, wenn man alle Teile seines Selbst – auch jene, die vielleicht nicht sehr attraktiv sind – akzeptiert. Es ist wie bei einem Klavier – je mehr Oktaven man verwendet, desto klangreicher werden die Melodien. So wird es auch immer leichter, bewußt mit seinem Zentrum verbunden zu bleiben; unbewußt sind wir es immer.

Somit ist verständlich, warum es nie eine Auflösung des Egos geben kann. Das Ego ist untrennbar mit unserem Körper verbunden; ohne es wären wir nicht „ich". Es sollte uns aber durch unsere Entwicklung gelingen, das Ego als gleichwertigen Teil unter anderen Teilen unseres Selbst zu erkennen.

Deshalb ist auch Selbstlosigkeit ein Ding der Unmöglichkeit. Selbstlose Liebe hieße, daß nichts von mir daran beteiligt ist. Dann könnte auch Liebe nicht existieren. Meist ist die sogenannte „Selbstlosigkeit" mit mehr Egoismus behaftet, als die fordernde Liebe es je könnte. Auch die selbstlose Hilfe ist eine Illusion. Der, der selbstlos hilft, verfolgt zumindest die Absicht, als Gegenleistung dafür geliebt zu werden. Viele Menschen pflegen zum Beispiel ihre Mütter und Väter „selbstlos", um ihren Kindern als leuchtendes Beispiel für ihr Alter zu dienen.

Was aber sehr wohl möglich ist, ist jene Form der Hilfe, bei der das Ego nicht die entscheidende Rolle spielt. Diese Hilfe wird nur angeboten und nicht gegen den Willen des anderen aufgedrängt. Darüber hinaus erwartet diese Form der Hilfe keine Gegenleistung. Das heißt nun nicht, daß man Gegenleistung nicht annehmen darf, sie ist aber nicht das treibende Motiv.

Gerade in Zeiten der boomenden Esoterikwelle wollten plötzlich viele helfen und Heiler werden. Man glaubte zu wissen, wie man helfen kann – ob der andere wollte oder nicht. Auch jene, die von sich aus keine Hilfe suchten, wurden missioniert. Gnade dem, der überhaupt Hilfe ablehnte: Dieser Mensch zweiter Kategorie wurde dann einfach nicht mehr beachtet. „Egolose" Hilfe ist eine ausgestreckte Hand, die ruhig darauf wartet, ob sie genommen wird oder nicht.

Nur wenn der, der hilft, mit seinem ganzen Selbst dahinter steht, kann er wirklich Hilfe geben. Denn dann steht er dem anderen als Mensch mit all seinen guten Seiten, aber auch mit seinen Fehlern und Unvollkommenheiten zur Seite. Wahre Hilfe zeigt keinen „richtigen" Weg, sondern sollte einem helfen, seinen eigenen Weg zu seinem Selbst zu finden. Gehen muß man ihn ohnedies ganz alleine.

Orange Steine – die Steine des Sakralchakras

Karneol

Seine erdende Funktion hilft, den Gedanken realen Hintergrund zu geben und damit neue Erkenntnisse in das Leben einfließen zu lassen. Damit weckt er weitere schöpferische Möglichkeiten und stärkt die Kreativität. Seine Schwingung unterstützt dabei, die Pflichten und die Verantwortung, die mit dem irdischen Dasein untrennbar verbunden sind, nicht als einschränkend und lästig zu empfinden, sondern eine spielerische Note in die Erfüllung dieser Pflichten zu bringen.

Er trägt die orange-rote Farbe des Sonnenunterganges in sich, des Zeitpunktes also, an dem sich Yang (Sonne) und Yin (Erde) berühren. So bringt die Schwingung des Karneols auch die spielerische Note der Erotik in die Sexualität; mit dieser Kraft kann er bei Unfruchtbarkeit und Impotenz, die als Reaktion auf Leistungsdruck entstanden sind, gute Wirkung zeigen.

So kann man vielleicht nicht nur den Sonnenuntergang, sondern auch andere Vorgänge im Spiel der Natur staunend bewundern, ohne sie sofort hinterfragen zu müssen, und damit die Verbundenheit mit der Kraft und Schönheit der Erde stärken. Man fühlt sich mit seinen Wurzeln verbunden, ohne das Gefühl zu haben, von ihnen hinuntergezogen zu werden. Diese Energie ist vor allem für Menschen gut, die dazu neigen, abzuheben.

Feueropal

Das leuchtende Feuer dieses Steines hilft, alte Formen und Fixierungen aufzuheben. Er hilft, das Festhalten an Überholtem zu überwinden, zum Beispiel Schmerzen nach Trennungen aufzulösen. Auch nichteingestandene und unterdrückte Gefühle belebt er, damit sie aufgearbeitet werden können. So gesehen kann seine Wirkung unangenehm sein und das Gefühl der Unruhe hervorrufen, da seine Schwingung imstande ist, Blokkaden aufzudecken. Auf der körperlichen Ebene entspricht dies seiner Fähigkeit, im Verdauungssystem zu helfen.

Das dritte Chakra

Dieses Chakra ist nahezu jedem unter seinem anderen Namen bekannt: Solarplexus. Wie schon der Name sagt, ist hier die Sonne ein zentrales Thema. Ohne die Energie der Sonne könnten wir auf diesem Planeten keine Sekunde überleben. Obwohl wir natürlich heute wissen, daß die Sonne ein Fixstern ist und sich die Erde um sie dreht, nehmen wir von unserem Standpunkt aus das Auf- und Untergehen der Sonne wahr. Sie kommt und geht täglich; darüber hinaus erleben wir in unseren Breitengraden auch die Jahreszeiten. Anhand der Bilder, die mit dem Lauf der Sonne verbunden sind, wird uns auch die zyklische Entwicklung unseres Lebens vor Augen geführt. Diese Zyklen können durch nichts und niemanden durchbrochen werden. Durch die moderne Zivilisation haben sie vielleicht andere Erscheinungsbilder angenommen, im Grunde bleiben sie aber immer gleich.

Die Persönlichkeit

Tag und Nacht lassen uns zunächst erkennen, daß wir den Wechsel zwischen Aktiv- und Ruhephasen benötigen. Auch hier braucht das Yang sein Yin. Nun könnte man gerade hier meinen, daß das moderne Management der Beweis dafür ist, daß man an den Gesetzen der Natur „drehen" kann. Die Menschen sind heute aktiver denn je, arbeiten mehr Stunden, sind auch in ihrer Freizeit aktiv und verbringen auch noch Aktivurlaube. Somit scheint die These, daß Yin und Yang immer gleich groß sind, ad absurdum geführt. Yin und Yang sind die Summe der weiblichen und männlichen Energien. Der streßreiche Beruf, dann das Tennismatch mit dem Kollegen, das hoffentlich nicht ins Tie-Break geht, damit man rechtzeitig bei der Vernissage ist; am Wochenende schnell noch am Golfplatz das Handikap verbessert – und es bleibt keine Zeit mehr für die Auseinandersetzung mit sich selbst. Dies aber ist die alleinige Basis für die Entwicklung der Persönlichkeit. Dieser Bereich befindet sich in der absoluten Ruhephase – ein trauriges Yin unserer Zeit.
Persönlichkeit hat nichts damit zu tun, ob jemand gut aussieht. Auch wäre es müßig, Persönlichkeit zu definieren; man könnte es annäherungsweise mit dem Selbst gleichsetzen. Es ist die Ausstrahlung, die von einem Menschen ausgeht. Sie wird um so stärker, je offener jemand der Welt entgegentritt. Dies geschieht dann, wenn das Ego nicht mehr alleinige Triebfeder ist, sondern immer mehr das Selbst zum Ausdruck kommt. Persönlichkeit hat somit nichts mit Bildung, Status und Macht zu tun; auch ein Hilfsarbeiter kann eine Persönlichkeit sein.
Eine Persönlichkeit muß, ja darf gar nicht perfekt sein, ihre Größe läßt sie ihre Fehler

zugeben und eingestehen. Menschen sind unvollkommen; Mensch zu sein ist die Grundvoraussetzung, daß sich die Persönlichkeit entwickeln kann.

Die Entschlußkraft

Persönlichkeitsentwicklung ist ein Grundthema dieses dritten Chakras. Die Farbe Gelb betrifft nicht nur das analytische Denken der linken Gehirnhälfte, sondern den Intellekt insgesamt. Hierher gehört auch die ganzheitliche Wahrnehmung, die Synthesefähigkeit der rechten Gehirnhälfte. So kommt es in diesem Bereich oft zu Wahrnehmungen, die mit Logik nicht nachvollziehbar sind. Sehr oft hört man Menschen sagen: „Das mache ich aus dem Bauch." So bezeichnen wir auch den Bereich, in dem dieses Chakra sitzt. Das frei schwingende dritte Chakra hilft uns dabei, den Menschen, dem wir begegnen, zu spüren. Es kommt oft vor, daß einem jemand gegenübertritt, und obwohl er auf den ersten Blick sympathisch wirkt und auch das, was er sagt, gut klingt, entsteht im Bereich des Solarplexus ein eigenartiges Empfinden; es zieht einem den Bauch zusammen. Das sollte zur Achtsamkeit mahnen. Wenn nun das logische Denken siegt und man dem anderen trotzdem nähertritt, geschieht es nicht selten, daß man enttäuscht wird – und sich sofort an das „ungute" Empfinden erinnert. Selbstverständlich gibt es solche Erfahrungen auch in umgekehrter Form. Der Anblick eines Menschen verleitet zu einem negativen Urteil, doch das Empfinden im Bauch ermutigt, ihm näherzutreten – meist wird man nicht enttäuscht.

Die Verwendung des dritten Chakras als Sonde bewährt sich auch bei jeder Form von Entscheidung. Dies können unbedeutende Entschlüsse sein, wie zum Beispiel einen Ausflug zu machen, oder solche von großer Tragweite wie das Kaufen eines Hauses oder das Durchziehen eines Projektes. In unserer rechten Gehirnhälfte werden Zusammenhänge hergestellt, die weitreichender und dadurch analytisch nicht nachvollziehbar sind. Somit können sie sich auch nur in Form von Empfindungen und Gefühlen bemerkbar machen, sind aber in jedem Fall die wesentlich sichereren Parameter.

Somit sollten beide, sowohl das Analytische als auch die Synthese, gleichrangig beachtet werden. Dies ist deshalb so schwierig, weil uns bei analytischen Vorgängen die Möglichkeit zur Verfügung steht, Dinge in immer wieder kleinere Teile zu zerlegen – zu zerdenken –, während die Synthese einfach zu fühlen gibt, ob in positiver oder negativer Weise.

Die Verarbeitung von Gefühlen

In diesem Chakra werden Empfindungen und Gefühle zusammengeführt und mit Hilfe des Intellekts verarbeitet. Die Antriebe des ersten und zweiten Chakras werden zum Großteil unbewußt gesteuert. In diesem Chakra werden nun diese Muster bewußtgemacht. Dabei kommt es immer wieder zu einem Mißverständnis: Es ist nicht Aufgabe dieses Chakras, die Emotionen mit Hilfe des Intellekts zu kontrollieren. Der Grundstein zu diesem Mißverständnis wird bereits in der Kindheit gelegt. Freie Entfaltung der Persönlichkeit eines Kindes ist mit spontanen Äußerungen von Gefühlen verbunden. Wenn dies nun von den Erziehern behindert wird, beschließt man, seine Gefühle, so gut es geht, zurückzuhalten. Diese Kontrollfunktion wird mit Hilfe des Verstandes ausgeübt.

Diese Energie kann nicht vernichtet werden. So ziehen sich die Emotionen ins Unbewußte zurück. Das hat zur Folge, daß die Emotionen weitgehend das Leben steuern. Sobald ein Stimulans gesetzt wird, reagiert man darauf in bestimmter Form. Ein kleines Mißgeschick – und die große Existenzangst bricht aus; zweimal niesen, und man hat Angst, unheilbar krank zu sein. Umgekehrt hat man, wenn etwas nur halbwegs reibungslos verläuft, das Gefühl eines großen Erfolgserlebnisses. Ein typisches Anzeichen für nicht verarbeitete Emotionen ist das „Himmelhoch-jauchzend-zu-Tode-betrübt"-Verhalten. Ein anderes Erscheinungsbild ist der „coole" Typ, den scheinbar nichts wirklich aus der Fassung bringt. Er hat sich einen Pegel zurechtgelegt, und dieser bestimmt sein Leben.

Man weiß zwar, wie man in gewissen Situationen reagiert, hat aber keine Ahnung, warum. Es genügt nicht zu wissen, daß in der Tiefe Emotionen schlummern. Damit kann man sie nicht wirklich wecken. Mit der Bearbeitung der Emotionen werden diese ins Bewußtsein gehoben, und man kann dann deren Mechanismen nicht nur erkennen, sondern auch durchschauen. Dies ist die Aufgabe eines frei schwingenden dritten Chakras. Erst dann können die Emotionen zu dem transformiert werden, was man mit Liebe bezeichnet. Dazu mehr bei der Behandlung des vierten Chakras.

Das Nabel-Thema

Die Nabelschnur ist jene Verbindung zwischen Mutter und Embryo, die diesen mit allem Lebensnotwendigen versorgt. Im Bauch der Mutter ist für alles vorgesorgt: Er gibt Wärme, Schutz und Nahrung.

Nach der Geburt wird diese Nabelschnur durchtrennt. Neben dieser körperlichen Nabelschnur gibt es noch eine zweite, nämlich jene der seelischen Verbindung zwischen Mutter und Kind. Ein Säugling kann sich nicht selbst ernähren, also wird diese imaginäre Nabelschnur aus Selbsterhaltungsgründen immer stärker gefestigt. Da die Mutter das Kind säugt, ist ihre Nähe die Garantie fürs Überleben. Somit versucht jedes Kind, auch wenn das Kind keinen Hunger hat, die Mutter so nah wie möglich zu halten: durch Schreien und Quengeln wird getestet, wie lange es dauert, bis die Mutter darauf reagiert. Je näher sie ist, desto weniger wird das Kind diese Tricks anwenden. Dies ist auch eine Erklärung dafür, daß Kinder, die ständig von ihrer Mutter umhergetragen werden – etwa bei den Naturvölkern –, diese Methoden nicht anwenden.

Immer mehr Mütter haben auch bei uns begonnen, ihre Kinder bei sich zu tragen – und sind, anders als jene der Naturvölker, meist überfordert und ausgelaugt. Man sollte nicht vergessen, daß das ständige Tragen der Kinder ein Teil einer völlig anderen Kultur ist. Die Dorfgemeinschaft hat in dieser wesentlich mehr Gewicht als die Einzelfamilie. Sehr oft kommen die Kinder schon im frühen Alter von vierzehn Jahren oder noch früher von der Familie weg in einen eigenen Lebensbereich. Durch diese Struktur geht die Abnabelung reibungsloser vor sich.

In unseren Breiten bleiben die Kinder immer länger im Familienverband – von der Geburt bis zum Doktortitel sind sie an Mutters Herd. Eine plötzliche Abnabelung danach ist zwangsläufig mit Problemen verbunden. Somit kann man aufgrund der räumlichen Nähe gar nicht früh genug damit beginnen, das eigenständige Leben des Kindes zu fördern – auch wenn das nicht immer ohne Wehmut abgeht. Wenn die imaginäre Nabelschnur Schritt für Schritt durchgeschnitten wird, sind die dabei entstehenden Probleme ohne größere seelische Schmerzen zu bewältigen.

Abnabelung im energetischen Sinne ist nicht automatisch mit räumlicher Trennung verbunden. Selbst wenn Kinder eigene Wohnungen haben, halten Mütter die Reste der Nabelschnur noch durch Wäschewaschen und Zusammenräumen aufrecht. Obwohl der junge Mensch vielleicht schon gerne alleine „im Dreck ersticken" würde und der Mutter die Arbeit zuviel wird, bringen beide nicht die Kraft auf, den Schritt zu machen.

Das Bearbeiten des Nabelthemas ist jedenfalls nicht erfolgt, wenn man die Nabelschnur von einer Versorgungseinrichtung trennt und bei der nächsten „andockt", etwa beim Lebenspartner. Die scheinbar gelungene Abnabelung vom Elternhaus verdeckt die Abhängigkeit vom Partner.

Symbiotische Beziehungen sind in der Natur sehr häufig anzutreffen und daher auch in menschlichen Partnerschaften nicht a priori schlecht. Wenn in einer symbiotischen Partnerschaft jeder sein Selbst entwickeln kann, ist sie in jedem Fall sinnvoll. Problematisch wird die Verbindung dann, wenn die Entwicklung des Selbstwertes ausschließlich vom Partner abhängig gemacht wird. Dabei ist es aber nicht der Partner, der einen einschränkt, sondern man schränkt sich selbst ein, indem man sich in diese Abhängigkeit begibt. Dann wird der Partner bald als Hemmschuh der eigenen Entwicklung empfunden. Die logische Folge ist der Wunsch, sich von ihm – in welcher Form auch immer – zu lösen. Die wiedergewonnene Freiheit wird nun dazu genutzt, um Selbstbestätigung von anderen, scheinbar kompetenteren Instanzen als dem eigenen Partner zu bekommen.

Selbstwert, Macht und Besitz

Wie man sieht, ist mit dem Nabel-Thema das Thema Selbstwert sehr eng verbunden. Diesen Selbstwert kann man sich nur selbst geben.

Die Bedeutung der Partnerschaft wird heute immer mehr in den Hintergrund gedrängt. Man will frei sein, unabhängig – und begibt sich blind in wesentlich unangenehmere Abhängigkeiten, nämlich in die von Dingen.

Der Spitzenreiter ist hier eindeutig das Geld; es hat allen anderen erstrebenswerten

Dingen den Rang abgelaufen. Erfolgreich zu sein ist ein Grundbedürfnis jedes Menschen. Erfolg wird aber heute mit Geld gleichgesetzt. Dadurch bekamen zwei grundverschiedene Dinge idente Wertungen. Erfolgreich im heutigen Sinne ist jemand, der eine gehobene Position, das adäquate Haus und die entsprechenden Accessoires wie Auto, Kleidung usw. hat. Aus diesen Dingen wird der Selbstwert gebildet beziehungsweise gezogen.

Das sieht man schon bei der Berufswahl. Berufe, die eine allgemeine Wertschätzung genießen und in denen entsprechendes Einkommen garantiert ist, werden angestrebt; der Boom auf die medizinische, juridische und ökonomische Fakultät beweist dies.

Aber erst wenn Beruf und Berufung einander entsprechen oder zumindest ähneln, wird nicht die Wertschätzung von außen, sondern die Gesamtheit der eigenen Fähigkeiten und Talente Basis der Berufswahl werden. Dann wird der gefestigte Selbstwert eine positive Entwicklung ermöglichen, denn nur so kann auch die Kreativität in das Arbeitsgebiet einfließen.

Mit einem echten Selbstwert ausgestattet, hat man nicht das Bedürfnis, sich über andere zu stellen. Man versteht sich als Teil einer Gruppe, in der es maximal einen Primus inter pares (ersten unter gleichen) gibt. Wird der Selbstwert aber nur dann gefunden, wenn man auf andere herabsehen kann, dann ist das Machtstreben im Spiel.

Auch Macht ist ein Begriff, der in unserer Gesellschaft – meist zu Recht – negativ besetzt ist. Macht im positiven Sinn kommt von machen. Wenn jemand etwas machen kann, bedeutet dies, daß er die Fähigkeit hat, es zu tun. Wenn jemand weiß, wie man ein Haus baut, wird man diesen gerne unterstützen. Als Ergebnis haben der Machthaber und seine – wohlgemerkt ihm gleichgestellten – Gehilfen alle ein Haus.

Im Gegensatz bedeutet Macht im negativen Sinne, daß man in der Lage ist, andere dazu zu bringen, Dinge nur zum Nutzen und Wohle des Machthabers zu tun. Diese Art der Macht verlangt, daß es Schwächere, Untergebene gibt, die sich als Erfüllungsgehilfen zur Verfügung stellen.

Als der Mensch seßhaft wurde, schlug die Geburtsstunde des Besitzes. Mit dieser Evolutionsstufe war auch die erste Lagerhaltung verbunden. Zunächst hatten die Stärksten den größten Besitz, weil sie ihn gegen Angriffe von außen am besten verteidigen konnten. Je mehr sie ansammelten, desto mehr erkannten sie, daß sie Menschen brauchten, die ihnen halfen, ihren Besitz zu verteidigen.

„Sitzen" führt zur Schwächung des Körpers, gibt aber Zeit zum Nachdenken. So wurden die Verteidiger des Besitzes und die Arbeiter zwar körperlich stärker, die Besitzer konnten aber darüber nachdenken, wie sie die Starken effizienter zur Erweiterung des Besitzes einsetzen könnten. Die Herrschaft des logischen Denkens begann; die Macht gehörte von nun an nicht mehr dem Stärkeren, sondern dem, der am meisten besaß.

Wir leben in einer seßhaften und besitzorientierten Gesellschaft – und es ist wichtig zu bedenken, daß Macht nicht an sich etwas Schlechtes ist. Problematisch ist Macht nur, wenn sie mit Unterdrückung arbeitet – dann fließt die Energie nicht mehr frei.

Menschliche Wärme

Die Macht geht immer zulasten der Wärme. Je mächtiger jemand ist, desto weniger – glaubt er – kann er sich Schwächen zugestehen. Es gilt, unnachgiebig durchzugreifen, Härte zu zeigen, den anderen in die Schranken zu weisen. Dabei bleibt die Menschlichkeit oft auf der Strecke.

Wenn jedoch der Selbstwert nicht aus dem Besitz gezogen wird, hat Macht im negativen Sinne keine Existenzmöglichkeit, denn die Kraft, seine Grenzen zu bewahren und sein Selbst zu sichern, kommen aus einem selbst. Menschliche Wärme ist niemals Schwäche. Man kann ein „Nein" oder ein „Bis hierher und nicht weiter" auch ohne Waffengeklirr klar und deutlich artikulieren. Menschliche Wärme, die aus dem Innersten kommt, ist entwaffnender als jedes Regiment.

Die, die Härte nach außen zeigen, sind meist jene, die einen sehr weichen Kern zu verbergen versuchen. Die Demonstration der Macht soll ein unstrukturiertes, weiches Inneres verbergen. Das logische Denken hat gegen die Wärme gesiegt: Wenn man Wärme und damit Gefühl zeigt, wird man von anderen ausgenutzt. Umgekehrt hat sich schon so mancher die Zähne an einem harten Kern ausgebissen, der in ein charmantes Äußeres verpackt war. Auch hier hat das Denken die Oberhand gewonnen. Der Betreffende versucht mittels Vorspiegelung von Wärme die anderen einzuladen, an dem Kern solange herumzubeißen, bis er bricht und das Weiche, das in jedem harten Kern eingeschlossen ist, die Freiheit wiedererlangt. Aber es ist ein Irrtum zu glauben, daß seelische Kerne von außen zu knacken wären – man kann sie nur von innen sprengen.

Das Licht

Mechanismen der unteren Chakras arbeiten sehr stark aus dem Unbewußten, welches man auch als Schatten bezeichnet. Die Sonne ist die einzige Lichtquelle, die uns zur Verfügung steht. Es ist daher auch die Sonnenenergie, mit deren Hilfe wir Licht in diese Bereiche bringen können. Wenn das dritte Chakra, der Solarplexus, geöffnet ist, werden wir uns jedoch auch der Teile in uns bewußt, die uns nicht so angenehm sind. So ist die Versuchung sehr groß, nicht mehr Licht als unbedingt nötig einzulassen. Mit jeder neuen Erfahrung im Schattenbereich ist Angst und Schmerz verbunden.

Am Beginn unseres Lebens ist dieser Schatten, der unbewußte Bereich, naturgemäß sehr groß. Mit Fortdauer des Lebens erhellt sich so manches. Es ist eine weise Vorsehung der Natur, daß mit dem Erforschen des Schattens auch die brachliegenden Fähigkeiten erkannt werden.

Der Verstand arbeitet mit vielen Tricks und Teufelslisten; er läßt uns auf unserem eingefahrenen Geleis scheinbar neue Dinge entdecken, die aber nur Altbekanntes im neuen Gewand sind, und läßt uns glauben, daß wir uns weiterentwickeln. Das Paradebeispiel sind die Aussteiger: Da hat ein Spitzenmanager die Nase voll vom 18-Stunden-Tag. Er hat erkannt, daß er ein Workaholic ist. Auch die Villa und das Sportcoupé geben ihm keine Befriedigung mehr. Er faßt den Entschluß, sich weiterzuentwickeln, indem er aussteigt. Schnell verkauft er alles und zieht auf den Bauernhof, um Schafe zu züchten. Nach kurzer Zeit des Glücks hat ihn der 18-Stunden-Tag wieder eingeholt. Er verbringt ihn zwar nicht mehr mit Statistiken, Sitzungen und Grenzkostenberechnungen, dafür aber mit Stallausmisten und Käseerzeugen. Schon bald kehrt das Gefühl des Frustes wieder, diesmal aber in anderer Form.

Die Lösung dieses Dilemmas liegt darin, Licht in die dunklen Mechanismen zu bringen. Das bedeutet, daß es niemals zielführend ist, abrupt aus einer Sache auszusteigen – das sind Ideen des logischen Verstandes. Analytische Prüfung ist in diesem Fall schon genug vorhanden; was fehlt, ist die Synthese, durch die die Zusammenhänge offenbar werden. Ein frei schwingendes drittes Chakra öffnet den Weg dorthin.

Gelbe Steine – die Steine des Solarplexus

Topas (Goldtopas)

Der Topas wird auch Stein der Freude genannt und verbindet uns mit der Energie der Sonne. Seine Schwingung löst Schwermut auf und hilft bei der Überwindung der Begrenzungen, die durch die alltäglichen Ängste und Sorgen entstehen. Er bringt Lebendigkeit und Wärme in unser Leben, die zu Herzenswärme heranwachsen kann.

Mit dieser Energie wirkt er im Körperlichen auf das Nervensystem und die Wirbelsäule, die die Last des Alltags trägt. Mit seiner Schwingung werden die Gefühle und Erfahrungen besser verdaut. Er wirkt Erschöpfungszuständen entgegen. Außerdem hilft er, sich auf das Wesentliche zu konzentrieren und nicht in alten Denkmustern zu verharren.

Bernstein

Als versteinertes Harz ist der Bernstein Symbol für „versteinertes Wachstum". Wo immer in uns das Wachstum ins Stocken gerät, ist er von unschätzbarer Hilfe. Durch Aktivierung der Selbstheilungskräfte ist er bei jeder Krankheit heilungsfördernd. Wachstum ist ohne einwandfreie Leberfunktion nicht möglich, daher ist der Bernstein bei Störungen im Bereich der Leber eine große Hilfe. Auch für die mit ihr in Verbindung stehenden Funktionen, zum Beispiel für die Galle, eignet sich dieser Stein hervorragend. Sehr bekannt ist seine schmerzlindernde Wirkung beim Zahnen der Kleinkinder – genaugenommen ist das auch ein schwieriger Wachstumsprozeß.

Auch verleiht der Bernstein Zuversicht und wirkt so den Gefühlen, etwas nicht zu können oder zu schaffen, entgegen. Damit verschafft er uns ein ruhiges Gemüt und nimmt uns die Ängste, die einer Verwirklichung unserer Persönlichkeit im Wege stehen. Weiters aktiviert er auch die Energien zur Förderung des inneren Sehvermögens und unterstützt damit das Wachstum bis zur Erleuchtung.

Citrin

Durch seine klare gelbe Farbe klärt er die Gedanken und gibt Wärme und Lebendigkeit. Er hilft beim Aufarbeiten des emotionalen Ballastes. Mit seiner Hilfe gelingt es, die positive Seite von Erfahrungen zu erfassen. Dies macht ihn bei Depressionen zu einem unschätzbaren Helfer, da sich in diesem Fall die Gedanken immer im Kreise drehen. Er bringt klares Licht in uns und damit innere und äußere Fülle. Er steigert die Selbstakzeptanz und den Selbstwert. Gute Wirkung hat er auch bei Zuckerkrankheit, da hier das vorherrschende psychische Problem die mangelnde Selbstliebe ist. Er hilft auch bei der Aufarbeitung der Ängste im Sonnengeflecht, nicht akzeptiert, sondern zurückgewiesen zu werden, und ermöglicht den Ausdruck sanfter und liebevoller Gefühle. Damit steigert er auch die Fähigkeit und die Bereitschaft zu Kreativität.

Tigerauge

Das Tigerauge schillert wunderbar, wenn man es im Licht bewegt. Mit seiner Energie hilft es uns, die Vielzahl der Möglichkeiten zu erkennen und löst Fixierungen auf. Seine Schwingung trägt die Lebendigkeit und das Auf und Ab des Daseins. Es spiegelt die Wandelbarkeit der Materie und hilft zu erkennen, wie das Haften an der Materie selbstbegrenzend wirkt. Goethe sagte „Es ist nichts so sicher wie der Wandel", ein Satz, der die Quintessenz der Energie des Tigerauges beschreibt. Man kann Wärme, Glück und Fülle nur erleben, wenn man den Wandel akzeptiert. Mit der Schwingung des Tigerauges wird in uns jene Energie aktiviert, die uns Geborgenheit vermittelt, ohne diese von materieller Fülle abhängig zu machen. Weiters kann das Tigerauge emotionale Blockaden in Bewegung bringen und unsere Sicht klarer werden lassen. Dies bedeutet natürlich auf der körperlichen Ebene Einfluß auf die Verbesserung des Sehvermögens.

Pyrit

Wenn man den Pyrit anschlägt, so entstehen Funken. Dementsprechend kann er gute Dienste bei der Auflösung von Stauungen (aufgestauter Ärger) im Solarplexus leisten. Hervorragend eigenen sich Pyritsonnen zum Auflegen.

Rutilquarz

Der Rutilquarz bringt dme Solarplexus Bewegung und Wärme. Betrachtet man diesen Stein, so ähnelt er einer gefrorenen Sonne. Seine Schwingung hilft, Wärme und Offenheit nach außen zu tragen, ohne ständig der Angst vor Verletzungen ausgesetzt zu sein.

Das vierte Chakra

Das vierte Chakra ist in der Mitte der Brust gelegen und wird Herzchakra genannt. Dieses Energiezentrum ist auch mit den entsprechenden Themen wie Harmonie, Hingabe, Gefühl und Liebe verbunden.

Die Harmonie

Das große Schlagwort unserer Zeit ist Harmonie. Es haben sich viele Lehren etabliert, die die Harmonie als Balance der Gegensätze verstehen und als oberstes Gebot eines glücklichen und zufriedenen Lebens sehen.

Bei den Begriffen „Balance" und „Ausgleich der Gegensätze" fällt einem fast automatisch die Waage ein. Sie ist von sich aus im Gleichgewicht. Somit wäre sie also jenes Ideal, dem es nachzueifern gilt.

Gerade hier aber lohnt es sich, genauer hinzusehen: Dann erkennt man nämlich etwas sehr Wichtiges: Wenn die Waage im Gleichgewicht ist, ist sie nutzlos!

Die Waage ist ein Instrument, das dazu dient, das Gewicht eines Gegenstandes festzustellen. Um nun zu erkennen, ob etwas leicht oder schwer ist, benötigen wir einen Bezugsrahmen. Ein Pflasterstein ist bezogen auf eine Dampfwalze leicht, bezogen auf eine Feder schwer. Damit nun der Bezugsrahmen für alle gleich ist, gibt es die Gewichtseinheiten. Wenn nun ein Gegenstand 1 kg schwer ist, so kann sich darunter jeder etwas vorstellen. Man weiß nunmehr, welches Gegengewicht notwendig ist, um diesen Gegenstand in der Waage zu halten.

Jeder kennt den Schülerwitz: Was ist schwerer, ein Kilo Blei oder ein Kilo Federn? Viele, auch ich, sind auf diesen Spaß hereingefallen. Ich kann mich noch gut erinnern, wie sehr ich mich damals geärgert habe, eine so einfache Frage nicht zu durchschauen. Aus heutiger Sicht bin ich geneigt zu glauben, daß ich vielleicht damals schon eine andere Denkungsweise mein eigen nannte.

Jeder hat schon einmal ein Kilogrammgewicht gesehen; dessen Größe kann als bekannt vorausgesetzt werden. Kaum jemand hat sich aber die Mühe gemacht, sich konkret vorzustellen, welche Menge Federn notwendig ist, um ein Kilo davon auf die Waage zu bringen (tun Sie es zum Beispiel jetzt).

Wenn Sie vor Ihrem geistigen Auge nunmehr diese Waage, auf deren einer Waagschale sich ein Kilogrammgewicht und auf deren anderer Waagschale sich ein Kilo Federn befindet, betrachten, dann ist der Waagebalken selbstverständlich waagrecht.

Aber auf den beiden Waagschalen befinden sich jeweils ganz unterschiedliche Mengen. Das Gleichgewicht, das wir hergestellt haben, bezieht sich nur auf das Gewicht und nicht auf die Menge. Wir würden in unserem Sprachgebrauch auch keine Minute zögern, von einem mengenmäßigen Ungleichgewicht zu sprechen. Es ist lediglich hinsichtlich einer Bezugsgröße ein Gleichgewicht hergestellt – und damit gleichzeitig ein Ungleichgewicht hinsichtlich einer anderen Bezugsgröße geschaffen.

Da vielleicht die Techniker beziehungsweise technisch Versierten hier sofort das spezifische Gewicht ins Treffen führen werden, sei ein weiteres Beispiel angeführt, bei dem das spezifische Gewicht gleich ist: 10 Karat Rohdiamanten und 10 Karat geschliffene Diamanten. Es bedarf keiner langen Ausführungen, um festzustellen, daß nun sowohl hinsichtlich des Gewichtes als auch hinsichtlich der Menge Gleichgewicht hergestellt wurde. Aber jeder weiß, daß hier ein erhebliches Ungleichgewicht hinsichtlich des Marktwertes vorliegt.

Sobald ich nunmehr den Vorgang des Wiegens, das heißt der Feststellung des Gewichtes beziehungsweise des Herstellens des Gleichgewichtes, abgeschlossen habe, ist die Waage neuerlich nutzlos geworden. Der Sinn der Wage liegt in dem permanenten Wandel von Ungleichgewicht zu Gleichgewicht. Die Phasen der Bewegung geben der Phase des Gleichgewichts, der Harmonie, erst – im wahrsten Sinne des Wortes – Gewicht.

So hat der Prozeß des Herstellens eines Gleichgewichtes in erster Linie Informationen für die weitere Vorgangsweise gebracht: Er hat mir Erkenntnis gebracht. Etwas in Balance zu bringen, um es dort zu halten, hieße den Sinn der Balance beziehungsweise der Waage nicht verstanden zu haben. Denn der ureigenste Zweck dieses Instrumentes ist nicht, alles in die Balance zu bringen, sondern zu zeigen, welches Gewicht die einzelnen Dinge für mich haben.

Andererseits kann das Prinzip der Waage auch hilfreich sein, um zu erkennen, daß mitunter schon eine kleine Menge bestimmter Dinge genügt, um eine große Menge anderer Dinge aufzuwiegen.

Der eigentliche Erfahrungsprozeß liegt in der Phase der Bewegung, da sie die Dinge hervorbringt oder erkennen läßt, die es abzuwägen gilt. Das Feststellen des Gewichtes bringt neue Präferenzen und fordert damit auf, den nächsten Schritt zu gehen. Leben ist nur dort, wo Bewegung stattfindet; Harmoniebedürfnis birgt das Bedürfnis zu leben.

Die Toleranz

Toleranz ist die Forderung, Harmonie nicht im Ausgleich der Gegensätze zu sehen, sondern diese Gegensätze zu akzeptieren. Sie hängt sehr stark mit den Themen „Wille" und „unverrückbare Strukturen" zusammen, beides Themen des ersten Chakras – rot und schwarz. Tolerant zu sein bedeutet, seinen eigenen Willen hintanzustellen, indem man Dinge akzeptiert, die nicht der eigenen Auffassung entsprechen. Intoleranz führt zu Gleichmacherei um jeden Preis: Menschen werden zur Anpassung genötigt, andere Meinungen oder fremde Religionen nicht akzeptiert. Intolerantes Verhalten entsteht immer aus einer Position der Schwäche. Das Anderssein wird nicht verstanden und in der Folge als Bedrohung gesehen.

Aber Toleranz birgt auch die Gefahr der Übertreibung in sich; leicht gerät man in die Opferrolle. Unter dem Titel Toleranz läßt man dann auf sich herumtrampeln und erträgt Schmerzen und Verletzungen durch andere Menschen.

Diese Grenze hat Sir Karl Popper in einem brillanten Satz umrissen: „Toleranz endet dort, wo sie beginnt, Intoleranz zu tolerieren." Diesem Satz ist nichts hinzuzufügen als die Bitte, sich ihn so oft wie möglich in Erinnerung zu rufen.

Berührung und Mitgefühl

Der Zusammenhang zwischen Körper und Seele wird bei diesem Thema besonders deutlich. Die Berührung erfordert, daß man andere nahe genug an sich heranläßt. Schon das Berühren der Auren von zwei Menschen löst einen Energiefluß und damit Veränderung aus. Das körperliche Berühren löst eine Reihe von Empfindungen aus, die Gefühle wecken.

Natürlich kann auch ein Ereignis berühren. Voraussetzung ist, daß man es im Bereich des Herzchakras in sich aufnimmt; nur so können Gefühle ausgelöst werden. Nur wenn man sich berühren läßt, ist Mitgefühl möglich. Es ist nicht weit von Mitgefühl zu Mitleid. So hilfreich das eine ist, um Menschen einander näherzubringen, so kontraproduktiv ist das andere. Wenn jemand mit gebrochenem Bein im Bett liegt, hilft es ihm in keiner Weise, mit ihm so sehr mitzuleiden, daß der eigene Fuß zu schmerzen beginnt. Nur Mitgefühl gibt einem die Möglichkeit, sanft mit dem Kranken umzugehen und seinen Heilungsprozeß zu unterstützen. Mitleid macht aus einem Problem zwei.

Die Hingabe

Hingabe wird fälschlicherweise oft als Selbstaufgabe gesehen. Das Ego muß seinen dominanten Anspruch aufgeben: Hingabe bedeutet, daß nicht nur das Ego, sondern das Selbst – welches das Ego umschließt –, dem anderen geöffnet wird.

Hingabe kann man nicht bewußt aktivieren. Um sich hinzugeben, muß man Vertrauen in den anderen haben, sicher sein, daß dieser einen nicht ausnützen wird. Denn Hingabe bedeutet, die eigenen Schwachpunkte und Schattenseiten offenzulegen.

Das Verzeihen

Hingabe, die Offenlegung der verborgenen Schwächen, ist eine der Voraussetzungen, um verzeihen zu können. Echtes Verzeihen ist nur mit dem Herzen möglich, da der Verstand in Wahrheit nur verzeihen kann, wenn kein Verschulden vorliegt. Nachdem aber verstandesmäßig immer jemand oder etwas schuld sein muß, bleibt immer ein Punkt, auf den man seinen Groll richtet. Ein Beispiel: Ist schon nicht der Schifahrer, der mich niedergestoßen hat, schuld an meinem Beinbruch, dann ist es die zu spät aufgegangene Bindung. Der Groll wandert weiter zum Sportgeschäft, das die Bindung vielleicht nicht ordentlich eingestellt hat, bis zum Techniker, der sie entwickelt hat. Vielleicht sind noch ein paar Stationen dazwischen, letztlich landet man immer beim Groll auf sich selber: „Wär' ich doch an dem Tag nicht Schifahren gegangen, eigentlich wollte ich ja gar nicht."

Jede Schuldzuweisung endet – in den meisten Fällen unbewußt – bei der Selbstbezichtigung. Aus diesem Grund ist die *Ent*-schuldigung für das eigene Wohlbefinden ausschlaggebend.

Die Gefühle

Rufen wir uns in Erinnerung: Die Farbe Grün ist eine Mischung aus Gelb und Blau. Die Emotionen des Körpers sind wie dieser von begrenzter Dauer. Im dritten Chakra werden die Emotionen mit Hilfe der Sonnenenergie bewußtgemacht. Diese nunmehr bewußten Emotionen vereinen sich mit der geistigen Dimension zu Gefühlen. Dadurch kommen wir in Berührung mit der Ewigkeit. Die Welt der Gefühle bedient sich der körperlichen Empfindungen, damit jeder die Chance hat zu spüren, daß es noch mehr gibt als das endliche Dasein.

Die Gefühle sind die Sprache der Seele. Die Seele ist etwas, was man nicht begreifen kann, aber ihr ewiges Leben akzeptieren auch viele Menschen, die keiner Religion angehören. „Nichts auf dieser Welt währt ewig" lautet ein bekannter Ausspruch. Im Zusammenhang mit Gefühlen scheut sich aber niemand, die Ewigkeit als gegeben zu betrachten. Man schwört einander ewige Liebe, leider auch ewigen Haß. Wenn jemand stirbt, glaubt man, nie aus der Trauer herauszukommen – aber Schmerz ist kein Gefühl, sondern eine Empfindung, und die ist vergänglich. Was bleibt, ist die Liebe, die man für diesen Menschen gefühlt hat. Das Sprichwort „Zeit heilt alle Wunden" ist mit der Erkenntnis verbunden, daß ein Gefühl von Zeit und Raum unabhängig ist.

Gefühle lassen sich mit dem Verstand genausowenig erklären wie die Ewigkeit. So bleibt dieser Zugang nur jenen offen, die bereit sind anzuerkennen, daß nicht alles meß- und erklärbar sein muß. So hat die Überbetonung des logischen Verstandes das Zurückdrängen der Gefühle zur Folge, da sie nicht meßbar sind. Die Grenze zwischen Empfindungen und Gefühlen ist fließend, aber das, was die Wissenschaft heute glaubt messen zu können, sind Empfindungen. Gefühle liegen jenseits dieser Grenze. Sie allein sind es jedoch, die unser Leben bestimmen.

Die Angst

Jenes Gefühl, das unser Verhalten mehr lenkt, als uns lieb ist, nämlich die Angst, soll diesen Mechanismus veranschaulichen.

Angst zeigt sich zum Beispiel durch Schwitzen, Zittern, aufgerissene Augen usw., also eindeutig real wahrnehmbare Phänomene. Angst ist ein Gefühl, ohne das unser Leben nicht vorstellbar wäre, da die Angst auch eine positive Seite hat: Sie erhöht schlagartig unsere Konzentration und mobilisiert ungeahnte Kräfte. Durch ihren Antrieb sind wir wachsam und wägen Risiken ab; andernfalls würden wir uns blindlings in Gefahrensituationen begeben. Allerdings kann dieses Gefühl auch dominanten Charakter bekommen, was zur Unbeweglichkeit und sogar zur Lähmung führen kann.

Angst kann die verschiedensten Ursachen haben: Angst vor bestimmten Tieren, Angst vor dem Fliegen, Angst vor Konflikten, Angst vor Krankheiten usw. Meist liegt der Angst ein Erlebnis zugrunde, das ins Unbewußte verdrängt wurde. Das Bild, das man sich von dem damaligen Ereignis gemacht hat, hat sich im Unterbewußtsein eingebrannt. Es gilt daher, dieses Bild wieder hochkommen zu lassen, dieses Gefühl von damals noch einmal entstehen zu lassen. Dadurch wird die Schwingung des Herzchakras wieder erhöht, die durch diesen unbewußt wirkenden Faktor verlangsamt wurde; nicht umsonst verbindet man mit Angstsituationen auch den Ausspruch: „Da ist mir fast das Herz stehengeblieben."

Sehr viele Ängste stammen aus der Kindheit, aus der Zeit also, als man selbst noch sehr klein, die Umwelt aber sehr groß war. Immer wieder kann man Situationen erleben, wo Kinder zum Beispiel vor bellenden Hunden Angst haben und die Mutter den geistreichen Satz von sich gibt: „Du mußt dich doch vor dem Wauwau nicht fürchten, der tut dir nichts!" Man stelle sich die Mutter in einer Situation vor, wo ein kläffendes, zähnezeigendes Monster mit einer Schulterhöhe von zwei Metern an einer Leine zerrt. Damit aber nicht genug. Dieselbe Mutter hat dem Kind vielleicht drei Tage zuvor noch die Direktive gegeben, fremde Hunde nicht zu streicheln, weil sie unberechenbar sind.

Läßt man nun dieses Gefühl zum Beispiel mit Hilfe einer Meditation mit einem Malachit wieder hochkommen, so erlebt man zwar das gleiche Gefühl, das heißt das gleiche Ausmaß an Angst noch einmal, mit Hilfe des Intellekts gelingt es jedoch, das Bild in die richtige Relation zu bringen und damit diese konkrete Angst zu bannen. Das ist der Grund, warum in Herzensfragen der Intellekt eine Rolle spielt.

Arbeitet man diese alten Angstgefühle nicht auf, so wird man die Angst zwar nicht immer spüren, sie aber verdrängen und so mit sich herumtragen. Man wird permanent den Versuch unternehmen, Hunden nicht zu begegnen. Man wird im Kopf Bilder der Harmonie nur dann entstehen lassen können, wenn mit Sicherheit kein Hund darauf zu sehen ist, und wird diese Bilder in die Realität umzusetzen versuchen.

Nun ist die Angst vor Hunden noch relativ harmlos. Ganz anders sieht es aus, wenn zum Beispiel ein Kind sexuell mißbraucht oder vergewaltigt wurde. Der dann erwachsene Mensch wird in erster Linie versuchen, eine Situation, die ihn an das Ereignis erinnert, zu meiden. Kommt es dann zu sexuellen Kontakten – auch mit einem geliebten Partner –, wird die verdrängte Angst hochsteigen, da das Bild des kopulierenden Mannes direkt mit dem Gefühl der Angst, Hilflosigkeit, Wut usw. verbunden ist. Auch hier gibt es keine andere Möglichkeit, als durch das Gefühl noch einmal hindurchzugehen. Man muß die schrecklichen Bilder aus dem Unterbewußtsein wieder heraufholen. Nur so kann das neue Bild eines harmonischen Geschlechtsaktes entstehen. Was Steinekundige schon immer wußten, hat die Psychologie vor noch nicht allzulanger Zeit wiederentdeckt. Auch sie befürwortet jetzt das neuerliche Durchleben verdrängter Gefühle.

Die Heilung

Im Laufe des Lebens werden unzählige Male Gefühle verletzt. Was in unseren Körper eindringt und nicht wieder entfernt werden kann, das wird abgekapselt und beginnt irgendwann, lange nach dem eigentlichen Ereignis, sich zu entzünden und zu eitern. Die Seele macht auf diesem Gebiet keine Ausnahme. Je tiefer die Verletzung, desto später beginnt sie sich bemerkbar zu machen, weil sie wegen der großen Schmerzen so tief und gut wie möglich abgekapselt wurde. Aber eines Tages muß sie „sich entzünden". Meist an einem Ereignis, das mit dem ursprünglichen in einem unbewußten Zusammenhang steht.
Im ersten Moment will man naturgemäß den neuerlichen Schmerz vermeiden. Manchmal gelingt dies auch, damit ist aber eine Chance auf Heilung vertan. Was immer den Schmerz verursacht hat, echte Heilung kann immer nur über den Gefühlsbereich stattfinden. Denn nieder schwingende Chakras lassen einfach keinen vollkommen freien Energiefluß zu. Wie schon im Kapitel über die Meridiane erwähnt, kommt es dann zu Energiehemmungen und -blockaden, die sich indirekt auf den Körper auswirken.
Diesem Chakra bleibt die Heilung vorbehalten, weil es die Verbindung zwischen dem Körperlichen und dem Geistigen ist. Nur wenn beide Dimensionen in unser Leben einfließen, herrscht jene Harmonie, die uns befähigt, unser Leben mit all seinem Auf und Ab anzunehmen. Wenn das Herzchakra geöffnet ist, wird es immer weniger notwendig, Probleme aus dem Weg zu gehen, Schwierigkeiten zu vermeiden.

Der Orgasmus

Bereits in nahezu jeder Tageszeitung findet man heute zumindest eine – selbstverständlich bebilderte – Rubrik, wie man das sexuelle Zusammenleben reizvoller gestalten kann – reiz-voller im wahrsten Sinne des Wortes: Alle Tricks, die dort verraten werden, führen zur Steigerung der Empfindung – und die Gefühle bleiben auf der Strecke.
Verzögerungstechniken der Ejakulation, Multiorgasmen, 143 Positionen beim Geschlechtsverkehr versprechen die große Erfüllung. Was bleibt, sind ausgelaugte, müde Körper, die zwar befriedigt, aber nicht erfüllt sind. Es bleibt eine Leere; Herz und damit Gefühl sind trotz atemberaubender Kunststücke nicht zum Zuge gekommen. Diese Leere treibt einen weiter in der Verfeinerung der Sexualpraktiken, denn irgendwann wird man es geschafft haben, die Vereinigung so kunstvoll zu gestalten, daß sie den Himmel auf Erden bietet. Das Scheitern ist dabei vorprogrammiert, denn solange nur das dritte Chakra beteiligt ist, sind die Gefühle draußen, ist der Touch der Ewigkeit nicht da.

Erst wenn in die geschlechtliche Vereinigung Gefühle einfließen, kommt es zum Orgasmus. Ihn muß man fühlen, ihn kann man nicht empfinden. Er ist jenes Gefühl, bei dem man Zeit und Raum hinter sich läßt, den Partner und sich selbst nicht mehr wahrnimmt, weil die Dualität, das Yin und das Yang, aufgehoben ist. Aufgrund der Körperlichkeit bleibt dieses Gefühl zeitlich beschränkt. Durch diese Verschmelzung berühren einander die beiden Seelen. Dann sind wir mit dem Urgrund unseres Seins verbunden. Hier nehmen wir für Augenblicke die Verbindung mit dem Zentrum allen Seins auf. Voraussetzung dafür ist, daß wir in unserer Mitte sind. Das Herzchakra ist unsere Mitte, es gibt drei Chakras darunter und drei Chakras darüber. Nur mit geöffnetem Herzen ist der Weg zum Ursprung allen Seins, zu Gott, möglich.

Dieses Gefühl zu erleben, ist Ziel der Partnerschaft zwischen Mann und Frau. Damit ist die Möglichkeit geschaffen, „das weite Land" – wie es Arthur Schnitzler so wunderbar bezeichnet hat – zu betreten, seine eigene Seele zu erkunden. Wie die Sonnenenergie Licht in unsere unbewußten Antriebe bringt, sind die Gefühle die Lampe für die unentdeckten Bereiche unserer Seele.

Nun gibt es esoterische Richtungen, die die sexuelle Vereinigung ablehnen; der Orgasmus hemme die spirituelle Entwicklung. Damit präsentieren sich diese Gruppen als vorsintflutliche Alternative zur Kirche. Es ist nicht notwendig, solche spirituellen Gemeinschaften zu bekämpfen, denn wenn sich alle Mitglieder strikt daran halten, sterben sie ohnedies aus.

Andererseits birgt der Orgasmus die Gefahr, daß man in diesem Gefühl quasi steckenbleibt, es als das höchste ansieht, das man im Dasein erreichen kann und daher die Sexualität zur Religion erhebt. Wen wundert es dann, daß es Sekten und esoterische Vereinigungen gibt, die im krassen Gegenteil zu den oben erwähnten die freie Liebe als das A und O des Daseins predigen.

Wenn nun der Orgasmus, den man in der sexuellen Vereinigung erleben kann, das höchste aller Gefühle wäre, dann wäre das Herzchakra das letzte Chakra. Dem ist aber – und das ist wörtlich zu verstehen – Gott sei Dank nicht so. Der sexuelle Orgasmus ist eine zarte Vorahnung dessen, was man fühlt, wenn man mit dem eigenen Zentrum, dem Ursprung des Seins, mit Gott in Berührung kommt. Dieses Gefühl ist zwar anders und es geht ohne jede sexuelle Erregung einher; wenn man es beschreiben will, bietet sich aber nur dieser Vergleich an. Wer immer die Gnade hat, dies einmal zu erleben, kann erst ermessen, was gemeint ist, wenn man das Göttliche als die Liebe schlechthin bezeichnet.

Das irdische Leben ist untrennbar mit dem Körper verbunden. Jede Körperfunktion hat ihren Sinn und dient der Weiterentwicklung. Der Körper ist das Erfahrungsinstrument der Seele, weshalb dieser ohne sie nicht existieren kann. Die Seele kann aber sehr wohl ohne Körper existieren. Wie jedes Werkzeug kann man auch den Körper sinnvoll einsetzen oder zweckentfremden. Wenn Erfahrungen nur auf den Körper bezogen bleiben, bleiben Gefühl und Seele draußen. Erst wenn sie beteiligt sind, ist man auf dem Weg, das Selbst zu entwickeln.

Das erotische Spiel ist unverzichtbarer Bestandteil einer Partnerschaft, da erst dadurch die Möglichkeit einer Beziehung entsteht. In einer Josefsehe lernt man einander zwar auch immer näher kennen, kommt aber über die bestimmte Grenze nie hinaus. Nur durch die Erotik entsteht in der Partnerschaft echte Intimität, wodurch es sehr rasch zur Beteiligung der Gefühle kommen kann. Voraussetzung dafür ist jedoch, daß man bereit ist, die Kontrolle über sich und seine Emotionen zumindest zeitweise aufzugeben. Dies wiederum ist nur möglich, wenn man den Mut aufbringt, sich auf den Partner einzulassen. In einer Josefsehe wird dies wohl kaum der Fall sein, denn hier haben zwei Partner entschieden, einander nur so weit zu begegnen, als sie „alles im Griff" haben.

Die Liebe

Liebe ist mit der Überwindung vieler Hindernisse und schmerzlicher Erfahrungen gekoppelt, aber es ist der einzige Weg, den zu gehen sich wirklich lohnt: Er führt zur uneingeschränkten Selbsterkenntnis. Einlassen auf einen Partner bedeutet Einlassen auf sich selbst.

Es gibt unzählige Definitionen der Liebe. Ich will hier eine anführen, die sehr umfassend ist: „Liebe ist, wenn jemand glücklich ist, daß einer, den er liebt, mit jemand anderem glücklich ist und der dafür auch keine Gegenleistung erwartet."

Dieser Versuch einer Definition scheint mir deshalb gut gelungen, weil darin etwas beinhaltet ist, was das Wesen der Liebe charakterisiert: Sie ist in dieser Form auf dieser Welt nicht lebbar. Denn so zu lieben vermögen Götter, Menschen aber sicher nicht! Unweigerlich erhebt sich die Frage, weshalb sich ein derartiges Phänomen aus der Welt der Götter herübergibt und – weil nicht realisierbar – als unstillbare Sehnsucht in unseren Herzen bleibt.

Auf diese Frage gibt es nur den Versuch einer Antwort, aber ich wage sie. Sie erscheint mir nämlich – wie die meisten Antworten auf komplexe Dinge – sehr einfach: Gerade weil sie als solche auf dieser Welt nicht realisierbar ist, ist sie da. Dieses Gefühl soll – je nachdem, aus welcher Glaubensrichtung man kommt – an Gott erinnern, eine Erinnerung an das ewige Leben sein, Beweis sein, daß es nicht nur eine Inkarnation gibt. Diese Sehnsucht ist die Kraft, die ausschließlicher Antrieb für unsere persönliche und spirituelle Entwicklung ist. Die Sehnsucht, die wahre Liebe zu erleben, läßt uns in der Beziehung mit anderen Menschen Probleme überwinden, durch Schwierigkeiten hindurchgehen, Zeiten der Einsamkeit erdulden. Als Geschenk dafür bekommen wir wieder ein bißchen mehr Intensität der Gefühle und rücken damit wieder einen Schritt näher an die Liebe.

Nun wird auch klar, warum für die Entwicklung des Selbst die Partnerschaft unerläßlich ist. Nur sie läßt in uns diese Sehnsucht nach Liebe aufkeimen. Liebe tritt uns daher auch in den verschiedensten Formen entgegen. So wird in Diskussionen immer wieder eingewandt, daß es ein gewaltiger Unterschied sei, ob man die Mutter, den Ehepartner, den Freund oder seinen Hund liebt. Das eine sei wirklich Liebe, das andere Freundschaft und das dritte nur Zuneigung. Dieser Einwand ist untrügliches Zeichen dafür, daß hier jemand versucht, Liebe zu verstehen, sie mit dem Verstand zu begreifen. Sobald man sich ihr aber aus dem Gefühlsbereich nähert, erkennt man, daß es nur *die* Liebe gibt, die sich aber in der materiellen Welt in unterschiedlicher (Gefühls-)Intensität manifestiert.

Das Wort „Liebe" hat in unserer Zeit ein schwieriges Dasein, denn sie wird immer sehr schnell in Bezug zur Sexualität gebracht. Ein Mann kann doch einen Mann nicht lieben, es sei denn, er ist homosexuell, beim Hund unterstellt man dann eben Sodomie. Zwischen Mann und Frau wird Liebe nahezu mit Sexualität gleichgesetzt. Wie schon beim Thema Erotik erwähnt, führte dieses Mißverständnis zu grenzenlosen, freien Sexualkontakten; und nahezu alle sind sich einig, daß wir in einer lieblosen Zeit leben.

So ist es Zeit zu erkennen, daß die Grenze zwischen Sexualität, Erotik und Liebe eine fließende ist. Mit einem hochschwingenden Herzchakra kann man mit der Energie der Liebe in Berührung kommen. Sie führt dann zum Beispiel in einer Partnerschaft zu einer ungeahnten Lebensintensität, bei der selbst der spätere Tod nicht alles scheiden kann. Diese Energie erfüllt uns aber auch mit der Fähigkeit, andere Menschen zu lieben. Dann fühlt man in sich, daß man Männer, Frauen und Hunde lieben kann, ohne dabei auch nur im geringsten sexuell oder erotisch berührt zu werden.

Über all diese Umwege gelangen wir zu der höchsten Form der auf dieser Welt erreichbaren Liebe: zur Selbstliebe. „Liebe deinen Nächsten wie dich selbst" heißt es im Buch der Bücher, und es ist bestimmt kein Zufall, daß dieser Satz nicht umgekehrt lautet. Echte Selbstliebe hat nichts mit Egoismus zu tun – da liebt jemand nur sein Ego, jenen kleinen Teil, der Angst vor dem viel größeren anderen hat. Selbstliebe heißt, sich so anzunehmen, wie man ist, ohne den Versuch, etwas zu verstecken oder zu verschleiern.

Der Haß

Der Gegenpol zur Liebe ist der Haß. Dieses Thema ist eines der schwierigsten des Herzchakras, sind wir doch seit zumindest 2000 Jahren darauf gedrillt, dieses Gefühl nicht zuzulassen. Aber nicht nur der Haß, nahezu alle sogenannten negativen Gefühle wurden verdammt, besser gesagt verteufelt. Damit wurde der Verdrängungsmechanismus aktiviert. Was immer aber verdrängt wird, sucht sich nur einen neuen Platz und damit ein neues Betätigungsfeld.

Haß ist ein Gefühl, das nicht salonfähig ist; wer haßt, wird nicht akzeptiert. Damit diese Energie aber akzeptabel wird, hängt man ihr verschiedene Mäntelchen um: Wut, Zorn usw. Daß jemand zornig ist, wird akzeptiert. Denn wenn man nicht „brav" gewesen ist, hat man den Zorn selbst verschuldet. Der andere kann nichts dafür, daß er zornig ist, und somit darf er es sein. So hat man uns auch 2000 Jahre lang den zürnenden und strafenden Gott verkauft: Er ist die reine Liebe – solange man ihn nicht mit Ungehorsam reizt. Also begehrt man nicht auf und verdrängt alles Negative, dann liebt einen Gott.

Haß ist das gleiche Gefühl wie Liebe – nur mit umgekehrten Vorzeichen. Richtigerweise müßte man aber sagen, daß er der menschlichen, irdischen, mit all ihren Schattenseiten verbundenen Liebe entspricht. Wie schon vorher erwähnt: Die reine Liebe, die wir als Sehnsucht in unserem Herzen spüren, ist die göttliche, die aber in der dualen Welt nicht lebbar ist, weil sie keinen Gegenpol hat. Es stimmt, daß Gott die reine Liebe ist; er zürnt und straft bestimmt nicht. Das sind menschliche Züge und daher auch nur von Menschen zum Ausdruck zu bringen.

Wenn wir hassen, hassen uns lediglich wieder andere hassende Menschen – und sonst niemand. Wenn ein Kind vergeblich versucht, mit Bausteinen einen Turm zu bauen, und er fällt zum wiederholten Male um, dann hat noch jedes Kind diese Bausteine wutentbrannt durch das Zimmer geworfen. Keinem Erwachsenen würde es einfallen, dafür das Kind zu hassen. Im Gegenteil, meist lacht man über die Unvollkommenheit des kleinen Erdenbürgers.

Nur wenn der Haß bewußt wird, können wir beginnen damit umzugehen, dann – und nur dann – sind wir auch in der Lage zu lieben. Für den ersten Schritt im Umgang mit Haß braucht man den Intellekt. Dann erkennt man sehr schnell, daß es unmöglich ist, einen Menschen zu hassen. Man haßt immer nur einige seiner Eigenschaften (dies gilt selbstverständlich auch für die Liebe!). Möglicherweise kennt man von einem Menschen nur wenige Eigenschaften, wovon aber die meisten als negativ empfunden werden.

Beide Gefühle können blind machen – Haß und Liebe. Daher ist es in der Phase eines beginnenden Hasses wichtig, genau hinzusehen und den Partner genau zu betrachten. Der Blick sollte vor allem auf jene Eigenschaften gerichtet sein, die Probleme bereiten. Denn darin liegt eine große Chance, sich ein wenig näher kennenzulernen und einander besser zu verstehen. Wenn sich auch die „guten" und die „schlechten" Eigenschaften eines Menschen die Waage halten, so sind sie in Relation zum Partner von unterschiedlicher Wertigkeit.

Es gilt abzuwägen, wie störend die scheinbar so störenden Fehler des anderen im Verhältnis zu jenen guten Eigenschaften sind, die man nie und nimmer missen möchte. Es ist ein Wiegevorgang, wie wir ihn im Zusammenhang mit der Harmonie schon kennengelernt haben: Erst wenn man die beiden richtigen Dinge auf die Waage legt, kommt sie in Balance, also Harmonie. Wenn ein kleines Mißverständnis stets mit einem großen Gewicht abgewogen wird, hängt die Waage immer schief.

Auch bringt dieser Wiegevorgang eine der wichtigsten Erkenntnisse für die Partnerschaft mit sich: So manche gute Eigenschaft bedingt das Vorhandensein der korrespondierenden schlechten.

Dieses Abwägen findet nicht nur einmal in einer Partnerschaft statt. Da kein Mensch statisch ist, sondern im Laufe seines Lebens mehr oder weniger große Entwicklungsschritte macht, werden sich Wertigkeiten immer wieder verschieben. Zumindest nach jedem großen Entwicklungsschritt wird man an die „Waage der Harmonie" gezwungen. So kann die Entwicklung des einzelnen der Entwicklung der Partnerschaft dienen, andererseits aber auch dazu führen, daß immer weniger Gemeinsamkeiten vorhanden sind.

Es kann auch sein, daß die Kluft zu groß wird. Dann wäre es falsch, über jene den Stab zu brechen, die nicht warten, bis daß der physische Tod sie aus einem ungeliebten Joch befreit. Schließlich sollte man bedenken, daß dieses Gebot aus einer Zeit stammt, als man mit spätestens Dreißig das Zeitliche segnete. Wie alles im Leben, kann auch eine Partnerschaft sterben. Dann läuft auch eine Scheidung in Harmonie ab. Auch für die harmonische Trennung ist ein freies Herzchakra erforderlich. Gibt es allerdings bei der Scheidung Zank und Hader, ist die Partnerschaft eindeutig noch am Leben – man will es sich vielleicht nur nicht eingestehen, daß es mühsam wäre, daran zu arbeiten. Denn spätestens dann müßte man sich beinhart mit jenen Dingen auseinandersetzen, die man bis dahin peinlich gemieden hat.

Man sieht, wie wichtig in Herzensangelegenheiten das ausgeglichene Zusammenspiel von Gefühl und Intellekt ist. Harmonie bedingt, daß Herz und Verstand am richtigen Fleck, soll heißen am richtigen Chakra, „sitzen".

Grüne und rosa Steine – die Steine des Herzchakras

Smaragd

Der Smaragd öffnet uns für ein tieferes Verständnis der Natur und läßt uns die Fülle sehen, die sie für uns bereit hält. Er vermittelt uns die Fähigkeit zu einem Wachstum zum Wohle der ganzen Schöpfung. Damit hilft er bei der Entwicklung der Hingabefähigkeit und bei der Regeneration unseres Körpers. Er lehrt uns, die Welt mit dem Herzen zu sehen. So wirkt seine Heilkraft auch auf die Augen.

Das Sehen mit dem Herzen führt zu einem tieferen Verständnis und erweitert unsere Erkenntnisfähigkeit, um aufnahmebereit für die Geheimnisse der Schöpfung zu werden, die man mit dem Verstand nicht wahrnehmen kann.

Malachit

Der Malachit besitzt die hell-dunkle Bänderung als Symbol für Bewußtes und Unbewußtes. Seine Energie bringt jene Verletzungen unseres Herzens zum Vorschein, die wir ins Unbewußte verdrängt haben. Nur so aber werden sie heilbar. Durch das Öffnen des Unterbewußten kann er auch helfen, Ursachen für Krankheiten ans Tageslicht zu bringen. Er hilft, Blockaden zu erkennen und unterstützt auch die Koordination der Gehirnhälften.

Er offenbart auch die Angst vor der mit Wachstum verbundenen Veränderung. Dieses Thema ist auch Bestandteil jeder Schwangerschaft, weshalb er hier hilfreich eingesetzt werden kann (in Alpenländern gibt es seit dem 16. Jahrhundert malachitbesetzte „Wehenkreuze", die als Schwangerschafts- und Gebäramulette dienen).

Wird der Malachit stumpf, so ist das ein untrügliches Zeichen, daß man seine Kraft überfordert hat. Dann muß man ihm eine längere Ruhepause gönnen.

Jade

Die Jade hilft, Eigenschaften wie Weisheit, Gerechtigkeit und Bescheidenheit zu erlangen, wobei jene echten Formen gemeint sind, die sich als Bescheidenheit ohne Unterwürfigkeit, Gerechtigkeit ohne Selbstgefälligkeit und Weisheit verbunden mit Demut darstellen.
Durch diese „Entgiftung" hebt sie auch das Bewußtsein; auf körperlicher Ebene wirkt sie folglich auch gut bei Nieren- und Blasenbeschwerden. Eine der wichtigsten Eigenschaften der Jade ist die Beruhigung. Sie wirkt der Rastlosigkeit entgegen.

Grüner Turmalin

Der Turmalin bricht alte Muster auf und drängt uns zum Neubeginn. Er drängt uns, statt der Vermehrung des Wissens Weisheit zu erlangen und damit Konflikte als wachstumsfördernd zu betrachten, und nährt den Wunsch, sie konstruktiv auszutragen.

Aventurin

Der Aventurin verbindet uns mit der heilenden Kraft der Natur. Bricht der Malachit alte Verletzungen auf, so ist es die sanfte Energie des Aventurin, die sie heilt. Seine sanfte Heilenergie wirkt wunderbar, um alle bewußt gewordenen Verletzungen des Herzens zu heilen. Unter anderem eignet sich der Aventurin bestens zur Heilung nach einem Abortus.

Rosenquarz

Der Rosenquarz hat die Farbe, der der Farbton des Mädchen-Rosa nachempfunden ist. Er unterstützt mit seiner Schwingung das Zulassen von Liebe. Auch fördert er Empfindungen wie Zärtlichkeit, also typisch weibliche Energien. Ähnlich dem Aventurin vermag er aufgewühlte Herzensenergien zu harmonisieren, womit es mit seiner Hilfe auch gelingt, aufgestaute Ängste und Sorgen loszulassen.

Rubellit

Der Rubellit ist der rötliche Turmalin. Er ist ein großer Helfer auf dem Weg zur Liebe. Er kommt in vielen Farbtönen – von Zartrosa bis Dunkelrot – vor, um zu zeigen, wie vielschichtig die Liebe sein kann. Er hilft uns, Liebe zu geben und sie nicht davon abhängig zu machen, ob sie so angenommen wird oder nicht; wie die Mutterliebe, deren Bestand durch nichts zerstört werden kann. In dieser Form sollten wir in erster Linie uns selbst lieben. Der Rubellit unterstützt einen dabei, sich nicht für vermeintliche Fehler zu hassen, sondern liebevoll mit sich umzugehen. Er verhilft zu Verständnis für Emotionen und bewirkt so die Öffnung des Herzens vor allem vor sich selbst. Damit wird das Selbstvertrauen gestärkt und der Zugang zur inneren Kraft geebnet.

Wassermelonenturmalin

Bei diesem Stein handelt es sich um eine Turmalinart, deren äußerer Rand aus dem grünen Turmalin und deren Kern aus Rubellit besteht. Im Querschnitt gleicht er einer aufgeschnittenen Wassermelone. Dieser Stein hilft, Gegensätze auszugleichen, indem er die jeweiligen Gegengewichte zu den Polaritäten des Yang und des Yin finden läßt. Er hilft, die festgefahrenen Geschlechterrollen flexibler zu gestalten und differenzierter zu sehen. Jeder Mensch trägt auch Energien des anderen Geschlechtes in sich. Er kann zu seiner eigenen Geschlechtsidentität jedoch nur finden, wenn er den anderen Teil im Sinne der Ganzheit nicht ausgrenzen will.

Rosa Turmalin

Dieser Stein erzeugt piezoelektrische und pyroelektrische Effekte. Bei piezoelektrischen Effekten laden sich die Kristalle unter Druck auf, bei pyroelektrischen Effekten wird die Ladung durch Einwirkung von Hitze und Kälte erzeugt. Mit diesen Eigenschaften wirkt der rosa Turmalin sehr gut auf das Nervensystem. Er hilft, unter Druck Ruhe und Leistungsfähigkeit zu bewahren und nicht den Kopf (oder die Nerven) zu verlieren. Hitze und Kälte symbolisieren das Auf und Ab des Lebens, daher hilft er, den Anforderungen des Wandels mit Gelassenheit und Kraft zu begegnen.

Rodochrosit

Seine rosa Färbung bringt dem Herzen Harmonie. Sehr oft findet man ihn auch mit Flecken und marmorierten Mustern versehen. So läßt er uns die Harmonie auch außerhalb der Perfektion erkennen.

Das fünfte Chakra

Dieses Energiezentrum liegt etwa in der Mitte des Halses, bei diesem Chakra wird üblicherweise die Kommunikation und der damit verbundene Selbstausdruck als herausragendes Thema angesehen. Dies ist zwar grundsätzlich richtig, jedoch kommt dem fünften Chakra eine weit größere Bedeutung zu, die sehr oft übersehen wird: Dieser Bereich stellt eine enorm wichtige Schwelle dar. Was über dieser Schwelle liegt, dringt nicht wirklich zu mir vor. Wörtlich und bildlich gesprochen: was nur in den Mund genommen, aber nicht geschluckt wird, muß auch nicht verdaut werden.

Wie bedeutungsvoll dies sein kann, sei am Bild der Weindegustation erklärt: Die Verkoster betrachten den Wein, nehmen einen Schluck in den Mund, prüfen den Geschmack und spucken den Wein dann wieder aus. Sie nehmen alles wahr: Farbe, Geruch, Bouquet und Geschmack – spüren aber nicht die Wirkung. Ob der Wein nicht nur schmeckt, sondern auch guttut, erkennt man nur, wenn er die Schwelle der Kehle überschritten hat. Dann erst kann man ihn fühlen, im Sinne von auf sich wirken lassen. Nicht zufällig muß der Schluck am Herzchakra vorbei, um zu „berühren" und landet im Bauch, wo Gefühle verarbeitet werden.

Wenn eine Speise die Kehle passiert hat, muß sie verdaut werden. Selbst wenn man versucht, sich ihrer mittels der „Federkieltechnik" zu entledigen, werden kleine Reste im Magen bleiben – und dort ihre Wirkung tun. Dies gilt aber nicht nur für körperliche, sondern auch für geistige Nahrung. Nur jene Worte, die man wirklich in sich aufnimmt, das heißt, die man fühlt, die einen berühren, können auch etwas bewirken. Die herausragende Bedeutung dieser Schwelle manifestiert sich aber nicht nur in einer Richtung. Jeder Gedanke, der als gesprochenes Wort diese Schwelle passiert hat, tut in jedem Fall seine Wirkung. Worte kann man nicht ausradieren; selbst das Zurücknehmen einer Beleidigung bleibt im Grunde genommen wirkungslos.

Die Kommunikation

„Man kann über alles reden" ist ein Schlagwort unserer Zeit. Natürlich kann man über alles reden, aber wer legt schon gerne sein Innerstes offen? Wenn diese Schwelle – durch das Öffnen des Herzchakras – doch einmal überschritten wird, hat man nicht selten das Gefühl, daß man sich diese Überwindung hätte sparen können: es versteht einen ohnedies kaum jemand.

Nun soll hier die Kommunikation nicht schlecht gemacht werden – im Gegenteil. Sie ist das entscheidende Instrument für unseren Austausch mit der Welt und damit für unsere Entwicklung. Die Kommunikation hat durch den technischen Fortschritt einen

Umfang erreicht, der mitunter nicht mehr wirklich faßbar ist. Es ist noch nie vorher auf dieser Welt so viel gesprochen und publiziert worden und darin so wenig Wesentliches enthalten gewesen wie heute. Dieses Phänomen ist nicht unbedeutend. Wie oben erwähnt, ist jedes Wort, das gesprochen oder geschrieben wurde, über die Schwelle gegangen. Damit hat sich unsichtbare Gedankenenergie körperlich wahrnehmbar manifestiert. Die Folge davon ist, daß die Worte damit ihre Wirkung tun – ob sie nun ehrlich gemeint waren oder nicht, ob sie nur so dahergesagt waren oder nicht.

Die Kommunikation ist fixer Bestandteil unseres Lebens und unserer Entwicklung. In uns steckt das Bedürfnis, uns mitzuteilen. Mit Hilfe der Kommunikation können wir an der Gemeinschaft teilhaben. Ohne sie wären wir ausgestoßen und hilflos, denn Gemeinschaft lebt von Kommunikation, ja bedingt sie.

Seit jeher standen uns für Kommunikation drei Kanäle zur Verfügung:

1. Die verbale Sprache.
2. Die nonverbale Sprache (Körpersprache).
3. Die Schrift.

Was ist ein Gespräch?

Die klassische Form der verbalen Sprache ist das Gespräch. Wie schon erwähnt, wird es als die einfachste Lösungsmöglichkeit für allfällige Konflikte gesehen. Miteinander zu reden beseitigt oft auch sehr schnell Mißverständnisse – um mitunter neue zu schaffen. Es ist ein offenes Geheimnis, daß sehr viele Leute aneinander vorbeireden. Auch ist die Tatsache hinlänglich bekannt, daß es Menschen gibt, mit denen man sich stundenlang unterhalten kann, bei anderen will und will kein Gespräch entstehen. Warum ist das so?

Das gesprochene Wort ist immer eine Botschaft, die aus der analytischen, linken Gehirnhälfte kommt. Versuchen wir daher diesem „Warum" durch Analyse und Beantwortung der sich dabei stellenden Fragen auf den Grund zu gehen: Was ist ein Gespräch?

Ein Gespräch ist eine verbale Kommunikation, die dazu dient, Informationen auszutauschen. Dieser Austausch hat den Sinn, daß die Gesprächspartner mehr voneinander erfahren, damit einen Meinungsbildungsprozeß durchmachen und so herausfinden, in welchen Punkten Übereinstimmung und in welchen Diskrepanz herrscht.

Auch hier treffen wir wieder auf die uns aus dem Herzchakra bekannte Harmoniewaage. Sobald zwischen zwei Gesprächspartnern absolute Übereinstimmung herrscht, ist das Gespräch tot. Worüber soll man reden, wenn der andere ohnedies das gleiche weiß beziehungsweise der gleichen Ansicht ist? Es kann nichts Neues entstehen, die bisherige Meinung oder der bisherige Wissensstand manifestiert sich lediglich mehr. Nur wenn Diskrepanzen auftreten, wenn einer mehr weiß als der andere, kann ein Gespräch zustande kommen. Auch darf es nicht Ziel eines Gespräches sein, daß am Ende beide gleicher Meinung sind. Sinn des Gespräches ist, daß die dabei ausgetauschten Informationen den Denkprozeß der beiden Gesprächspartner in Schwung bringen und sie anregen, zu neuen Horizonten vorzustoßen.

Sehr oft jedoch ist ein Gespräch von dem Versuch der Gesprächspartner getragen, den anderen von der eigenen Meinung zu überzeugen. Gelingt dies, ist zwar scheinbar Harmonie hergestellt, doch es gibt dabei einen Gewinner und einen Verlierer. Es ist immer der verbal Stärkere der Sieger, was nicht heißen muß, daß die Ansicht des verbal Schwächeren nicht richtig war. Somit bringen sich beide um eine Weiterentwicklung ihrer Ansichten. Es ist meist ein altes Muster aus der Kindheit, wo man verbal fast immer unterlegen war, das einen dazu verführt, endlich gewinnen zu wollen.

Gespräche sind meist mehr Konkurrenzkampf als Horizonterweiterung. Das ist schade, denn sie sollten vielmehr dazu führen, daß die Beteiligten versprechen, weiter über die andiskutierte Frage nachzudenken.

Wenn auch das gesprochene Wort im Vordergrund steht, so läuft ein Gespräch – wenngleich das oft nicht wirklich bewußt ist – immer auf zwei Ebenen ab, und zwar auf der verbalen Ebene durch das gesprochene Wort und auf der nonverbalen Ebene durch das Verhalten, wobei sich die verbale Ebene wiederum zweifach präsentiert. Es gibt dabei einen rationalen Teil, der die Inhalte betrifft, und einen emotionalen, der sich auf die Art bezieht, wie diese Inhalte vermittelt werden.

Die Weitergabe der Information ist jedoch allein nicht ausreichend, denn dabei ist es belanglos, ob diese Information beim anderen ankommt. Manchmal wird dies auch bewußt versucht, indem man eine Information zu einem sehr ungünstigen Zeitpunkt weitergibt, um später behaupten zu können, daß man ohnedies die entsprechende Information weitergegeben habe.

Es ist also grundsätzlich das Ziel, daß die Information übertragen wird, was durch eine entsprechende Reaktion beim Gesprächspartner sichergestellt wird.

Um die Information zu übertragen, ist es notwendig, sie in Worte zu kleiden, damit sie dem anderen vermittelt werden kann. Bei diesem Vorgang formuliert man eine Botschaft, das heißt

- man wählt die entsprechenden Worte,
- man wählt die Stimmlage und Lautstärke,
- man wählt die Körperhaltung,

und zwar in der Weise, daß man selbst davon überzeugt ist, daß der andere einen verstehen wird. Der Hintergrund einer Botschaft ist somit der, daß man eine Vorgangsweise wählt, von der man sicher ist, daß man den Inhalt selbst verstehen würde, wenn man ihn gesagt bekäme.

Und nun der letzte Schritt der Vorbereitung: Um eine Botschaft abzusetzen, muß zum Gegenüber eine Beziehung hergestellt werden. Dies wird besonders deutlich, wenn man den Funkverkehr betrachtet. Zwei Funker können sich nur unterhalten, wenn sie auf ihrem Gerät die gleiche Frequenz eingestellt haben. Dies ist das Mindestmaß an Übereinstimmung, das zwischen dem, der die Botschaft sendet, und dem, der sie empfangen soll, herrschen muß. Je exakter die Frequenz eingestellt ist, desto weniger Nebengeräusche stören den Empfang.

Auch muß der, an den die Botschaft gerichtet ist, die Bereitschaft haben, diese entgegenzunehmen. Es gibt nichts Schwierigeres, als zuzuhören, da dies bedeutet – bleiben wir bei dem Beispiel des Funks –, absolut nichts anderes zu tun als nur dies. Die Nebengeräusche der Frequenz sind die Gedanken. Kaum jemand ist bereit, die Botschaft in voller Länge anzuhören. Bereits nach ein paar Worten glaubt man schon zu „erraten", was der andere ausdrücken will. Wenn man ihm schon aus guter Erziehung nicht ins Wort fällt, so beginnt man bereits im Kopf die Antwort, oder besser gesagt, die Entgegnung zu formulieren. Richtiges Zuhören verlangt aber volle Konzentration auf sein Gegenüber, um nicht nur die Worte, sondern eben auch die Stimmlage und das Verhalten wahrzunehmen. Wer so zuhört, hat keine Chance zu denken, da er vollauf mit der Wahrnehmung des anderen beschäftigt ist. Fällt also jemand seinem Gesprächspartner ins Wort, ist dies ein untrügliches Zeichen, daß er einfach nicht zuhören kann oder will. Ist bis hierher alles gutgegangen und ist es gelungen, die Botschaft abzusetzen, ist noch nicht sicher, ob diese beim Gegenüber auch angekommen ist. Es ist daher erforderlich, daß der andere eine Reaktion zeigt, im besten Fall eine Stellungnahme abgibt.

Um diese aber wahrnehmen zu können, ist es notwendig, daß der Sender nun zum Empfänger wird. Dies gestaltet sich äußerst schwierig, da man auf „Zuhören" im oben erwähnten Sinne umschalten muß. Die Versuchung ist jedoch riesengroß, mitzudenken, ob aus der Stellungnahme auch schon nach ein paar Worten hervorgeht, ob der Gesprächspartner verstanden hat oder nicht.

Nun erscheint es ohnedies schon schwer genug, alle diese Voraussetzungen optimal zu erfüllen, und trotzdem erlegen wir uns in unserer Kommunikation noch eine – noch dazu nicht unerhebliche – Schwierigkeit auf. Um gesellschaftlichen Normen und Vorschriften der Diplomatie zu genügen, neigen wir sehr oft dazu, die Inhalte, die wir vermitteln wollen, zu kodieren. Ähnlich den militärischen Codes bedienen wir uns einer Sprache, die nicht direkt das ausdrückt, was wir eigentlich meinen. Man geht dabei aber von der Voraussetzung aus, daß der andere diesen Code beherrscht und ihn auch richtig entschlüsseln kann – was sehr oft leider nicht der Fall ist.

Das bisher Gesagte ist die Voraussetzung dafür, daß Inhalte überhaupt vermittelt werden können. Zu diesen beträchtlichen Möglichkeiten an Übertragungsfehlern gesellt sich nun erst die Problematik, daß die übermittelten Inhalte nicht den Tatsachen entsprechen oder aufgrund falscher Wahrnehmungen zustande kamen. Somit grenzt es an ein Wunder, daß es doch hin und wieder gelingt, wirklich interessante, sinnvolle und befruchtende Gespräche zu führen.

Wie es die Absicht dieses Buches ist, soll nun hinter diese Gesprächsstruktur geblickt werden. Wie sehr auch die Analyse des Gespräches vorangetrieben wird, sie wird uns als solche wieder nur analytische Lösungen anbieten, etwa Training der Aussprache, Training der Rhetorik, Erweiterung des Wortschatzes. Dies alles führt aber nicht zu einer wirklichen Verbesserung der Kommunikation.

Die entscheidende Möglichkeit zur Verbesserung der Kommunikationsfähigkeit liegt bei den Inhalten. Worte sind Energie, die sich wellenförmig ausbreitet und wirkt. Wir nehmen die Energie des Wortes mit unserem Gehör wahr, was verschiedene Reaktionen auslöst. Das Geheimnis der Kommunikation liegt darin, daß es auch auf anderen Ebenen als der des Gehörs zu einem Energiefluß kommt. Wie oft spürt man „im Bauch“, daß der andere flunkert, obwohl er völlig überzeugend argumentiert; genauso oft will man aus dem Bauch antworten, wagt es aber nicht und verklausuliert die Antwort gemäß den analytischen Mustern.

Ruft man sich ein gutes Gespräch in Erinnerung, wird man erkennen, daß es weitgehend von Spontaneität getragen war. Man hat im Laufe des Gespräches immer weniger überlegt, was man wie sagt, sondern hat sich dem Fluß aller sich bewegenden Energien hingegeben und die Kontrolle weitgehend hintangestellt.

Als Kinder empfinden wir die Sprache als wunderbares Ausdrucksmittel. Sie gibt uns die Möglichkeit, das, was wir „begriffen“ haben, anderen mitzuteilen. Dies geschieht bei jedem Kind spontan; es sagt frei heraus, wonach ihm gerade ist, oder schöner formuliert: Es spricht über die Dinge, die ihm am Herzen liegen.

Diese Fähigkeit wird einem nach und nach genommen – und das Kehlchakra schwingt immer langsamer. „Erst denken, dann reden“ lautet einer der weisen Ratschläge unserer Erzieher. Aufgrund der gemachten Erfahrungen die wächst Angst, frei heraus zu sprechen. Man spricht über alles, nur nicht über das, was einen wirklich bewegt.

Wie oft will man das, was einen tief bewegt, hinausschreien, aber wie von unsichtbarer Hand wird einem die Kehle zugeschnürt. Diese unsichtbare Hand ist der analytische Verstand; er kann die Kehle zuschnüren, das Herz und damit den Fluß der Gefühle aber nie und nimmer. Jeder kennt diesen Mechanismus, kaum jemand hat sich die Mühe gemacht herauszufinden, was die Ursache dafür ist.

Sie ist zum Großteil in unserer Kindheit begründet und somit im Erwachsenenalter im Unterbewußten vergraben. Sobald wir beginnen, unsere Kommunikationsfähigkeit zu entwickeln, erfahren wir massive Einschränkungen, die wir uns zunächst überhaupt nicht erklären können: Wir sagen denselben Satz zu zwei verschiedenen Menschen oder auch nur zu zwei verschiedenen Zeitpunkten und ernten dabei grundverschiedene Reaktionen.

Als Beispiel darf ich ein eigenes Erlebnis anführen. Im zarten Alter von sieben Jahren ging ich mit meinen Urgroßeltern, mit denen ich gerade einen Urlaub am Lande verbrachte, über Wiesen und Felder. Dabei mußten wir auch über eine Weide gehen, auf der sich viele Kühe befanden. Naturgemäß hatte ich damals Angst vor diesen gehörnten Ungetümen, und so nahm mich mein Urgroßvater auf den Arm und trug mich mitten durch die kauende Herde. Die Kühe betrachteten uns wohlwollend und interessiert, und ein paar kamen auch langsam auf uns zu. Ich fühlte mich sehr geborgen auf dem starken Arm meines Urgroßvaters, konnte alles ruhig beobachten und bemerkte plötzlich, daß eine der Kühe ein auffallend rosa gefärbtes Maul hatte.

Nun war damals in dem Landgasthof, in dem wir wohnten, auch eine Dame abgestiegen, die stets sehr stark geschminkte Lippen hatte und damit sehr auffiel. So war es für mein kindliches Gemüt nur ein kleiner Schritt zu der Aussage: „Schau, Opa, die Kuh hat genauso geschminkte Lippen wie die Frau an unserem Nebentisch!“ Meine Urgroßeltern lachten sich krumm und schief, lobten mich ob meiner Ideen und meiner Schlagfertigkeit, und ich war sicher, mit dieser Aussage Freude verbreiten zu können.

So ging ich beim Mittagessen geradewegs auf Dame zu und sagte mit dem Brustton der Überzeugung (so daß es jeder im Gastzimmer hören konnte): „Wir haben heute eine Kuh gesehen, die hatte so Lippen wie du!"

Ich überlasse es der Phantasie des Lesers, sich auszumalen, was dann geschah. Abgesehen davon, daß sich meine Urgroßeltern eine Standpauke anhören mußten, welch ungezogenen Bengel sie ihr eigen nannten, fühlten sie sich natürlich bemüßigt, mich zurechtzuweisen und zu tadeln. Obwohl dies in der ihnen eigenen liebevollen Art geschah, fühlte ich mich damals verraten und verkauft und in meiner kleinen Kinderseele zutiefst verletzt. Es nutzten die späteren Erklärungen im Zimmer, daß ich zwar recht hätte, aber daß man das so nicht sagen könne, nichts mehr.

Jeder weiß nur zu gut, wie oft Verletzungen dieser Art stattfinden. Mit jeder neuen Verletzung verlernen wir immer mehr, die Dinge zu sagen, die uns am Herzen liegen, irgendwann einmal wagen wir überhaupt nicht mehr über unsere wahren Gefühle zu reden beziehungsweise unseren wahren Gefühlen Ausdruck zu verleihen.

Verleihen wir jedoch den Dingen, die uns am Herzen liegen, keinen Ausdruck, bleiben immer mehr Dinge am Herzen liegen. Die Last wird zusehends schwerer, und immer deutlicher gibt uns der Druck in unserer Brust zu erkennen, daß es hoch an der Zeit ist, etwas zu tun. Unsere Intuition sagt uns, daß es das beste sei, über das, was uns im wahrsten Sinne des Wortes „bedrückt", zu sprechen beziehungsweise es in geeigneter Form zum Ausdruck zu bringen. Unser Verstand jedoch warnt uns eindringlich davor und zählt uns akribisch all jene Situationen auf, in denen wir dieses Vorgehen mit mehr oder weniger tiefen Verletzungen bezahlen mußten. Läßt man sich in erster Linie vom Verstand leiten, dann zieht man sich in sich zurück und bedenkt den anderen mit absolutem Schweigen. Damit wird das Problem jedoch nicht gelöst.

Um sich ein wenig Erleichterung zu schaffen, greift man zum bewährten Mittel des Tratsches. Man spricht über die Dinge, die einem am Herzen liegen mit jenen Menschen, die davon sicher nicht betroffen sind. Man redet sich einfach das, was einen bedrückt, von der Seele. Der Tratsch hat aber einen sehr wesentlichen zweiten Aspekt. Immer wieder geschieht es, daß jemand in der Kette zum Verräter wird und dem Betroffenen den Tratsch brühwarm berichtet. Die Folge ist ein entsprechender Knalleffekt. Nachdem jeder Mensch dieses Phänomen kennt, liegt die Vermutung nahe, daß der Tratsch auch dazu verwendet wird, um jemandem, mit dem man sich nicht direkt konfrontieren will, seine Meinung „zukommen zu lassen". Wenn die Freundschaft oder Partnerschaft dann in Brüche geht, ist es belanglos, wie vielleicht jemand etwas gemeint hat beziehungsweise was wirklich gesagt wurde. Es steht lediglich eines fest: Beide Beteiligten scheuten die direkte Auseinandersetzung und verzichten lieber auf einen Freund, als ihm sein Herz zu öffnen.

Reicht auch der Tratsch nicht mehr aus, um unser Herz zu erleichtern, greift unser Intellekt zu einem einfachen Trick: nämlich zum Umweg über den „Bauch", über das Denken und den Intellekt. Dieser Trick wird vor allem dann angewendet, wenn einem die Kehle „wie zugeschnürt" ist. Das Rezept ist denkbar einfach: Die im Herzen entstandene Verletzung sollte sofort artikuliert werden, Energie steigt auf und drückt auf das verschlossene Kehlchakra. Man nehme den Druck, der am Kehlchakra entsteht, und schicke ihn in den Bauch. Dort ist viel mehr Platz. Die seelische Verletzung, das Gefühl, wird dort umgehend in Empfindungen umgewandelt, damit die Verletzung so richtig „weh tut". Dort entsteht der „heilige Zorn". Nun verarbeite man diese Emotionen, indem man jene Dinge, die einem am Herzen liegen, in eine Sprache übersetzt, die keinen Rückschluß auf die eigentlichen Beweggründe zuläßt (weil man sie mitunter gar nicht kennt). Somit hat man ein hochexplosives Gemisch, mit dem man – nicht zuletzt auch aufgrund des gewonnenen längeren Anlaufes – unter Umgehung des Herzbereiches die verschlossene Türe des Kehlchakras leicht aufsprengen kann.

Dieser Ausbruch der Emotionen wird dann von den anderen sehr oft als Spinnerei abgetan, die immer wieder kommt, aber schnell vorübergeht. Diese Meinung entbehrt auch nicht einer gewissen Richtigkeit, da der Kochtopf den Dampf abgelassen hat und nun wieder Platz für das Sammeln neuer Emotionen bereitsteht.

Die Wahrheit

Wahrheit ist ein lebensbestimmendes Motiv. Wenn wir im Zorn viele Dinge hinausschreien, so glauben wir zu wissen, daß dies die Wahrheit ist. Viele Freundschaften und Ehen sind schon an im Zorn gemachten Äußerungen zerbrochen, weil einer dem anderen Dinge an den Kopf geworfen hat, die er sich in Ruhe nicht zu sagen getraut hätte. „Jetzt zeigst du dein wahres Gesicht" sind dann meist die Worte, mit denen das endgültige Urteil über den anderen und oft auch über die Beziehung eingeleitet wird.

Dabei wäre gerade jener Moment, wo der andere das artikuliert, was ihn bewegt, es laut und ungestüm hinausschreit, häufig erst die Geburtsstunde der Liebe. In diesem Moment präsentiert er sich offen, jetzt besteht die Möglichkeit, Zugang zu seinem Herzen zu finden. Dies ist auch der Grund, warum solche Zornesausbrüche auch nahezu regelmäßig dazu führen, daß der Zornige mit lautem Türknallen den Ort des Geschehens verläßt. Denn jetzt hätte der andere Zugang zu seinem Inner(st)en – vor dieser Tür jedoch steht der große Moloch der Angst, gewachsen durch ständige Warnung des analytischen Verstandes, Gefühle seien lebensbedrohend.

Gerade solche Situationen können sehr konstruktiv genutzt werden, wenn man – nachdem der erste Zorn verraucht ist – hinterfragt, warum sich der Partner manipuliert, vernachlässigt, beherrscht usw. fühlt. Sehr oft läßt sich dabei erkennen, daß durchaus gut gemeinte eigene Verhaltensweisen diese Gefühle beim anderen auslösen. Es kann aber auch sein, daß dies Verhaltensweisen sind, die denen von Personen ähneln – Eltern, Geschwister, Lehrer –, die einen früher tief verletzt haben. Dann bekommt der Partner all jene Reaktionen ab, die dem eigentlichen Verursacher aus Angst nicht gezeigt werden können.

Das, was man im Zorn sagt, ist zwar nicht die „Wahrheit", aber eine unschätzbare Hilfe, dieser auf die Spur zu kommen: nämlich den wirklichen Verletzungen unseres Herzens, die nie eine Chance bekommen haben, zu verheilen, weil sie nie zur Sprache gebracht wurden. Heilung ist nur über die Gefühle möglich. Liebe und Verständnis für den anderen zeigen sich darin, daß man die Gefühlsausbrüche als Gelegenheit annimmt, dem anderen näherzukommen. Leider passiert in Beziehungen meist das Gegenteil.

Somit ist deutlich zu erkennen, daß eine Entwicklung der Energie des Kehlchakras nur mit einer vorausgehenden oder zumindest gleichzeitigen Entwicklung der Energie des Herzchakras möglich ist. Der spirituelle Weg ist ein Weg des Herzens. Castaneda sagte schon, ein Weg sei dann richtig, wenn man ihn mit Herz gehe. In Abwandlung dieses weisen Satzes entspricht das der „Wahrheit", was aus dem Herzen kommt.

Sehr oft begegnet uns das Bild des „reinen Herzens". Reinen Herzens zu sein bedeutet nicht, daß man ein Heiliger ist, sondern lediglich, daß man das, was man im Herzen trägt, auch nach außen läßt, und dort nicht eine Deponie von gestauten Gefühlen anlegt. Es ist förderlich, das zu sagen, was man meint! Reinen Herzens zu sein bedeutet aber auch, daß man sein Herz von den vielen Verletzungen und „Verschmutzungen", denen es naturgemäß immer wieder ausgesetzt ist, reinigt. Dann brauchen andere die Auswirkungen dieser alten Verletzungen nicht in Form von Wutausbrüchen zu büßen.

Eine Zurechtweisung, die reinen Herzens ist, wird zwar deswegen nicht angenehm, aber sie wird nie verletzen. Um auf das Beispiel mit den Lippen der Kuh zurückzukommen: Reinen Herzens wäre es gewesen, wenn meine Urgroßeltern das, was sie empfunden haben, auch wirklich zum Ausdruck gebracht hätten: nämlich daß der grell geschminkte Mund der Dame ein kindliches Gemüt zu diesem Vergleich herausgefordert hat und damit in keiner Weise eine Beleidigung verbunden war. Statt dessen haben sie mich coram publico für etwas, das sie zuerst amüsiert hatte, getadelt, um selbst gut dazustehen und zu demonstrieren, daß sie sehr wohl wüßten, „was sich gehört".

Die Körpersprache

Kommt das gesprochene Wort vornehmlich aus dem Kopf, ist die Stimmlage meist monoton und der Körper relativ bewegungslos. Kommen die Worte aus dem Herzen, variiert die Stimmlage, die Lautstärke, und der gesamte Körper ist in Bewegung. Man spricht nicht umsonst von bewegten Worten; schon in der Bibel werden diese „Worte, die mit Salz besetzt sind" genannt.

Der Verstand kann die Worte, die gesprochen werden, kontrollieren. Die Bewegungen des Körpers entziehen sich weitgehend unserer Kontrolle. Dieser Umstand ist aus der Schauspielerei bestens bekannt. Das entsetzlichste ist eine monotone Sprache. Sprachunterricht kann hier Abhilfe schaffen. Die schönste Sprache nützt aber nichts, wenn die Körperbewegungen nicht stimmen.

Die Körpersprache, die den Schauspielern gelehrt wird, ist keine frei erfundene. Die Bewegungen sind den Menschen abgeschaut. Kein Mensch kann sich mit den Händen an der Hosennaht der Freude hingeben; und man wird niemanden hüpfend trauern sehen.

Sehr deutlich erkennt man diesen Mechanismus, wenn man das Kommunikationsverhalten der verschiedenen Völker studiert. Die englische Sprache zum Beispiel ist bekannt für ihre monotone Melodie, die Briten sind ein Beispiel an Disziplin und Beherrschtheit, kaum einer zeigt spontan Emotionen. Betrachtet man einen Briten im Gespräch, so fällt seine relativ steife Haltung und kaum vorhandene Gestik auf. Stellt man diesem einen Italiener gegenüber, so ist der Unterschied augenfällig: wechselnde Stimmlage, die Lautstärke schwankt zwischen laut und noch lauter, der Körper bewegt sich, und die Arme gleichen den Flügeln einer Windmühle. In jedem Wort stecken Emotionen. Damit soll keine Wertung erfolgen, weil weder das eine gut noch das andere schlecht ist. Es soll lediglich als Hinweis dafür gelten, daß diese Mechanismen in jedem Mensch vorhanden sind, egal, welchem Kulturkreis er angehört.

Aufgrund dieses Zusammenhangs sollte auch für den größten Skeptiker die Tatsache, daß körperliche Krankheiten seelischen Ursprung haben, unbestritten sein. Der Körper kann sich nur so verhalten, wie wir in unserem Innersten fühlen. Er hat keinen freien Willen; er kann zum Beispiel nicht sagen: „Es ist schön, daß du dich so freuen kannst, ich will aber heute nicht hüpfen." Er ist der Seele ausgeliefert. Auch aus diesem Grund kann eine Lehre, die die Bedürfnisse des Körpers negiert, nur unvollkommen sein.

Die Körpersprache wurde wissenschaftlich erforscht und ist heute fixer Bestandteil jeder Managementausbildung. Anhand der körperlichen Reaktionen meint man an einem Menschen genau ablesen zu können, was er wirklich denkt und fühlt. Dies ist zwar weitgehend richtig, ist jedoch nur eine oberflächliche Betrachtung und abhängig davon, daß man die Signale richtig interpretiert. Es wäre wesentlich effizienter, die Körpersprache als wunderbares Hilfsmittel zur seelischen Diagnostik einzusetzen. Da der Körper nichts anderes ausführen kann, als ihm aufgetragen wird, ist keine noch so geringe Bewegung zufällig. Wenn sie nicht bewußt gesteuert wurde, so hat sie etwas in mir „in Auftrag gegeben". Das Beobachten der eigenen Bewegungsmuster und der Bewegung anderer Menschen ist ein wunderbares Hilfsmittel auf der Reise zu sich selbst.

Die Bedeutung des Kehlchakras

Der Kommunikation und damit dem Kehlchakra kommt wesentlich mehr Bedeutung zu, als man zunächst geneigt ist anzunehmen. In diesem Bereich findet die Synthese zwischen „Herz und Verstand" ihren Ausdruck.

„Erkenne dich selbst" ist das große Motto unseres Lebens. Die Kommunikation schafft die Möglichkeit, sich selbst im anderen zu erkennen. Die damit verbundene Schwierigkeit ist lediglich die der Spiegelung: Zunächst scheine ich mit meinem Gegenüber überhaupt nichts gemein zu haben, denn wenn ich die rechte Hand hebe, hebt er die linke. Drehe ich den Kopf nach rechts, dreht er ihn nach links. So steht man sehr lange vor seinem Spiegelbild und nimmt es nicht als solches wahr, bis zu jenem Moment, an dem man den Mut aufbringt, sich dem scheinbar Fremden zu nähern: dann werden die Bewegungen synchron, denn nun kommt auch er mir entgegen!

Sobald ich auf mein Spiegelbild zugehe, wird es größer und damit deutlicher erkennbar. Mit dieser Selbsterkenntnis ist auch die Wahrnehmung jener Dinge verbunden, die man nicht beweisen und erklären kann. Sie alle sind nicht nur als parapsychologische Phänomene bekannt, sondern darüber hinaus auch in uns selbst zu finden. Kaum jemand, mit dem ich gesprochen habe, konnte nicht über ein kurioses Erlebnis zum Beispiel anläßlich einer Krankheit oder des Todes eines lieben Menschen berichten. Erst wenn man aufhört, diese Dinge erklären zu wollen, öffnen sie sich. Dann hat man Zugang zu seinem Innersten. Und damit ist erst der Zugang zu göttlicher Inspiration möglich.

Hellblaue und blaugrüne Steine – die Steine des Kehlchakras

Aquamarin

Mit seiner klaren, meerblauen Farbe symbolisiert er Weite und Reinheit. Beide Eigenschaften kann er dem Kehlchakra vermitteln: Durch das Erlangen von mehr Reinheit im Herzen erfährt das Kehlchakra eine entsprechende Weite. Dieser Vorgang hilft, uns zu stabilisieren, damit wir uns Dinge und Worte nicht „verbeißen" müssen. So ist er auf der körperlichen Ebene ein guter Helfer bei Problemen mit Hals, Kiefer und Zähnen.

Türkis

Dieser Stein wird in fast allen Kulturen als Heil- und Schutzstein sehr hoch geschätzt. Seine Farbe erinnert an die Spiegelung des Himmels im Wasser des Meeres, seine Undurchsichtigkeit an die Erde. So kann er uns helfen, auf dem Boden der Erde zu stehen und doch die Weite des Himmels, die Unendlichkeit, in uns zu spiegeln. Wenn Türkise ihre Farbe verlieren, ist dies ein untrügliches Zeichen für Energieblockaden, die zu körperlichen Problemen des Trägers führen können.

Chrysokoll

Der Chrysokoll ähnelt dem Türkis, doch ist seine Färbung etwas intensiver blau. Dies zeigt auch seine Wirkung, die in höhere Schichten des Bewußtseins durch die Vermittlung von Ausgeglichenheit im Herzen reicht.

Saphir

Der Saphir hat ebenfalls stark reinigende Kraft. Er erhebt die Hingabe des Herzchakras zur religiösen Hingabe. Dies bedeutet nicht, sein Selbst, sondern sein Ego bei der Suche nach dem Ursprung zu öffnen.

Das sechste Chakra

Dieses Chakra – etwas über der Nasenwurzel gelegen – ist besser unter dem Namen „drittes Auge" oder auch Stirnchakra bekannt. Diese Bezeichnung hilft, es besser zu verstehen, um so mehr, als dem Öffnen des dritten Auges in vielen esoterischen Richtungen überdurchschnittliche Bedeutung beigemessen wird. Viele, die bewußt – also mit dem Willen und damit mit dem Verstand – versuchen, das dritte Auge zu öffnen, „erblicken" nichts als Dunkelheit. Wie alles, beginnt der Weg zur Öffnung dieses Chakras mit dem ersten Schritt.

In diesem ersten Schritt muß man sich vergegenwärtigen, daß der Mensch zwei Augen hat. Diese sind die Instrumente, die Umwelt zu sehen. Mit einem dritten Auge wird das Gesichtsfeld größer. Das dritte Auge fordert daher zunächst zu nichts anderem auf, als dazu, das Gesichtsfeld zu vergrößern, verschiedene Dinge aus anderen Perspektiven zu betrachten. Sobald man dies tut, eröffnen sich neue Dimensionen und damit ein tieferes Verständnis für unterschiedliche Anschauungen. Betrachten Sie bitte die folgende Abbildung:

Es handelt sich hier um zwei geometrische Figuren. Fragt man nun nach den Gemeinsamkeiten, wird man keine feststellen. Eine Figur ist rund, die andere eckig, die eine relativ großflächig, die andere sehr schmal. Macht man sich aber die Mühe, eine neue Perspektive zuzulassen, also ein drittes Auge miteinzubeziehen, kann man mit einem Male erkennen, daß es sich bei den beiden Figuren um ein und dieselbe handelt: eine Scheibe. Betrachtet man diese von vorne, erscheint sie als Kreis; von der Seite betrachtet wird sie zum Rechteck.

Wenn nun zwei Menschen jeweils nur je eine „Sicht" der Scheibe haben, werden sie die Meinung des anderen ablehnen und keinen Augenblick daran zweifeln, daß der andere im Unrecht ist. Mit mehr oder weniger gekonnten Argumenten werden sie versuchen, den anderen von der eigenen Meinung zu überzeugen. Dies kann in gutgemeinter Absicht geschehen, da man den anderen von seinem Irrtum befreien will. Es wird aber nicht gelingen, weil der jeweils andere das, was er behauptet, tatsächlich wahrnimmt. Das Ergebnis wird wahrscheinlich ein Konflikt sein.

Mit der zusätzlichen Perspektive wäre nicht nur der Konflikt gelöst. Darüber hinaus hätten beide das wunderbare Gefühl, recht zu haben, und es würde zwei Sieger geben, statt – wie im umgekehrten Fall – zwei Verlierer. Zugegebenermaßen ist dieses Beispiel trivial, jedoch gut geeignet, um klarzustellen, daß kontroversielle Meinungen nicht unbedingt „richtig" und „falsch" sein müssen, sondern daß aus der jeweiligen Sicht beide stimmen können. Ist diese Erkenntnis einmal bewußt, ist der erste Schritt zur Öffnung des dritten Auges getan.

Die Gedankenenergie

Der nächste Schritt sei anhand eines anderen Beispieles erklärt. Sehen Sie sich einen Stuhl Ihrer Wohnungseinrichtung genau an. Sie haben ihn gekauft, weil er Ihnen einerseits gefallen hat und er andererseits den Anforderungen, nämlich gut darauf zu sitzen, entsprochen hat. Damit begann und endete die Beschäftigung mit diesem sicherlich für Sie nicht lebensentscheidenden Vorgang des Stuhlkaufes.
Dieser Stuhl existiert jedoch nicht seit ewigen Zeiten, sondern wurde in einer Werkstatt erzeugt. Wenn man diese Werkstatt zum Zeitpunkt der Fertigung dieses Stuhles betreten hätte, würde man irgendwo Leisten, an einer anderen Stelle Sitzflächen, an einer weiteren Stuhlbeine gesehen haben. Es wäre zwar klar gewesen, daß aus diesen Einzelteilen ein Stuhl werden würde, sein Aussehen jedoch hätte sich niemand vorstellen können – ausgenommen jener Mensch, der den Stuhl entworfen hatte.
Der Konstrukteur mußte irgendwann die Idee gehabt haben, einen Stuhl zu entwerfen. Die Folge davon war, daß er in vielen Gedankenschritten diesen in seinem Kopf als Bild entstehen ließ. Zum Beispiel:
1. Wozu soll er dienen?
2. Wie soll er beschaffen sein?
3. Welche Form soll er haben?
4. Wie sind Funktionalität und Design miteinander vereinbar?
5. Welche Materialien sind verwendbar?
Die Tatsache, daß jedes Produkt als Idee vorhanden sein muß, bewegt uns auch immer wieder zu dem Ausspruch (meist negativ gemeint): „Was hat sich der, der das geplant hat, dabei gedacht?" Sehr häufig trifft man auf diesen Ausspruch im Zusammenhang mit der Architektur. So manches moderne, optisch vielleicht auch ansprechende Wohnhaus stellt zwar Wohnfläche zur Verfügung, vermittelt aber keine Behaglichkeit. Was nutzt das raffinierteste vieleckige Wohnzimmer, wenn es keine vieleckigen Möbel gibt? Selbst wenn man sie herstellen ließe, könnte man nur ein Mindestmaß an Funktionalität erreichen – das Wohlbefinden und damit der eigentliche Sinn würde aber auf der Strecke bleiben.
Der entscheidende Faktor bei Ideen ist daher nicht nur die Tatsache, daß sie realisierbar sein müssen. Das fertige Produkt muß eine Funktionalität besitzen, mit der angenehme Empfindungen verbunden sind; diese ermöglichen ihrerseits gute Gefühle. Der optisch schönste Schuh ist sinnlos, wenn er nicht paßt. Die Folge davon ist, daß man ihn nicht

trägt und – theoretisieren wir ein bißchen weiter – das Haus nur mehr verläßt, wenn es unbedingt sein muß. Wenn Ideen also am Sinn vorbeigehen, begrenzen sie den Erfahrungsbereich. Geht man trotz schlechter Schuhe hinaus, handelt man sich zunächst schlechte Empfindungen – im wahrsten Sinne des Wortes durch kalte Füße – ein, was zur Folge hat, daß mit dem Fortgehen schlechte Gefühle verbunden sind. Das Ergebnis ist, daß auch zu Hause schlechte Gefühle entstehen, da man ohne schmerzende Füße nicht einmal mehr frische Luft schnappen kann.

Auch hier setzt nun die Maschinerie des Denkens mit all ihren Tricks ein. Man beginnt in seinen vier Wänden – in seiner Begrenztheit – nicht von schmerzfreien Füßen und passenden Schuhen zu träumen, sondern sehnt sich gleich danach, fliegen zu können. Dann „muß" man nämlich überhaupt nicht mehr mühsam gehen. Ein paar Gedankensprünge, und man wünscht sich, überhaupt nichts mehr zu müssen, von allen Zwängen befreit zu sein. Immer weiter dehnt man seine Illusion aus, bis man seine Erfüllung vermeintlich nur mehr in grenzenloser Freiheit finden kann. Was bleibt, ist der „unendliche" Frust, auf dieser Welt nicht glücklich werden zu können; man wird zum griesgrämigen, leidenden Erdenbürger.

Wenn man passende Schuhe gehabt hätte, wäre man aber nie gezwungen gewesen, in die Illusion zu flüchten. Sobald man aber erkennt, daß die Illusion nur ein neuer Zwang ist, den man sich auferlegt, ist man auch bereit, aktiv etwas zur Realisation der wahren Bedürfnisse beizutragen. Es gilt, passende Schuhe zu finden, um den nächsten Schritt zu gehen; wirklich nur den nächsten, denn durch diesen können sich die Voraussetzungen für den übernächsten schon völlig geändert haben.

Was ich versucht habe hier in einem trivialen Beispiel zu erklären, ist in einem alten indianischen Mandala, dessen Kenntnis und vor allem Verständnis ich meinem Lehrer Tom Ehrlich verdanke und der es einen Kreis der Weisheit nannte, so dargestellt:

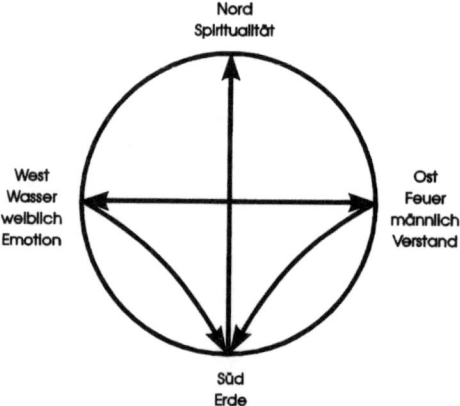

Im Osten geht die Sonne auf – das ist der Ort des Feuers, das männliche Prinzip. Mit diesem ist das Denken, der Intellekt, verbunden. Im Westen ist der Ort des Wassers, das weibliche Prinzip. Damit sind die Gefühle verbunden.

152

Sehr lange Zeit wandern wir auf unserem Entwicklungsweg zwischen diesen beiden Polen, denn wir glauben, sie ausgleichen zu müssen, ohne dabei zu erkennen, daß dies nicht möglich sein kann. Sind wir zu sehr im Intellekt verhaftet (beschäftigen wir uns also nur mit der Frage, warum die Schuhe nicht passen), verspüren wir die Notwendigkeit, mehr auf die Gefühlsebene zu gehen (hin zur Illusion, keine Schuhe tragen zu müssen). Natürlich reißt uns das tägliche Leben aus dieser Illusion wieder heraus und wir halten uns wieder mehr an den Verstand: „Reiß dich zusammen", „So kann es ja nicht weitergehen" heißt es dann.Wenig später sehnen wir uns wieder nach dem schönen Gefühl der Illusion.

Dabei streben wir immer nach einem Bild, das wir schon kennen, und das wir als der Weisheit letzter Schluß zu erreichen versuchen. Dies ist der Zeitpunkt, an dem das dritte Auge auf den Plan tritt. Dieses sieht kein neues Bild, keine weitere Illusion, sondern nur eine neue Perspektive. Ein offenes drittes Auge ermöglicht eine andere Sichtweise, um den nächsten Schritt zu gehen. Es gilt herauszufinden, wie man zu einem passenden Schuh kommt, das heißt man muß beginnen zu handeln. Nur damit eröffnen sich wirklich neue Möglichkeiten.

Im Mandala ist dies durch die beiden gebogenen Linien dargestellt, die zum Südpunkt des Mandalas führen. Dies ist die Erde, die Materie. Die englische Formulierung ist hier die eindeutig bessere: „Mind and emotion must be brought to the earth" (Verstand und Gefühl müssen in die Tat umgesetzt werden). Erst von diesem Punkt aus ist der Weg zum Nordpunkt des Mandalas, zur Luft, zur spirituellen Erkenntnis dessen, was hinter den Dingen steht, möglich. Erst wenn die passenden Schuhe gefunden sind, kann man den begrenzten Raum verlassen und zu neuen Horizonten aufbrechen.

Dieses Mandala ermöglicht es zu verstehen, weshalb man durch die materielle Welt gehen muß, um zu spirituellen Wahrheiten oder zur Erleuchtung zu gelangen. Weder für den Verstand noch für Gefühle gibt es eine direkte Verbindung zu spirituellen Wahrheiten. Die Erleuchtung führt über den Körper, der uns Schmerzen empfinden läßt, damit wir erkennen, wann wir unseren Weg verlassen haben. Zu Gott gibt es keine Abkürzung, niemand kann sich in die Glückseligkeit schwindeln.

Die Intuition

Solange sich das Leben mit unterschiedlicher Intensität zwischen Verstand und Emotion hin- und herbewegt, ist der Zugang zur Intuition erschwert. Intuition ist eine plötzliche Erkenntnis, die in die alten Gedanken- und Gefühlsmuster nicht hineinpaßt. Mit einem nieder schwingenden Stirnchakra versucht man nun, diese Erkenntnis sofort analytisch nachzuvollziehen. Gelingt dies nicht und schwankt man nur zwischen Analytik und Träumerei, wird diese Erkenntnis sofort dem Reich der Illusion und Träumerei zugeordnet, das zwar wunderschön, aber unerreichbar ist. Somit besteht kein wie immer gearteter Grund, diese intuitive Erkenntnis in Form des ersten Schrittes auch in die Tat umzusetzen.

Mit einem hochschwingenden Stirnchakra sind die Gedanken- und Gefühlswelt keine unvereinbaren Gegner mehr, sondern zwei Hälften eines Ganzen, die es gleich wichtig zu nehmen gilt. Damit werden Illusionen zu Visionen, von denen man weiß, daß man sie nicht sofort und in vollem Umfang in die Tat umsetzen kann, daß es aber einen Weg gibt, sie in der für die Welt geeigneten Form zu verwirklichen.

Martin Luther King hat in seiner weltbekannten Rede von seinen Visionen gesprochen. „I have a dream ..." begann er jeden Satz über seine Hoffnungen bezüglich der Integration der weißen und der schwarzen Bevölkerung. Er nannte sie Traum, wir wissen heute, daß er Visionen meinte.

Es ist kein Zufall, daß das dritte Auge das sechste Chakra ist. Man kennt das Phänomen des sechsten Sinnes, den viele bei sich schon einmal erfahren haben.

Die Sinnhaftigkeit

Der Mensch ist das einzige Lebewesen, das nach dem Sinn des Lebens sucht. Erinnern wir uns an das Beispiel mit dem Stuhl. Hinter jedem Produkt steht ein Gedanke. Der Konstrukteur hatte etwas im Sinn, als er beschloß, den Stuhl zu entwerfen und dann herzustellen. Alle Dinge, die von Menschen produziert werden, sind nichts anderes als materialisierte Gedanken, hinter allem steckt ein Sinn.

Die Wissenschaft hat die Natur in immer weitergehender Form erforscht und versucht, sie zu enträtseln. Das erste, was bei dieser Forschungsarbeit erkannt wurde, war, daß scheinbar kaum etwas zufällig existiert oder geschieht, sondern daß alles einen tieferen Sinn hat. Tierarten sind nicht zufällig hier, sondern sie sind Teil der Nahrungskette; Pflanzen sind nicht zufällig hier, sondern sie versorgen uns mit Sauerstoff usw. Je weiter die Forschungsarbeit in die Tiefe ging, desto mehr verstand man die Zusammenhänge und die Sinnhaftigkeit.

Der Sinn der analytischen Wissenschaft lag darin, zu erkennen, daß die Welt nicht ausschließlich analytisch zu begreifen ist, sondern daß vielmehr hinter allem ein tieferer Sinn liegt. Um diesen zu erkennen, bedarf es aber nicht mehr der analytischen Vorgangsweise, sondern eines umfassenderen Verstehens. Nicht in der Zerkleinerung und damit Zerstörung der Materie liegt die Erkenntnis, sondern im Akzeptieren ihrer Ganzheit.

Die Menschen versuchen auch ihrem Leben einen Sinn zu geben.

Der Sinn, der hinter allem steht, ist die Entwicklung der eigenen Seele zum Wohle der Entwicklung der gesamten Menschheit. Mit der Öffnung des dritten Auges ist die tiefe Erkenntnis verbunden, daß man lediglich in der Lage ist, seine eigene Seele zu entwickeln, nicht jedoch die anderer Menschen. Der Sinn des Lebens, das Erforschen seines Selbst, ist jedoch ein weites Feld. „Der Weg ist das Ziel", lautet ein weiser Spruch, der ein deutlicher Hinweis darauf ist, daß es die kleinen Schritte sind, die einen den Sinn des Lebens erkennen lassen: den Weg der Selbsterkenntnis.

Wenn jeder den Weg der Selbsterkenntnis bewußt ginge, dann würde plötzlich klar, daß es auf dieser Welt absolut nichts Sinnloses gibt. Jede Partnerschaft, jede Freundschaft, jeder Beruf hat seine positiven und negativen Seiten und ist Mittel auf dem Weg zur Selbsterkenntnis. Wenn das Gefühl der Sinnlosigkeit aufkommt, beruht dies lediglich auf der Tatsache, daß man den Sinn nicht verstanden hat. Erst wenn man beginnt, die äußere Welt als Spiegel des eigenen Inneren zu verstehen (mit Hilfe des jedem eigenen sechsten Sinnes), kann man einen Partner, einen Freund und auch einen Beruf anders sehen und mit ihnen auch auf eine neue, sinnvollere Art umgehen.

Aus dem Gesagten ergibt sich ebenfalls, daß es mehrerer Begegnungsebenen bedarf, damit alle Ebenen des Selbst berührt werden können. Es ist unbestritten, daß die Entwicklung eines Menschen dazu führen kann, daß man alte Freunde zurücklassen muß, da deren Entwicklung in eine andere Richtung geht. Auch das Wechseln des Berufes kann einer sinnvollen Entwicklung dienen. So gesehen liegt nun der Verdacht nahe, daß dies auch für eine Ehe zu gelten hat (als solche will ich in diesem Zusammenhang jede enge Partnerschaft verstanden wissen, deren Ziel es ist, für einen nicht à priori absehbaren Zeitraum mehr als nur die vergnüglichen Seiten des Lebens zu teilen).

Vorweg sei unbestritten, daß sich Ehepartner im Laufe der Jahre derart auseinanderleben können, daß eine Weiterführung der Verbindung mehr oder weniger zur Selbstaufgabe führen würde. Dies durchzuziehen, wäre gegen den Sinn des Lebens. Die katholische Kirche, die an dem Dogma der Unauflöslichkeit der Ehe festhält, predigt als oberstes Ziel des Glaubens die Liebe, die Barmherzigkeit und vor allem die Gewaltlosigkeit. In einer abgestorbenen Beziehung müßte man sein Selbst aber mit Gewalt unterdrücken. Das Ziel einer Religion, die die Gewaltlosigkeit auf ihre Fahnen heftet, kann nicht die Duldung der Gewalt gegen sich selbst sein – ein Widerspruch, der nicht ewig aufrechtzuerhalten sein wird.

Andererseits aber ist wahre Intimität, die Öffnung seines Innersten, ein sehr langer Prozeß. Man muß einen sehr langen Weg gehen und viele mehr oder weniger gut verriegelte Türen öffnen, bevor man das Innerste seines seelischen Labyrinths erreicht hat. Nachdem dies durch die Spiegelung über den zweiten Pol, also den Partner, geschieht, bedarf es einer länger dauernden Partnerschaft, damit beide wirklich „aufmachen" können. Die meisten scheinbar unüberwindlichen Krisen entstehen dadurch, daß dem Partner für so manches die alleinige Schuld zugewiesen wird. Man will das, was er spiegelt, nicht wahrhaben, da es mitunter in starkem Gegensatz zu dem Bild steht, das man von sich selbst hat. Die Zerstörung des Selbstbildnisses ist ein äußerst schmerzhafter Prozeß und muß von beiden durchgeführt werden. Danach sind beide nicht nur sich selbst, sondern auch einander wieder ein Stück nähergekommen, und die Partnerschaft kann mit mehr Intensität und auch mehr Wahrhaftigkeit weiterbestehen.

Es erfordert eine gute Entwicklung des dritten Auges, um hinter den vielen Querelen des Lebens sich selbst zu erkennen. Nur demjenigen, der bereit ist, sich selbst zu erkennen, dem öffnet sich dann auch der Zugang zur Essenz des Lebens: zum Wissen, daß es hinter der „Realität", die von Gegensätzen lebt, eine immerwährende Einheit gibt.

Dunkelblaue und indigofarbene Steine –
die Steine des Stirnchakras

Lapislazuli

Durch seine Schwingung gibt er dem Denken eine neue Dimension, mit der man der Sinnfrage auf die Spur kommt. Die religiöse Inspiration wirkt lösend und erweiternd auf das Kehlchakra. Durch die Unterstützung der Fähigkeit, hinter die Dinge zu blicken, gelingt es immer besser, sich von Gedanken und Gefühlen zu lösen, die dem Ausdruck des wahren Selbst im Wege stehen.

Azurit

Er stärkt in uns das spirituelle Wahrnehmungsvermögen und das Vertrauen in unsere Intuition. Mit seiner Hilfe können uns andere Dimensionen des Seins erschlossen werden, die nicht mit Denken oder Fühlen alleine wahrgenommen werden können.

Indigosaphir

Der indigofarbene Saphir stärkt die intuitive Fähigkeit, zwischen Wissen und Illusion zu unterscheiden. Er hilft, Abstraktes begreifbar zu machen.

Das siebente Chakra

Es ist an der Oberseite des Kopfes im Bereich der Fontanelle gelegen, man nennt es auch Scheitel- oder Kronenchakra.

Dieses Chakra kann im Gegensatz zu den anderen nur mehr oder weniger geöffnet, jedoch nicht blockiert sein. Sobald man nämlich mit Hilfe des dritten Auges einmal erkannt hat, daß Materie lediglich manifestierte Energie ist, gibt es kein Zurück mehr. Dann muß man den Weg der spirituellen Erkenntnis, der schrittweisen Öffnung des Kronenchakras, gehen. Im Gegensatz zu den anderen Chakras, die man durch entsprechendes Handeln bewußt entwickeln kann, öffnet sich das Kronenchakra durch die Fähigkeit, immer stärker in sich zu ruhen. Man wird von nichts und niemandem gezwungen, in diese Richtung zu gehen. Es ist wie ein Sog, der einen zieht. Diesen Weg zu gehen ist alles andere als einfach, verliert doch das Materielle immer mehr an Bedeutung. Dies führt zu einem Punkt, an dem man in sich vollkommene Leere zu verspüren glaubt: Die Materie wird zur Illusion, und das Spirituelle ist noch nicht faßbar. So ist es nur zu menschlich, daß man in dieser Situation versucht, sich mit aller Kraft des Verstandes an die Logik der Materie zu klammern. Aber wer einmal das Tor zur Erkenntnis der großen Zusammenhänge auch nur einen Spalt geöffnet hat, wird immer wieder an diese Schwelle zurückkehren.

Sobald man erkennt, daß man mit dem Verstand dieses Tor keinen Millimeter weiter öffnen kann, ist die Versuchung groß, alles Materielle überhaupt abzulehnen und nur mehr „abzuheben". Dies wäre jedoch der falsche Weg, denn die Materie ist die sichtbare Inkarnation des Göttlichen. In Armut zu leben, um Gott näher zu kommen, entspricht einem analytischen Vorgang und beruht auf dem schon bekannten Wandeln zwischen Verstand und Gefühl. Das Materielle jedoch zu akzeptieren, ohne ihm größere Bedeutung beizumessen, ist ein großer Schritt in die richtige Richtung. Ist doch die Eintrittskarte zur Spiritualität die absolute Unabhängigkeit von der Materie. Endgültig kann man diese Schwelle nur einmal überschreiten, doch hat man ein ganzes Leben lang Zeit, das Tor weit aufzumachen.

Die Erleuchtung

Den Kontakt mit diesem Chakra nennt man landläufig Erleuchtung. Viele Menschen glauben, die Erleuchtung sei eine einmalige Angelegenheit wie das Aufdrehen eines Lichtschalters. Klick – und man weiß, wo Gott wohnt. Für die Erleuchtung gibt es – wie könnte es anders sein – ein wunderbares Bild in der Natur: den Sonnenaufgang. Kurz vor Sonnenaufgang ist es am dunkelsten. Dann entsteht ein immer heller werdender

Schein am Horizont. Wer schon einmal einen Sonnenaufgang bewußt erlebt hat, weiß, wie unglaublich lange dieser Schein vorhanden ist. Man zweifelt, ob die Sonne überhaupt noch kommen wird. Jäh sieht man dann den ersten Sonnenstrahl, und wie an einer Schnur gezogen steht sie in wenigen Augenblicken am Firmament.

Das Kronenchakra öffnet sich auf ähnliche Weise. Die erste Dämmerung gibt den entscheidenden Impuls. Die Erkenntnis, daß man erst wirklich begreift, wenn das Dunkel erleuchtet ist, läßt einen das Licht suchen. Es ist kein sichtbares Licht, sondern jene Erleuchtung, mit der man die Schöpfung wahrhaft durchschaut.

Um aber tatsächlich so weit zu kommen, bedarf es vieler kleiner Erleuchtungen. Wie oft verwenden wir den Ausdruck: „Es ist mir ein Licht aufgegangen." Wir sagen das immer dann, wenn etwas bis dahin Unbegreifliches klar wird, wenn in scheinbar voneinander unabhängigen Ereignissen der tiefere Zusammenhang entdeckt wird. Der große Unterschied zu den Erkenntnissen und der Intuition des dritten Auges ist jedoch, daß man die Dinge und Ereignisse nicht mehr getrennt von sich sieht, sondern sich als Teil des Ganzen erlebt.

Wie schon erwähnt, ist mit dieser ersten Erleuchtung Angst und Frustration verbunden. Aussprüche wie „Jetzt bin ich schon so alt, habe Kinder, bin in einer Position, die ich nicht wechseln kann; wozu ist mir jetzt ein Licht aufgegangen, wo ich nichts mehr ändern kann?" legen davon Zeugnis ab. Niemand kann sich aussuchen, wann er das erste Mal mit diesen Energien in Kontakt kommt. Falsch wäre es, sein Leben dann mit einem Schlag umkrempeln zu wollen. Sehr oft ist die Midlife-crisis die Folge einer solchen Erkenntnis. Es kann nicht der Sinn sein, plötzlich die Familie im Stich zu lassen, den Beruf zu wechseln und vielleicht versäumte Jugendträume nachzuholen. Das sind die Tricks des Verstandes, der uns glauben macht, wir könnten jetzt neu beginnen. Die Vergangenheit ist die Basis unseres Lebens, und die erste Erleuchtung mahnt uns, ein wenig innezuhalten, unseren Beruf, unseren Partner, unsere Kinder usw. zu betrachten, um zu erkennen, was uns zu diesem Punkt geführt hat, an dem wir uns befinden.

Es ist eine mehr als lohnende Aufgabe, zunächst alles beim alten zu lassen, und nur die Sichtweise der Dinge zu verändern. In der Folge wird man zur Kenntnis nehmen müssen, daß man für viele Begegnungen und Ereignisse zwar nicht die Schuld trägt, aber mit Ursache war. Mit der neuen Sichtweise entdeckt man an seiner Umgebung neue Züge, die auf einen zurückreflektieren und neue Aspekte der eigenen Person sichtbar machen. Natürlich ist dies auch mit der schmerzhaften Erfahrung verbunden, daß man vielleicht ein ganzes – oder halbes – Leben lang nichts anderes gemacht hat, als auf seine Umwelt zu reagieren, ohne zu ahnen, daß die Umwelt wiederum nichts anderes tun kann, als auf einen selbst zu reagieren.

Siegt jedoch vorerst die Angst vor dem Identitätsverlust, dann sieht man nur die Notwendigkeit, ausbrechen zu müssen. Mit einem neuen Beruf, einem neuen Partner glaubt man die Chance zu haben, alles besser machen zu können. Sollte sich auch noch Nachwuchs einstellen, dann ist man überzeugt, in der Erziehung der Kinder die alten Fehler sicherlich nicht mehr zu begehen. Die Gaukelei des Verstandes wird spätestens dann bewußt, wenn man erkennt, daß man alte Fehler durch neue ersetzt hat.

Gelingt es einem, die Erkenntnisse konstruktiv zu nutzen, dann sieht man sich nicht mehr isoliert im Daseinskampf gegen alle anderen, sondern fühlt sich als Teil eines großen Ganzen, das wiederum aus einem materiellen und einem immateriellen Teil besteht. Diese beiden sind jedoch nicht getrennt, sondern untrennbar ineinander verwoben und haben alle denselben Ursprung. Als Teil des großen Ganzen erkennt man den Sinn des Lebens im einfachen Sein. Dies bedeutet jedoch nicht, daß man sich nur mehr im Lotussitz auf ein Kissen setzen muß, um auf das Himmelreich zu warten. Das Sein umfaßt alles, also auch die materielle Welt mit ihren Beschränkungen.

Sein im Sinne der Öffnung des Kronenchakras bedeutet, nicht mehr die eigenen Vorstellungen und den eigenen Willen um jeden Preis durchsetzen zu wollen, sondern sich gelassen dem Lauf des Lebens hinzugeben. Hindernisse lösen sich dann von alleine auf, weil die innere Gelassenheit dazu führt, daß man den Dingen ihre natürliche Entwicklung beläßt. Man hat dann die Fähigkeit, Geduld zu üben, weil man in sich den Zeitpunkt spürt, an dem es zu handeln gilt.

Eine kleine Übung, die ich immer wieder bei meinen Seminaren zu diesem Thema mache, ist, daß von zwei Partnern jeweils einer die Faust ballt und der andere versucht, sie zu öffnen. Dies gelingt nie. Dann fordere ich auf, die Faust des anderen nur vorsichtig in die Hände zu nehmen. Sehr bald ist eine Lockerung spürbar, und die Faust öffnet sich von selbst.

Der Prozeß der Integration dieser Gelassenheit ist jedoch nie abgeschlossen. Solange wir mit einem Körper in dieser Welt leben, wird eine gewisse Begrenztheit unser ständiger Begleiter bleiben. Jede kleine Erleuchtung wird dazu führen, daß wir auf einer neuen Ebene die Themen unserer Chakras durchlaufen – wie die sieben Tage der Woche uns durch das Jahr führen. Genausowenig, wie man in einer Woche einfach den Donnerstag auslassen könnte, kann man ein Chakra negieren oder überspringen. Doch mit einem immer weiter geöffneten Kronenchakra fordern die Grenzen und Zwänge, denen man immer wieder begegnen wird, nicht mehr zum Kampf oder zur Verteidigung auf. Sie werden als Bestandteil des irdischen Lebens und damit als notwendig erkannt. Das Atmen zum Beispiel ist ein Zwang, von dem sich noch niemand befreien wollte. Es ist in unser Leben so integriert, daß wir es nicht als Einschränkung der persönlichen Freiheit sehen. So wird es gelingen, auch andere Zwänge und Begrenzungen zu akzeptieren, womit sie entweder so integriert werden, daß sie nicht mehr als begrenzend empfunden werden, oder sie werden sich zum gegebenen Zeitpunkt verschieben oder auflösen.

Solange ein Mensch lebt, kann er von sich nicht behaupten, die Wahrheit des Lebens zu kennen. Die Schwelle zu diesem Wissen kann man nur in eine Richtung überschreiten und danach nicht mehr darüber berichten. Vollkommen ist nur Gott, jeder Mensch – und sei er noch so weise und erfahren – ist nur auf dem Weg zurück in die Einheit. Mit dem Kronenchakra dürfen wir einen leisen Vorgeschmack auf diese Einheit erfahren.

Dieser Vorgeschmack hat den Sinn, das Leben auf diesem Planeten besser zu verstehen. Die Farbe Violett wird auch als Erleuchtung durch Leiden interpretiert. Ich kann es nicht oft genug sagen: Der Sinn ist, daß wir durch die körperlichen Empfindungen auf unseren Weg gebracht werden. Wird unsere Seele, werden unsere Gefühle verletzt, dann spüren wir diese Verletzung mit Hilfe der körperlichen Empfindungen. Es krampft im Magen, das Herz schmerzt, oder der Kopf hämmert.

Diese Schmerzen sollten uns mahnen, in uns zu gehen, weil wir offenbar von unserem Weg zu mehr Selbsterkenntnis abgekommen sind. Aber es kann auch sein, daß wir vor einer Tür in unserem Inneren stehen, die wir bis zu diesem Zeitpunkt fest verschlossen gehalten haben. Mit Sicherheit führt diese Tür weiter in unser Innerstes. Das Öffnen dieser Tür macht uns zunächst verletzlicher und ist daher mit viel Angst verbunden. Durch den Schmerz hindurchzugehen heißt aber, mehr über sich zu erfahren und wieder ein Stück der Angst abzubauen. Nur wenn man durch den seelischen Schmerz nicht hindurchgehen will, wenn man diesen Energiefluß, der mit dem Öffnen der Tür verbunden ist, nicht zuläßt, sucht sich diese Energie einen anderen Weg und manifestiert sich körperlich über Krankheit.

Krankheit ist immer ein Zeichen, daß notwendige Veränderungen viel zu lange hintangehalten wurden. Es gilt, den Mut zu haben, in das Unbekannte vorzudringen. Dies verursacht enorme seelische Schmerzen, da man an jeder Tür scheinbar etwas von sich zurücklassen muß: In Wirklichkeit läßt man nur das Bild, das man bis dahin von sich selbst hatte, zurück, und es entsteht ein neues, reineres und umfassenderes.

Die Schmerzen, die mit der Loslösung von den Zwängen der Realität verbunden sind, führen durch jenes siebente Tor, dessen Überwindung in die Einheit mit dem Ursprung führt. Hier kommt die Religion (religio = Rückbesinnung) zum Tragen, die Rückbesinnung auf unseren Ursprung, den wir mit der körperlichen Geburt vergessen müssen. Dabei ist es belanglos, ob man an die Reinkarnation oder an ein einmaliges Leben glaubt. Allen Religionen gemeinsam ist die Ewigkeit der Seele. Wenn aber etwas ewig ist, dann hat es keinen Anfang und kein Ende und muß daher vor der Geburt schon existiert haben. Kein Mediziner der Welt war bisher in der Lage, den Zeitpunkt zu benennen, zu dem die Seele in den Körper kommt. Wir werden es – solange wir leben – auch nie genau wissen. Je näher man seiner Seele und damit dem einfachen Sein ist, destoweniger will man wissen, warum Dinge so sind und nicht anders. Man akzeptiert einfach, daß sie sind.

Ein untrügliches Zeichen für ein geöffnetes Kronenchakra ist die Tatsache, daß nicht mehr die Suche nach Antworten das Leben beherrscht, sondern daß immer weniger Fragen auftreten.

Violette und weiße Steine – die Steine des Kronenchakras

Fluorit

Mit seinen kubischen Kristallen, die an die drei Dimensionen des Körpers erinnern, leistet er Hilfestellung beim Erkennen der unendlichen Hintergründe der endlichen Materie. So ist er ein guter Helfer beim spirituellen Erwachen.

160

Amethyst

Durch den Wachstums- und Lernprozeß des Geistes wird das niedrige Wesen geläutert, wodurch das Rot des rein auf Aktivität begründeten Lebens sich mit dem Blau der Göttlichkeit vereint. Purpur war in vielen Kulturen Symbol der geistigen Reife. Der Amethyst hilft, Gedanken- und Emotionsmuster zu wandeln und damit die Angst abzubauen, mit dem Zurücklassen der alten Überbewertung des Materiellen ins Nichts abzugleiten.

Er vermittelt die Erkenntnis, daß das Gleichgewicht zwischen Körper (rot) und Geist (blau) erst die Verbindung mit den kosmischen Energien ermöglicht.

Diamant

Nicht zu Unrecht ist er der König der Steine. Er besteht aus reinem Kohlenstoff und ist der Inbegriff der materiellen Reinheit. Seine Schwingung kann dazu verhelfen, Klarheit und Reinheit zu erlangen. Erst dadurch, daß der Diamant geschliffen wird, erhält er sein unerreichtes Feuer. Beim Schleifen werden jene Teile weggeschliffen, die hinderlich sind, dieses unvergleichliche Feuer abzustrahlen.

Der Diamant kann helfen, die höchste Erleuchtung im irdischen Leben zu erlangen. Jeder Mensch hat das Gefühl, daß er im Laufe seines Lebens mehr oder weniger geschliffen wird. Bleibt man im Materiellen verhaftet, so bleiben auch Wut und Trauer über die verlorenen, weggeschliffenen Teile und ein Gefühl der Unvollkommenheit. Geht man aber über das Materielle hinaus, nimmt man auf einer anderen Ebene wahr, daß mit jedem weggeschliffenen Teilchen ein bißchen mehr von unserem Feuer zum Vorschein kommt. Auch erkennt man dann, daß nicht der Diamant als solcher diese Faszination auslöst, sondern eben seine Fähigkeit, das unsichtbare weiße, göttliche Licht in sichtbaren Glanz zu verwandeln.

Hat man diese Wahrheit in sein Bewußtsein integriert, gelingt es, die vergangenen Schliffe als hilfreich zu akzeptieren und die Angst vor den zukünftigen abzubauen. So gelingt es, den Schleifvorgängen immer weniger Widerstand entgegenzusetzen und damit diese – im wahrsten Sinne des Wortes – reibungsloser zu durchlaufen.

Heilen Steine?

Um auf diese Frage eine Antwort zu finden, bedarf es der Definition zweier Begriffe, und zwar der Begriffe Krankheit und Heilung beziehungsweise Heilbehandlung.
Von einer wissenschaftlichen Warte betrachtet lauten die Definitionen:
Krankheit ist ein nach dem allgemein anerkannten Stand der medizinischen Wissenschaft anormaler körperlicher oder geistiger Zustand.
Heilbehandlung ist eine medizinische Behandlung, die nach dem allgemein anerkannten medizinischen Stand der Wissenschaft geeignet erscheint, die Gesundheit wiederherzustellen, den Zustand zu verbessern oder eine Verschlechterung zu verhindern.
Ganzheitlich betrachtet müssen diese Definitionen jedoch weit umfassender sein.

Krankheit

Krankheit im wissenschaftlichen Sinne ist eindeutig und wird nur als existent angesehen, wenn offensichtliche Symptome feststellbar sind. Immer mehr ganzheitlich orientierte Mediziner haben aber erkannt, daß weder der Zeitpunkt der Diagnose und schon gar nicht der des Auftretens der ersten Symptome der Beginn einer Krankheit ist, sondern daß sie bereits vorher in nicht wahrnehmbarer Weise begonnen hat.
Wie man aus der chinesischen Akupunktur weiß, wird jede Krankheit durch fehlgeleitete Energien verursacht. Die einzige Chance auf echte Heilung besteht darin, die Ursachen dafür aufzuspüren, warum die Energien im Körper nicht frei fließen können.
Stellen Sie sich ein Haus vor, das auf einer Wiese steht und an dem in einiger Entfernung ein Bach vorbeifließt. Nehmen wir an, der Lauf des Baches wird unterbrochen; zum Beispiel, weil ein Baum in das Bachbett gefallen ist. Das Wasser (fließende Energie) sucht sich einen neuen Weg. Es sickert durch die Wiese, mit dem Effekt, daß plötzlich die Kellermauern des Hauses feucht werden. Technisch (und schulmedizinisch) gesehen, beschließt man nun, Trockenlegungsarbeiten vorzunehmen. Neuer Verputz (Medikamente) bringt nur kurzfristigen Erfolg. Der nächste Schritt ist das Abgraben von Erdreich und das Anbringen einer entsprechenden Isolationsschicht (Operation). Auch diese Maßnahme wird zwar das Symptom, die Feuchtigkeit der Mauern, zum Verschwinden bringen, das Wohnklima im Haus wird aber nicht mehr so behaglich sein wie früher.
Die einzige Lösung (Heilung) dieses Problems besteht in der Entfernung des Baumes aus dem Bachbett. Dies bedingt aber, daß man sich nicht auf die Symptome, sondern auf deren Ursache konzentriert. Dies ist entsprechend aufwendiger und langwieriger.
Bezogen auf die Krankheit gilt doch heute nur der als guter Arzt, der die Schmerzzustände so rasch wie möglich beseitigen kann.

Steine zur Diagnose

Steine sind ein hervorragendes Medium zur Diagnose, sofern man dieses Wort nicht im streng schulmedizinischen Sinne gebraucht. Ein Patient wird aus mehreren Steinen intuitiv jenen wählen, der einen Hinweis auf das gestörte Chakra ermöglicht. Auf diese Weise werden jene Themen sichtbar, die immer wieder Energieblockaden auslösen, die dann zu körperlichen Symptomen führen.

Als klassisches Beispiel seien hier die Volksseuchen „Kopfweh" und „Migräne" erwähnt. Wenn der „Kopf" (den wir in erster Linie mit dem Denken verbinden) schmerzt, dann wird er zu Dingen herangezogen, die nicht seinem Wesen entsprechen. Bei Kopfschmerzen liegt sehr oft ein Problem mit dem Handeln vor, ein Thema des Wurzelchakras. Wenn man alle Probleme im Kopf lösen will, die einzelnen Gedankenschritte aber nicht in die Tat umsetzt, dann ist der Kopf irgendwann zu voll – und schmerzt. Wenn dann nur das Symptom behandelt wird, kehren die Kopfschmerzen immer wieder.

Sehr oft greifen Menschen mit Kopfweh zu den dem Wurzelchakra zugeordneten Steinen, und man erkennt sofort, wo die eigentliche Ursache für das Dilemma liegt. Die Auswahl eines Steines entspricht jedoch in erster Linie einer Momentaufnahme. Dies bedeutet, daß hier und jetzt ein Chakra nach Stärkung und Harmonisierung verlangt. Die Intuition wird einem verläßlich sagen, wie lange man sich mit diesem Stein beziehungsweise diesem Thema zu beschäftigen hat. Schon in Kürze kann man einen anderen Stein wählen, der bei der Fortsetzung der Problemlösung notwendig ist.

Es kann nicht oft genug betont werden, daß die Arbeit mit Steinen keine analytische Arbeit ist, sondern eine intuitive, ganzheitliche Schau ermöglicht. Aus diesem Grunde ist es auch nicht notwendig, so viele Steine wie möglich zu kennen, zu wissen, wie sie heißen und was sie genau bewirken. Die Intuition wählt den Stein aus vielen anderen, und es ist bereits ein erster Schritt auf der Suche nach dem ursprünglichen Thema, wenn man nicht sofort beginnt, diesen Stein zu analysieren.

Heilung

Um dem eigentlichen Sinn dieses Wortes auf die Spur zu kommen, muß man wissen, daß es von dem Wort „heiligen" abstammt. In früheren Kulturen waren der Beruf des Priesters und der des Arztes nicht getrennt. So war eine Behandlung des Körpers ohne Behandlung der Seele unmöglich. Die Trennung geht nicht zuletzt auf die Erkenntnisse des Hippokrates zurück, der vor allem die Beseitigung der Symptome im Auge hatte. Dieser Schritt wäre zunächst in seiner ursprünglichen Bedeutung ein wirklich hervorragender gewesen. Man hatte nämlich erkannt, das Schmerzzustände eine derartige Belastung der Psyche sind, daß es dem Patienten sehr oft unmöglich ist, sich mit der Suche nach dem Ursprung seiner Krankheit zu beschäftigen. Es ging also darum, zunächst die Schmerzen zu lindern. Daraus entwickelte sich dann aber die einseitige Schulmedizin, die sich nur mehr um die Behebung von Symptomen kümmert.

Es wäre aber falsch, die Schulmedizin abzulehnen, da ihre Erkenntnisse dem heutigen technischen Lebensstandard angepaßt sind. Ihre großen Leistungen zum Beispiel in der Chirurgie können schwerkranke Menschen symptomfrei stellen, um ihnen die Chance auf einen anschließenden echten Heilungsprozeß zu geben.

Nimmt der Patient die Auseinandersetzung mit den Ursachen aber nicht wahr, kehren die Symptome, mitunter in anderer Gestalt, wieder.

Ein Problem kann ganz unterschiedliche Symptome hervorrufen, so daß oberflächlich gesehen mehrere „Krankheiten" vorliegen, die jedoch alle dieselbe Ursache haben. Sieht man daher den Begriff Krankheit in einem umfassenderen Zusammenhang, bekommt auch der Begriff der Heilung eine völlig neue Dimension. In dieser Dimension gesehen sind Steine wunderbare Heiler, da sie die Energieblockaden, die sich vielleicht noch gar nicht körperlich manifestieren, behutsam auflösen.

Solche Blockaden sind Bestandteil unseres Lebens. Es ist daher für das Verständnis des Heilens ein weiterer Aspekt von großer Bedeutung. Bei der schulmedizinisch definierten Krankheit gilt das Abklingen oder Verschwinden der Symptome als Heilung. Heilen in übergeordnetem Sinne jedoch ist ein Prozeß, der immer wieder und in unterschiedlicher Intensität auftritt. Durch die Beschränktheit des körperlichen Lebens sind wir gezwungen, unsere Energien von Zeit zu Zeit auf bestimmte Punkte zu konzentrieren und schaffen daher lebensnotwendige Ungleichgewichte. Diese Ungleichgewichte zwingen uns, die Dinge abzuwägen, neue Prioritäten zu setzen, uns vielleicht auch neu zu orientieren. Auf diesem Weg entwickeln wir uns weiter und erreichen Schritt für Schritt mehr Selbsterkenntnis.

164

Literaturverzeichnis

Friedemann Bedürftig (Hrsg.), „Wissen kompakt", Naumann & Göbel Verlagsgesellschaft m. b. H., Köln 1991

Lucy A. & Walter J. Beeler, „Heilkraft mir der Stein verschafft", Para-Praktika Verlag,
Buchs 1993

Fritjof Capra, „Wendezeit", Scherz Verlag, Bern und München 1983

Daya Sarai Chocron, „Heilen mit Edelsteinen", Hugendubel Verlag, München 1984

Daya Sarai Chocron, „Heilendes Herz", Aquamarin Verlag, Grafing 1988

Alex Jones, „Die Geheimnisse der Farben", Windpferd Verlag, Aitrang 1991

Katrina Raphaell, „Heilen mit Kristallen", Knaur Verlag, München 1988

Walter Schumann, „Der große Steine- und Mineralienführer", BLV Verlagsgesellschaft
m. b. H., München 1985

Shalila Sharamon, Bodo J. Baginski, „Edelsteine und Sternzeichen", Windpferd Verlag,
Durach 1989

Shalila Sharamon, Bodo J. Baginski, „Das Chakra-Handbuch", Windpferd Verlag,
Aitrang 1988

John F. Thie, „Gesund durch Berühren", Sphinx Medien Verlag, Basel 1983

Danksagung

Ich danke den unzähligen Menschen, die mir begegnet sind, denn aus jeder dieser Begegnungen – und waren es manchmal auch nur Augenblicke – konnte ich Anregungen für den nächsten Schritt auf meinem Lebensweg mitnehmen.

Meinen besonderen Dank will ich Herrn Prof. Dr. Wilfried Feichtinger für die Anregungen zu diesem Buch und Frau Barbara Köszegi aussprechen, ohne deren liebevolle Unterstützung dieses Buch nie erschienen wäre.